LA

# CONCURRENCE SOCIALE

ET

# LES DEVOIRS SOCIAUX

PAR

**J.-L. DE LANESSAN**
Député,
Ancien ministre de la Marine,
Professeur agrégé à la Faculté de médecine de Paris.

PARIS
FÉLIX ALCAN, ÉDITEUR
ANCIENNE LIBRAIRIE GERMER BAILLIÈRE ET Cie
108, BOULEVARD SAINT-GERMAIN, 108

1904

# LA
# CONCURRENCE SOCIALE
# ET
# LES DEVOIRS SOCIAUX

# BIBLIOTHÈQUE GÉNÉRALE DES SCIENCES SOCIALES

SECRÉTAIRE DE LA RÉDACTION :

DICK MAY, Secrétaire général de l'École des Hautes Études Sociales.

*Volumes publiés :*

**L'Individualisation de la peine**, par R. Saleilles, professeur à la Faculté de droit de l'Université de Paris. 1 vol. in-8, cart. . . 6 fr.

**L'Idéalisme social**, par Eugène Fournière. 1 vol. in-8, cart.. . . 6 fr.

**Ouvriers du temps passé** (xve et xvie siècles), par H. Hauser, professeur à l'Université de Dijon. 1 vol. in-8, cart. . . . . . . . . . . 6 fr.

**Les Transformations du pouvoir**, par G. Tarde, de l'Institut, professeur au Collège de France. 1 vol. in-8, cart. . . . . . . . . . 6 fr.

**Morale sociale**. Leçons professées au Collège libre des Sciences sociales, par MM. G. Belot, Marcel Bernès, Brunschvicg, F. Buisson, Darlu, Dauriac, Delbet, Ch. Gide, M. Kovalevski, Malapert, le R. P. Maumus, de Roberty, G. Sorel, le Pasteur Wagner. Préface de M. Emile Boutroux, de l'Institut. 1 vol. in-8, cart . . . . . . . . . . . . . 6 fr.

**Les Enquêtes**, *pratique et théorie*, par P. du Maroussem (Ouvrage couronné par l'Institut). 1 vol. in-8, cart. . . . . . . . . . . . . 6 fr.

**Questions de Morale**. Leçons professées à l'École de morale, par MM. Belot, Bernès, F. Buisson, A. Croiset, Darlu, Delbos, Fournière, Malapert, Moch, D. Parodi, G. Sorel. 1 vol. in-8, cart. 6 fr.

**Le développement du Catholicisme social**, depuis l'encyclique *Rerum novarum. Idées directrices et caractères généraux*, par Max Turmann, 1 vol. in-8, cart. . . . . . . . . . . . . . . . . . . . . . . 6 fr.

**Le Socialisme sans doctrines**. *La Question ouvrière et agraire en Australie et en Nouvelle-Zélande*, par A. Métin, agrégé de l'Université, professeur à l'École coloniale. 1 vol. in-8, cart. . . . . 6 fr.

**Assistance sociale**. *Pauvres et mendiants*, par Paul Strauss, sénateur. 1 vol. in-8, cart. . . . . . . . . . . . . . . . . . . . . . 6 fr.

**L'Éducation morale dans l'Université** (*Enseignement secondaire*). Conférences et discussions, sous la présidence de M. A. Croiset, de l'Institut, doyen de la Faculté des lettres de l'Université de Paris. (*Ecole des Hautes Etudes sociales*, 1900-1901). 1 vol. in-8, cart. 6 fr.

**La Méthode historique appliquée aux Sciences sociales**, par Ch. Seignobos, maître de conférences à l'Université de Paris. 1 vol. in-8, cart. . . . . . . . . . . . . . . . . . . . . . . . . . . . 6 fr.

**L'Hygiène sociale**, par E. Duclaux, de l'Institut, directeur de l'Institut Pasteur. 1 vol. in-8, cart. . . . . . . . . . . . . . . . . . 6 fr.

**Le Contrat de travail**. *Le rôle des syndicats professionnels*, par P. Bureau, professeur à la Faculté libre de droit de Paris. 1 vol. in-8, cart.. . . . . . . . . . . . . . . . . . . . . . . . . . . . 6 fr.

**Essai d'une philosophie de la solidarité**. Conférences et discussions sous la présidence de MM. Léon Bourgeois, ancien président du Conseil des Ministres, et A. Croiset, de l'Institut, doyen de la Faculté des lettres de l'Université de Paris. (*Ecole des Hautes Etudes sociales*, 1901-1902.) 1 vol. in-8, cart. . . . . . . . . . . . . . 6 fr.

**L'Exode rural et le retour aux champs**, par E. Vandervelde, professeur à l'Université nouvelle de Bruxelles. 1 vol. in-8, cart.. . . . . 6 fr.

**La Lutte pour l'existence et l'évolution des sociétés**, par J.-L. de Lanessan, député, ancien ministre de la Marine. 1 vol. in-8, cart. 6 fr.

**L'Éducation de la Démocratie**. Leçons professées à l'*Ecole des Hautes Etudes sociales*, par MM. Ernest Lavisse, Alfred Croiset, Ch. Seignobos, P. Malapert, G. Lanson, J. Hadamard. 1 vol. in-8, cart. . . . . 6 fr.

**La Démocratie devant la science**, par C. Bouglé, professeur de philosophie sociale à l'Université de Toulouse. 1 vol. in-8, cart.. . 6 fr.

**L'Individualisme anarchique. Max Stirner**, par V. Basch, professeur à l'Université de Rennes. 1 vol. in-8. cart. . . . . . . . . . . 6 fr.

**Chaque volume in-8° carré de 300 pages environ, cartonné à l'anglaise . . . . . . . . . . . . . . . . . . . . . . . . 6 fr.**

# LA CONCURRENCE SOCIALE

## ET LES DEVOIRS SOCIAUX

---

## PRÉFACE

Le présent ouvrage fait suite à celui que j'ai publié récemment sous le titre : *La lutte pour l'existence et l'évolution des sociétés.*

Dans ce dernier, j'ai étudié les diverses formes de la « lutte pour l'existence » dans les sociétés humaines, et j'ai montré les résultats qu'elle produit sur leur évolution. Les faits qui y sont exposés établissent, je crois, d'une manière irréfutable, que l'on commettrait une erreur grave et dangereuse si, à l'exemple de certains philosophes ou économistes, et comme Darwin lui-même paraissait le supposer, on considérait la « lutte pour l'existence », dans l'espèce humaine, comme devant produire nécessairement l'évolution ascendante de toutes les sociétés formées par les hommes.

Je crois avoir établi, au contraire, que la lutte pour l'existence a conduit fatalement, jusqu'à ce jour, toutes les sociétés humaines à la dégénérescence du plus grand nombre des individus, par les misères que les plus forts imposent aux plus faibles.

Cette première conclusion des faits les mieux observés

ne pouvant pas être contestée, il m'a paru nécessaire de rechercher si, dans les conditions où la lutte pour l'existence s'est produite jusqu'à ce jour parmi les hommes, les plus forts eux-mêmes n'en ont pas ressenti et n'en ressentent pas encore des effets nuisibles.

Dans le cas où la lutte pour l'existence serait toujours profitable à une partie suffisamment importante de la société, il ne manquerait pas de gens pour soutenir la nécessité de ne jamais faire intervenir les pouvoirs publics dans les conflits d'intérêts qui surgissent entre les diverses classes ou les divers individus. C'est, en effet, la doctrine qui a été soutenue par certaines écoles philosophiques ou économiques.

Cependant, les faits que nous étudierons dans la première partie de cet ouvrage, en faisant porter nos observations sur trois types distincts de sociétés humaines, établissent d'une façon irréfutable, que toujours, non seulement la masse sociale inférieure souffre de la lutte pour l'existence jusqu'à tomber dans une dégénérescence plus ou moins générale, mais encore que les classes supérieures elles-mêmes et les individus les mieux doués finissent par en souffrir, quand la lutte se prolonge.

Il en résulte la nécessité de l'intervention des pouvoirs publics entre les parties en lutte, afin d'empêcher que celle-ci ne produise les effets nuisibles qui en résultent quand elle n'est limitée par aucun frein.

C'est cette intervention, dont j'exposerai les principes et les résultats dans la seconde partie du livre, sous le nom de *Devoirs sociaux*.

Dans cet ouvrage comme dans le précédent, je ne me suis préoccupé d'aucune des écoles sociales qui se disputent les suffrages de la masse ou l'adhésion des penseurs. La méthode qui m'a conduit à travers les difficultés de la route n'a rien de commun avec celle des métaphysiciens. Elle ne connaît ni l'innéité des idées et des sentiments, ni l'absolu des conceptions philosophiques ou sociales; elle ne s'attache qu'aux faits et n'admet comme vérités que celles fondées sur l'observation et l'expérience.

C'est en naturaliste et non en métaphysicien que j'étudie les sociétés humaines, et c'est en naturaliste que j'expose les conclusions auxquelles me conduit cette étude. L'accueil bienveillant qui a été fait à cette méthode par les lecteurs de mon volume sur *La lutte pour l'existence et l'évolution des sociétés*, aux suffrages desquels je tenais particulièrement, m'encouragerait, si j'en avais besoin, à lui rester fidèle.

C'est grâce à elle que progressent toutes les sciences véritables; c'est par elle, j'en suis convaincu, que seront dissipées les erreurs et les chimères qui jettent encore les individus, les familles, les classes et les peuples les uns contre les autres. Si, en l'appliquant à l'étude des problèmes sociaux, je puis contribuer, dans une mesure quelconque, si minime soit-elle, à leur solution pacifique, je m'estimerai le plus heureux des hommes.

J. L. de Lanessan.

Écouen, le 16 septembre 1903.

# LIVRE PREMIER

## LA CONCURRENCE SOCIALE ET SES EFFETS

---

## CHAPITRE PREMIER

### LA LUTTE POUR L'EXISTENCE DANS LES SOCIÉTÉS HUMAINES

La « lutte pour l'existence » comprend, dans les sociétés humaines, trois ordres de faits qui se produisent presque toujours d'une manière simultanée mais que, néanmoins, il est indispensable de distinguer les uns des autres, à cause de la différence qui existe entre les effets qu'ils déterminent.

#### LE COMBAT POUR LA VIE

La première catégorie de ces faits constitue le « combat pour la vie », c'est-à-dire la lutte de chaque individu, de chaque famille et de chaque groupe social contre les conditions du milieu dans lequel se déroule leur existence.

Il a pour objet la conservation des individus, des familles et des groupes sociaux et, par voie de conséquence, la conservation de l'espèce elle-même.

Afin de se faire une idée exacte de ce qu'est le « combat pour la vie » dans l'espèce humaine, il faut se rappeler que tout homme est dominé par deux grands besoins : celui de la nutrition et celui de la reproduction.

Si l'homme ne se nourrit pas ou ne se nourrit qu'insuffisamment, il succombe à la faim, dans le premier cas, à l'affaiblissement graduel de son organisme, dans le second. Il faut donc à chaque homme un minimum d'aliments sans lequel son individualité ne saurait être conservée ; et il faut que cette quantité minima de nourriture soit proportionnée à l'activité de son existence. Toute société humaine dont aucun des membres ne se nourrirait d'une manière suffisante serait appelée à disparaître rapidement.

Une seconde condition doit être remplie pour qu'un groupe humain quelconque ne disparaisse pas : il faut que les individus des deux sexes s'unissent et produisent des enfants, car il est dans le destin de chaque homme de mourir au bout d'un nombre d'années plus ou moins grand, quel que soit le soin qu'il apporte à se nourrir d'une manière convenable. Si tous les individus d'un même groupe social évitaient de se reproduire, le groupe tout entier disparaîtrait avec eux. La disparition serait plus lente, mais non moins certaine, si la reproduction des membres de ce groupe n'était pas proportionnée aux causes de mortalité dont ils sont entourés. Plus, dans un groupe social, la durée moyenne de la vie est courte et plus il faut que la reproduction soit active.

Il est facile de déduire de ces faits en quoi consiste le « combat pour la vie » de chaque individu, de chaque famille et de chaque groupe social.

Chacune de ces unités doit, en premier lieu, faire des efforts pour se procurer la quantité d'aliments qui est nécessaire à la satisfaction de son besoin de nutrition, et il est évident, que ses efforts devront être d'autant plus considérables que les matières propres à l'alimentation seront plus rares. Dans un pays où les végétaux sont très peu nombreux, où l'eau ne se trouve que de loin en loin et où, par conséquent, les animaux n'existent qu'en petite quantité, des hommes, même peu nombreux, auront beaucoup de peine à s'alimenter. Le « combat pour la vie » auquel ils seront tenus de se livrer contre cette nature ingrate, sera tellement pénible, qu'ils auront beaucoup de chances d'y succomber. Si peu intelligents qu'on les suppose, ils s'efforceront d'en sortir. N'ayant d'autres armes que leurs jambes, dans ce combat contre la nature, ils en useront pour aller vers des terres plus généreuses.

Dans le cas que je viens d'envisager, nous dirons que l'homme combat pour sa vie contre le « milieu cosmique » dans lequel il est placé et qu'il sort victorieux de ce combat, grâce, d'une part, à son intelligence qui le décide à en sortir et, d'autre part, à ses jambes qui lui permettent de changer de lieu. S'il n'avait pas l'idée de la fuite, si ses jambes étaient trop faibles pour lui permettre de la réaliser, ou s'il n'allait pas dans une bonne direction, il serait fatalement vaincu dans le combat pour la vie contre le milieu cosmique.

Voici un second cas hypothétique tout différent. Nous supposons un homme ou un groupe d'hommes transportés dans un milieu où l'eau, les végétaux et les animaux sauvages abondent, où sont réunies les différentes sortes d'aliments nécessaires à la nutrition, mais qui est très marécageux, malsain, producteur de maladies mortelles, comme la malaria, la dysenterie, etc. Les hommes n'ont aucun effort à faire pour se nourrir, mais ils tombent malades et meurent très rapidement.

Dans ce cas encore, l'homme « combat pour la vie » contre le milieu cosmique, mais les armes qu'il peut employer afin de sortir victorieux de cette lutte sont plus variées que dans le cas précédent. D'abord, il peut s'en aller à la recherche d'une contrée plus saine. Il peut aussi creuser des canaux d'irrigation et assainir le sol en faisant évacuer dans le fleuve voisin les eaux des marécages ; il peut également chercher et trouver des remèdes préventifs de la fièvre ou guérisseurs de cette maladie. Dans toutes ces éventualités, c'est son intelligence qui est l'arme principale dans le « combat pour la vie » auquel il doit se livrer sous peine de succomber à la maladie, mais elle lui peut inspirer des moyens autres que la fuite ; et son triomphe sera d'autant plus certain qu'il mettra plus d'ingéniosité, en même temps que de zèle, dans l'emploi des divers moyens ou armes dont il dispose.

Dans l'un et l'autre des deux cas qui précèdent, ce n'est

pas seulement contre la rareté des aliments ou l'insalubrité du climat que les hommes ont à se défendre, qu'ils ont à mener le « combat pour la vie », c'est aussi contre les intempéries des saisons : contre la chaleur ou le froid, la pluie ou la neige, le vent ou la foudre, etc. Appliquant son esprit à la lutte contre ces diverses causes de destruction, l'homme inventera tour à tour l'abri de branchages dont il emprunte l'idée aux forêts, le creusement de trous dans le sol qu'il imite de certains animaux sauvages, l'utilisation des cavernes, puis la construction de huttes en terre imitées de ces mêmes cavernes, etc. Contre le froid, il imaginera le feu dont le soleil et la foudre lui donnèrent l'idée et qu'il a vu surgir du choc des silex projetés les uns contre les autres par le vent ou par lui-même, brisés par la foudre, etc. Contre le froid, il inventera des vêtements formés avec les grandes herbes sous lesquelles il a eu mille occasions de chercher un abri, ou bien avec les peaux velues ou laineuses des bêtes, dont une observation quotidienne lui révèle le rôle protecteur à l'égard des animaux qui en sont pourvus. En un mot, dans ce « combat pour la vie » contre les accidents climatériques auxquels il ne saurait entièrement échapper, car il les trouve, sous des formes diverses, partout où le portent ses pas, il invente des moyens variés, des « armes » qui lui permettent d'en triompher d'autant plus sûrement qu'il montre, dans leur invention, plus d'ingéniosité et qu'il fait plus d'efforts pour les approprier à la protection de son organisme contre les diverses influences nuisibles auxquelles il se sait exposé.

Voici un quatrième cas dont l'histoire des peuples primitifs offre de nombreux exemples. Le groupe social envisagé se trouve dans un pays où les végétaux et les animaux abondent, où les sources sont nombreuses, dont le climat est salubre ; mais, précisément en raison de ces circonstances, les bêtes malfaisantes s'y sont en quelque sorte données rendez-vous. L'ours, le tigre, la panthère, les serpents venimeux y menacent à toute heure l'existence des hommes. Ceux-ci trouvent aisément leur nourriture, mais ils sont obligés de se défendre incessamment contre des ennemis nombreux et redoutables. Le « combat pour la vie » auquel ils sont condamnés n'est plus dirigé contre le milieu cosmique proprement dit, mais plutôt contre les animaux nuisibles. Fuir le pays, aller à la recherche de lieux moins mal fréquentés est encore un moyen conseillé par l'intelligence ; mais les fuyards n'auraient-ils pas à redouter de ne point retrouver ailleurs les facilités d'alimentation et la salubrité auxquelles ils auraient renoncé ? Désireux de ne pas se priver de ces avantages, ils consacreront leurs efforts à se protéger contre leurs ennemis et à les détruire. Ils se mettront à l'abri dans des cavernes, dans des grottes dont ils fermeront l'entrée avec des troncs ou des branches d'arbres, en attendant qu'ils inventent les portes ; ils se construiront des huttes dans les arbres ; ils dresseront des pilotis et construiront des cabanes au-dessus des lacs et des rivières, etc. En même temps, ils se fabriqueront des haches, des poignards, des lances, des flèches, d'abord avec des silex et autres pierres dures, puis avec des cornes de cerfs ou de rennes, des défenses d'éléphants, des os de chevaux ou d'autres grands animaux dont ils consomment les chairs. Les armes qu'ils ont d'abord inventées pour se défendre contre les animaux carnassiers leur serviront à attaquer les herbivores et les poissons dont ils s'alimentent. Leur « combat pour la vie » aura eu pour résultat, à la fois, de les préserver des atteintes de leurs ennemis et de rendre plus facile la satisfaction de leur besoin de nutrition.

A ce moment, les groupes humains que nous avons envisagés ont résolu, sous la pression des seuls besoins naturels, des problèmes d'une extrême importance. Ils se sont établis dans les régions les plus riches en aliments et les plus saines ; ils ont inventé des vêtements et des logements contre les intempéries des saisons, des armes pour leur défense contre les animaux nuisibles et la capture de ceux dont ils se nourrissent ; ils ont découvert le feu, ils font cuire leurs aliments. Bientôt ils seront conduits à domestiquer un certain nombre d'animaux, à cultiver les plantes les plus riches en matières alimentaires, à fabriquer des armes en cuivre, en bronze, en fer, etc. Et toutes ces inventions, toutes ces découvertes, toutes ces victoires remportées sur le milieu cosmique, sur les animaux et sur les végétaux, sont le résultat du « combat pour la vie » auquel chaque membre de l'espèce humaine est condamné dès sa naissance.

Il est impossible de ne pas conclure de tous ces faits que le « combat pour la vie », dans les limites où nous le renfermons, est toujours utile au progrès de chacun des individus qui s'y livre, à celui de sa descendance et à celui des individus en compagnie desquels il vit, car chacun est appelé à tirer profit des armes imaginées et employées par tous les autres.

D'un autre côté, l'histoire des sociétés humaines établit d'une manière irréfutable que les progrès réalisés dans le « combat pour la vie » ont été, de tout temps et en tous lieux, d'autant plus rapides que les individus vivaient en groupes plus nombreux. Partout où les membres d'une même famille sont intimement associés dans le « combat pour la vie », ils résistent aux intempéries des saisons, aux attaques des animaux et triomphent plus aisément de toutes les difficultés que là où les membres de la famille se dispersent de bonne heure. Lorsque les familles vivent réunies en tribus ou en cités comprenant un nombre important d'individus, le progrès est encore plus rapide. Plus, en un mot, l'association des hommes est intime et étendue, plus le « combat pour la vie » est facile pour chacun, et plus chacun est assuré d'en sortir victorieux, plus aussi le progrès réalisé par tous est considérable.

## LA CONCURRENCE INDIVIDUELLE

La deuxième forme de la lutte pour l'existence, c'est-à-dire la *concurrence individuelle*, est caractérisée par les efforts auxquels chacun des membres d'une même société s'astreint pour s'assurer une situation morale et matérielle supérieure à celle des autres.

Aussi bien dans la *concurrence individuelle* que dans le « combat pour la vie » l'égoïsme est le sentiment qui inspire les actions humaines; mais, dans le « combat pour la vie » les efforts faits par chaque individu, chaque famille ou chaque groupe social sont utiles à eux-mêmes et à la masse sociale tout entière, tandis que dans la « concurrence individuelle » chacun est poussé par son égoïsme particulier à sacrifier les intérêts de tous les autres à son intérêt personnel. Aussi, la concurrence individuelle, loin de profiter à tous les membres du corps social, est-elle toujours plus ou moins nuisible à un certain nombre d'entre eux.

Dans la famille, c'est l'égoïsme de l'homme qui l'a poussé, de tout temps, à s'ériger en maître de sa femme et de ses enfants et à faire peser sur eux une domination telle qu'il s'est longtemps arrogé le droit de juger tous leurs actes souverainement et de les punir, même de la mort. On pourrait dire qu'en s'attribuant des droits aussi exorbitants à l'égard de sa femme et de ses enfants, l'homme s'impose le devoir de les nourrir et de les protéger et que, par conséquent, sa domination est utile à ceux sur lesquels elle s'exerce. Il y a un peu de vrai dans cette assertion, mais il s'y trouve aussi une grande part d'erreur.

J'ai à peine besoin de rappeler que dans la plupart des sociétés anciennes, la femme était traitée comme une esclave contrainte de faire les travaux les plus pénibles et écartée systématiquement de toute instruction, n'ayant même pas sa place, chez certains peuples comme les Hébreux, dans la religion. Faut-il rappeler encore que dans les nations modernes les plus civilisées elle a été, jusqu'à ces derniers temps, privée de toute éducation scientifique et considérée presque exclusivement comme un instrument de plaisir? Et, n'est-il pas permis de voir dans la manière dont l'homme l'a toujours traitée, la cause principale de l'infériorité physique ou intellectuelle qui lui a été si souvent reprochée par les philosophes ou les sociologues?

Au nom des enfants ne pourrait-on pas se plaindre de l'état de servitude matérielle où l'égoïsme et l'esprit de domination du chef de famille les a maintenus pendant une si longue suite de siècles, et ne pourrait-on pas contester la légitimité des prétendus « droits du père » ? N'y a-t-il pas quelque motif de trouver mauvais que le père et la mère fassent passer leurs enfants sous les fourches caudines de leurs croyances religieuses, de leurs préjugés sociaux, de leurs passions politiques? Ne serait-il pas facile d'établir qu'en agissant de la sorte, les parents vouent leurs enfants à des haines et à des conflits qui aggravent singulièrement pour eux les difficultés de la concurrence individuelle ?

Quant à moi, il me parait incontestable que chacun des membres d'une famille humaine quelconque serait beaucoup plus fort, beaucoup mieux armé en vue des différentes formes de la lutte pour l'existence, si l'égoïsme des parents était davantage tempéré par l'altruisme familial; si le père s'érigeait moins en maître à l'égard de la mère et des enfants, et si ces derniers étaient traités par lui, non en inférieurs ou en sujets, mais en associés et en collaborateurs d'une œuvre de progrès commune à tous les membres de la famille. Je prétends que le père de famille serait lui-même le premier à tirer profit d'un régime où la femme et les enfants seraient aussi forts et aussi instruits, voire plus forts et plus instruits que lui, car chacun serait mieux en état de l'assister dans l'édification de la fortune familiale, dans la gestion de ses affaires, dans la défense de ses intérêts moraux contre les familles rivales. En cédant à son égoïsme, en s'abandonnant à son esprit de domination, le père croit se faire plus fort; il s'affaiblit, en réalité, parce qu'il se prive de concours qui pourraient lui être précieux; en violant le principe de l'association, il se condamne à perdre les avantages que produit toujours l'association.

C'est surtout dans la tribu, la cité ou la nation, c'est-à-dire dans les groupes sociaux formés par la réunion d'un nombre plus ou moins considérable de familles, que la « concurrence individuelle » s'est toujours montrée fort âpre et qu'elle a, chez tous les peuples, produit ses effets les plus apparents, en vue de l'évolution ascendante d'un petit nombre d'individus, tandis que tous les autres subissent une évolution régressive plus ou moins marquée. C'est aussi contre cette forme de la lutte pour l'existence que les divers peuples ont pris le plus de précautions d'ordre religieux et législatif.

S'il s'abandonnait à tous les sentiments que lui inspire son égoïsme naturel, l'homme sacrifierait à son intérêt personnel les intérêts de tous les autres hommes. Il n'hésiterait ni à voler pour s'enrichir sans rien faire, ni à tuer pour s'emparer du bien ou de la femme d'un autre homme, ni à mentir et à porter de faux témoignages pour s'assurer un avantage quelconque ; il ne reculerait, en un mot, devant aucune action propre à servir son égoïsme, pourvu que ses forces lui fissent espérer de la pouvoir accomplir sans danger pour sa propre vie ou son intérêt personnel.

Fort heureusement pour l'avenir de l'humanité, de pareils hommes n'ont jamais existé qu'en petit nombre. L'individu assez naïvement égoïste pour ne tenir compte que de son seul intérêt et pour ne respecter aucun des intérêts de ses semblables est une exception, non seulement dans l'espèce humaine, mais encore dans la plupart des espèces animales. Cela résulte de l'obligation de vivre en société qui est imposée par la nature à tous les animaux supérieurs et à tous les hommes, obligation tellement impérieuse que ceux dont le caractère ne se prête pas à ce genre d'existence et qui prétendent vivre dans l'isolement, succombent avec une telle rapidité qu'ils n'ont souvent pas le temps de laisser des héritiers de leur humeur insociable.

Je ne veux pas m'appesantir ici sur des faits que j'ai exposés ailleurs avec tous les détails nécessaires[1]. Je me borne à rappeler que la vie sociale a son premier point de départ, pour les animaux supérieurs et les hommes, dans la nécessité où chaque individu se trouve de s'unir à un autre individu de sexe différent pour satisfaire son besoin de repro-

1. Voir mon livre sur la *Lutte pour l'existence et l'évolution des sociétés*. 1 vol. in-8°. F. Alcan, éditeur. (Bibliothèque générale des sciences sociales.)

duction. L'association de l'homme et de la femme, provoquée par l'irrésistible besoin que l'un et l'autre éprouvent, est consolidée d'abord par l'attachement physique et moral qui naît de leurs relations sexuelles et, ensuite, par l'affection que les parents éprouvent pour leurs enfants. Si les conditions d'existence sont faciles, tous les membres de la famille continuent à vivre ensemble et peuvent être unis en une tribu lorsque les premiers enfants ont, à leur tour, pris des femmes et ont eu des enfants.

Déjà, dans cette première forme de la société, chaque individu perd de son égoïsme et acquiert des sentiments altruistes qui l'amènent à respecter les intérêts de ses semblables. Les mêmes sentiments se développent chez tous les membres de la tribu, et les actes altruistes qu'ils déterminent finissent par être considérés comme des devoirs auxquels nul n'oserait se soustraire par crainte d'être, à son tour, victime de leur violation. Plus tard, les religions et les lois transforment en obligations les idées relatives à ces devoirs ; et la morale naturelle, née des relations des membres d'une même famille, d'une même tribu, d'une même cité, d'une même nation, les uns avec les autres, prend place, sous la forme de prescriptions impératives, dans les livres sacrés et dans les codes législatifs.

Cependant, si les religions et les lois sont capables de mettre obstacle à l'accomplissement des actes qui nuiraient directement aux membres de la société et compromettraient les intérêts généraux de cette dernière, elles sont et seront toujours impuissantes à supprimer l'égoïsme naturel des individus et à faire disparaître des sociétés humaines la « concurrence individuelle ». Elles n'ont jamais pu empêcher et elles ne pourront jamais empêcher que chaque individu se préoccupe plutôt de son intérêt particulier que de celui des autres, et ne s'efforce de l'emporter sur eux dans la conquête du bonheur.

Dans un très grand nombre de cas, du reste, ce n'est pas seulement le désir de l'emporter sur les autres qui pousse l'homme à la concurrence individuelle et qui le rend plus ou moins insensible aux misères qui en résulteront pour ses semblables, c'est aussi la nécessité absolue de satisfaire ses besoins les plus impérieux, de manger, de se loger, de se vêtir.

Dans les classes riches, la concurrence individuelle sert au progrès général de ces classes par le triomphe des plus intelligents, des plus laborieux, des plus audacieux, et il importe peu que leurs membres les moins favorisés succombent dans cette concurrence. Dans les classes pauvres, il en est tout autrement. La concurrence qui s'y établit entre les individus pour obtenir du travail, amène forcément un abaissement général des salaires et une augmentation de la durée du labeur, dont souffrent ceux mêmes qui sont les mieux doués par la nature en qualités physiques et intellectuelles.

Les effets nocifs de la concurrence individuelle sur l'ensemble des membres des classes pauvres sont encore augmentés par ce fait bien connu, que les gens dénués de fortune ne mettent, d'ordinaire, aucune entrave à leurs facultés reproductrices, tandis que les parents riches limitent le nombre de leurs enfants d'après la part de fortune qu'ils désirent laisser à chacun d'eux. Les membres des classes pauvres se créent ainsi à eux-mêmes des concurrents, tandis que les membres des classes riches réduisent le nombre de ceux dont ils auraient à redouter la concurrence.

Enfin, la nocuité de la « concurrence individuelle » est encore augmentée par certains effets inévitables de la « concurrence sociale ».

## LA CONCURRENCE SOCIALE

Sous le nom de *Concurrence sociale*, je classe tous les faits de la « lutte pour l'existence » qui se produisent entre les divers groupes sociaux, c'est-à-dire, entre les différentes familles d'une même tribu ou d'une même classe, entre les différentes tribus d'un même peuple, entre les différentes classes d'une même nation, entre les différentes nations et entre les diverses races. « La concurrence sociale » n'existe réellement que dans les sociétés humaines. Elle y est la principale cause déterminante de tous les faits politiques et sociaux.

La « concurrence sociale » est déterminée par le sentiment égoïste qui pousse chaque collectivité humaine à se procurer le plus possible d'avantages matériels et moraux, sans se préoccuper des conséquences qu'il en pourra résulter pour les autres collectivités. Il n'y a pas de famille, par exemple, dans un groupe social déterminé, qui ne veuille être plus riche que les autres, obtenir davantage d'honneurs et s'assurer pour l'avenir les avantages qu'elle a conquis.

Il n'est pas rare qu'il naisse, de cet esprit, des conflits qui se perpétuent pendant une suite plus ou moins longue de générations. On ne trouverait peut-être pas, en France, de petite ville, ni de village où n'existent des rivalités de cette sorte entre deux ou plusieurs familles. Chacune élève ses enfants dans la haine de l'autre, et elle y réussit souvent au point d'en arriver à ce que des enfants qui n'ont jamais eu de relations se détestent comme s'ils s'étaient fait réciproquement beaucoup de mal. Ils s'en feront, en effet, chaque fois qu'ils en trouveront l'occasion; ils s'en feront d'autant plus qu'ils seront plus grands et plus forts.

Des raisons d'intérêt se trouvent fréquemment à la source de ces divisions. Il n'est pas rare non plus que les haines aient été provoquées par des divergences d'opinions politiques ou de croyances religieuses; la concurrence n'est alors que plus âpre, car chacune des deux familles rivales, tenant à faire triompher autour d'elle ses opinions ou ses croyances, leur lutte se propage dans la population de la localité où elles habitent. Il y a des villages de France divisés ainsi en deux classes qui se font réciproquement autant de mal qu'elles le peuvent, dans le seul but de complaire à deux familles concurrentes.

Cette concurrence entre familles détermine d'abord un certain progrès matériel ou moral de toutes les deux, en raison des efforts qu'elles font pour se surpasser réciproquement, mais ce progrès ne saurait être durable. Tôt ou tard, un affaiblissement des deux rivales résulte des préjudices qu'elles se sont faits réciproquement et dont se ressentent toutes les familles qui ont pris parti pour l'une ou l'autre.

Chez tous les peuples, les classes sociales présentent des phénomènes analogues, produits par le même égoïsme, le même esprit de domination et conduisant aux mêmes résultats. Il suffit, par exemple, de jeter un coup d'œil sur l'histoire de l'aristocratie et de l'oligarchie religieuse françaises, pour se convaincre que l'âpre concurrence sociale à laquelle ces deux classes se sont livrées du septième au dix-huitième siècle, fut la cause principale de la ruine de l'une et de l'autre, en même temps que des progrès de la bourgeoisie, jusqu'à ce que celle-ci prit leur place, en les faisant détruire par la Révolution.

L'histoire de la concurrence sociale dans les sociétés grecque et romaine permet de constater un autre fait qui conduit aux mêmes conclusions générales sur les effets de cette forme particulière de la lutte pour l'existence. Certes, les aristocraties de Rome et de la Grèce, montrèrent une très grande habileté dans la direction de leurs intérêts; elles s'assurèrent pour des siècles la prédominance politique et le monopole de la richesse, en inspirant à la classe des plébéiens libres le mépris du travail rémunéré[1]. Elles enle-

1. Aristote nous a laissé un exposé fidèle et caractéristique des idées qui régnaient à cet égard dans la société grecque. « Les citoyens, dit-il, ne doivent point avoir à s'occuper des premières nécessités de la vie : c'est un point que tout le monde accorde... le mode seul d'exécution offre des difficultés. » Il dit encore : « Dans cette république parfaite où la vertu des citoyens sera réelle dans toute l'étendue du mot et non point relativement à un système donné, ils s'abstiendront soigneusement de toute profession mécanique, de toute spéculation mercantile, travaux dégradés et contraires à la vertu. Ils ne se livreront pas davantage à l'agriculture : il faut du loisir pour acquérir la vertu et pour s'occuper de la chose publique. » « Ainsi, dit-il, les propriétés appartiendront en propre aux citoyens ; et les laboureurs seront nécessairement ou des esclaves, ou des barbares ou des serfs. » Il ajoute : « Quant à l'artisan, il n'a pas de droits politiques, non plus que toute autre classe étrangère aux nobles occupations de la vertu. » (Voy.

vaient ainsi, en effet, à la masse, la seule arme vraiment redoutable dans la concurrence sociale, la seule qui puisse permettre au pauvre, intelligent et laborieux, de se substituer au riche, paresseux et inintelligent. En éloignant les plébéiens du travail, elles les condamnaient à la misère; mais, en se donnant à elles-mêmes la certitude qu'elles n'auraient plus d'efforts à faire pour conserver leurs avantages, elles préparaient l'arrêt certain de leur progrès. Les Césars n'eurent qu'à remuer du bout de leur épée l'esprit de rébellion qui jamais ne s'éteint tout à fait dans les classes misérables et souffrantes, pour se substituer à une aristocratie et à une ploutocratie qui se croyaient à l'abri de toute atteinte. Et, plus tard, celles-ci succombèrent tout à fait devant l'oligarchie chrétienne qui, elle-même, s'était substituée aux Césars en portant au paroxysme les passions démagogiques de la classe plébéienne et en faisant appel aux barbares contre l'empire.

On pourrait ainsi passer en revue toutes les sociétés anciennes et modernes avec la certitude d'y trouver la preuve des effets nuisibles exercés par la concurrence sociale, non seulement sur les classes les plus faibles, que la lutte affaiblit encore et qu'elle frappe toujours d'une dégénérescence plus ou moins prononcée et plus ou moins générale, mais aussi, par contre-coup, sur les classes plus puissantes.

Il serait également facile de montrer que la concurrence sociale a des effets analogues quand elle s'exerce entre deux peuples distincts, si sa durée est trop prolongée. Je n'en voudrais d'autre preuve — s'il en fallait fournir — que les effets produits sur la France et l'Espagne par la guerre de la Succession. L'empire romain lui-même n'a-t-il point fini par être la victime de la concurrence sociale contre tous les autres peuples où le poussait son ambition égoïste et insatiable? Ne finit-il point par s'y affaiblir au point qu'il suffit

Aristote, *La Politique*, trad. de Barthélémy Saint-Hilaire, Livre II, ch. vi, et Livre IV, ch. viii.) Dans la réalité, les citoyens libres ne faisaient rien, il est vrai, mais ils étaient en grande majorité misérables.

de l'alliance de quelques évêques de la Gaule avec les chefs barbares pour déterminer sa ruine et son écroulement?

L'importance de ces faits est considérable. Il importe de les bien connaître pour apprécier à leur juste valeur certaines théories philosophiques et les conceptions sociales que l'on a voulu en tirer.

Dans le cas où la lutte pour l'existence ne serait nuisible qu'aux hommes ou groupes d'hommes les moins bien doués, tandis qu'elle profiterait toujours aux plus forts, il ne manquerait pas de gens pour se féliciter du résultat final. Et il s'en est trouvé, en effet, un grand nombre. « Tant pis pour les faibles, pensent-ils volontiers, s'ils n'osent pas toujours le dire, leur disparition ne fera que rendre plus facile l'évolution ascendante des plus forts et des meilleurs. » Toute une philosophie a pris récemment pour devise sociale le *vœ victis* du Brennus gaulois. Elle a transformé en dogme ce mot de Nietzsche : « L'humanité en tant que masse sacrifiée à la prospérité d'une seule espèce d'hommes plus forts. voilà ce qui serait un progrès. » Pour insensé qu'il soit, ce rêve est terriblement dangereux, parce qu'il semble qu'on puisse l'appuyer sur la doctrine de la sélection telle que l'ont formulée Darwin et ses disciples. Il est, fort heureusement, faux et irréalisable, car il va à l'encontre de tous les faits dont l'histoire des sociétés humaines nous a conservé le souvenir.

L'étude de ces faits permet d'établir d'une manière irréfutable, que si la concurrence sociale est nécessairement nuisible à toute la masse faible de chaque nation, elle devient non moins funeste, tôt ou tard, à la partie la plus forte, la mieux douée, de cette même société. De telle sorte que les plus forts ont intérêt à ménager les plus faibles, à les relever au lieu de les abaisser, à les rendre plus heureux au lieu d'augmenter leur misère. S'ils ne l'ont pas fait ou s'ils ne l'ont fait que très insuffisamment dans toutes les sociétés humaines qui ont évolué jusqu'à ce jour, c'est que l'éducation morale n'était pas, chez eux, à la hauteur de l'instruction littéraire, scientifique ou économique.

Cependant, il s'est trouvé chez tous les peuples et à toutes les époques, un petit nombre d'hommes assez clairvoyants pour découvrir l'erreur dans laquelle tombaient les plus forts en affaiblissant encore les plus faibles. Petit à petit, ont été formulés quelques principes de morale sociale et gouvernementale que les philosophes se transmettaient de génération en génération, et qui ont fini par attirer l'attention des peuples. Ce sont ces principes que j'ai exposés sous le nom de *Devoirs sociaux*.

---

# CHAPITRE II

## LA CONCURRENCE SOCIALE ET SES EFFETS DANS LES SOCIÉTÉS ROMAINE ET GRECQUE

Il me paraît utile de rappeler d'abord la façon très simple dont se constituent, dans les diverses sociétés humaines, les groupes entre lesquels se produit ensuite la « concurrence sociale ».

### SOCIÉTÉS PATRIARCALES

Dans les sociétés patriarcales proprement dites, il n'y a pas de concurrence sociale, parce qu'il ne se forme pas de groupes distincts. Dans chaque famille, le père est à la fois propriétaire de tous les biens de la famille, chef incontesté et prêtre de tous ses membres. Le chef de famille le plus ancien est reconnu par tous les autres comme le patriarche, chef suprême et pontife de la tribu. La plus parfaite égalité règne entre tous les membres de cette dernière, mais chacun respecte tous ceux qui sont plus âgés que lui. Affection et respect sont les sentiments sur lesquels est fondé ce régime social.

Dans les tribus patriarcales nomades, où les seuls biens sont les troupeaux, où chaque famille fabrique ses vêtements et tous ses ustensiles, l'organisation très simple du début peut se prolonger pendant de longues années, si les lieux où elles errent sont assez vastes pour que les différentes tribus n'aient que de rares contacts les unes avec les autres.

Dès que les relations deviennent plus faciles, la cupidité s'éveille ; car s'il est entendu que, dans la tribu, chacun doit respecter le bien et la vie de ses semblables, on a des idées tout à fait différentes relativement aux membres des autres tribus. A celles-ci on peut ravir leurs troupeaux et leurs femmes, s'emparer des hommes eux-mêmes ou les tuer, sans que personne y trouve à redire. Avec les femmes, les enfants, les jeunes gens ou les adultes capturés, on fait des esclaves, sur lesquels on se décharge de tous les travaux les plus pénibles.

Au cours de ces excursions et guerres, il est impossible que certains individus ne se montrent pas plus habiles ou plus braves que les autres et que, par conséquent, ils ne deviennent rapidement plus riches, puisque la guerre n'a pas d'autre objet que le butin. Bientôt, les familles auxquelles ces individus appartiennent seront plus opulentes et, par suite, plus influentes que les autres; un embryon d'aristocratie sera formé. Dans les tribus qui restent nomades, cet embryon ne se développera pas beaucoup ; il n'y aura jamais ni aristocratie véritable, ni véritable monarchie; la division en classes sociales ne sera jamais poussée très loin. Les tribus nomades des Khirghis du plateau central de l'Asie et les Touaregs nomades des déserts de l'Afrique n'offrent encore aujourd'hui qu'une division très imparfaite en classes sociales.

## FIXATION AU SOL ET SES CONSÉQUENCES

Les classes ne prennent une réelle importance que chez les peuples qui se fixent au sol et se livrent à la culture. Les familles les plus laborieuses, les plus intelligentes, les plus économes, les plus habiles dans l'échange ou la vente des produits de leurs terres, ne tardent pas, chez ces peuples, à devenir plus riches et, par suite, plus influentes que les autres.

D'un autre côté, les peuples fixés au sol et ayant fait des établissements de longue durée, sont d'autant plus exposés aux attaques de leurs voisins qu'ils sont plus riches, et ils doivent prendre des précautions pour leur défense. A partir de ce jour, il leur faut un chef pour organiser la défensive ou l'attaque, commander les troupes et préparer les opérations militaires. Le patriarche se transforme en roi. A la fraternité presque anarchique primitive, succède nécessairement une organisation politique plus ou moins complexe. Cependant, cette organisation, si rudimentaire qu'elle soit, ne peut pas être l'œuvre de la société tout entière. C'est le roi qui en prend la charge, et il est naturel qu'il s'attribue un rôle analogue à celui qu'il avait dans la tribu patriarcale. Dans les cités grecques et romaines, le roi est à la fois le maître des personnes et des biens, le chef militaire et le souverain pontife de la religion de la cité.

## LA MONARCHIE ET L'ARISTOCRATIE

Il est évident qu'en vertu de l'égoïsme individuel auquel les rois ne peuvent pas échapper plus que les autres hommes, le monarque des cités grecques et romaines, sur lesquelles nous allons nous arrêter, ne pouvait pas manquer de tendre à augmenter son pouvoir et surtout à le fixer dans sa famille. S'il eût fait cette double tentative à son profit exclusif, il ne serait que difficilement parvenu à la réaliser. Il lui fallait des complices ; il les trouva sans peine autour de lui, parmi les chefs des familles les plus riches et les plus influentes.

A Rome, dans les premiers temps de la fondation de la cité, les « patres » qui, par leur réunion, avaient formé la société nouvelle, étaient obligatoirement consultés par le roi dans toutes les circonstances importantes ; ils formaient son conseil ou *sénat*. Ils exerçaient eux-mêmes une autorité absolue sur tous leurs clients et les familles de leurs clients.

Lorsque la cité s'agrandit par l'adjonction d'émigrants venus des parties voisines du Latium, les familles primitives, dont les chefs étaient désignés sous le nom de « patriciens », formèrent une véritable aristocratie.

Lorsque, après la chute de la royauté, les chefs des familles immigrantes furent admis au rang de citoyens, les familles anciennes conservèrent leur prépondérance et continuèrent à s'isoler, à se ségréger, comme disent les naturalistes, en interdisant le mariage de leurs membres avec les nouveaux citoyens. En même temps, elles se réservaient l'éligibilité aux magistratures civiques et aux sacerdoces, et un certain nombre d'autres avantages matériels, tels que le droit d'usage des pâturages publics. Comme elles faisaient les lois, elles avaient soin de les édifier à leur profit, et comme la religion était entre leurs mains, elles faisaient consacrer par la religion tout ce qui, dans les lois et dans les coutumes, était de nature à sauvegarder ou à augmenter leurs privilèges.

Plus tard, lorsque les patriciens romains suppriment le roi et le remplacent par deux consuls annuels[1], dont la puissance n'est pas inférieure à celle de l'ancien roi, qui peuvent même, en certaines circonstances, se tranformer spontanément en dictateurs, les patriciens, dis-je, n'ont pas d'autre but intime que de se substituer à la royauté, car c'est parmi eux seulement que peuvent être choisis les consuls. Ayant été assistés dans cette entreprise par les plébéiens, ils se sentent obligés de les faire participer aux bénéfices de la révolution ; ils consentent à leur entrée dans les curies, à leur participation aux assemblées de la cité ; ils leur font même une place dans le Sénat, en choisissant les plus riches et les plus influents qu'ils enlèvent, selon le mot très juste de Mommsen, à la classe des opprimés pour les faire passer dans celle des opprimeurs. Mais, les patriciens ont soin de se réserver toutes les magistratures, c'est-à-dire toute la puissance politique et sociale. Fort habilement même, afin d'éviter l'apparition d'un autre pouvoir, ils réunissent sur la tête des consuls la puissance sacerdotale et l'autorité politique, comme elles étaient réunies sur la tête du roi[2]. D'autre part, afin que les

1. En l'an 244 après la fondation de Rome et 510 avant notre ère.

2. On créa, il est vrai, en même temps que les consulats, « un roi des sacrifices » (*rex sacrorum*) en qui était incarné, pour ainsi dire, le caractère pontifical de l'ancien roi ; mais ce personnage était tellement confiné dans le domaine religieux qu'il ne pouvait remplir aucun autre office, « de sorte, fait justement remarquer Mommsen (*Hist. rom.*, I, p. 306) que ce fonctionnaire était, en même temps, le plus élevé en

consuls ne puissent pas reconstituer l'autorité royale, ils leur enlèvent les caractères extérieurs de la royauté. Tandis que le roi circulait en chariot, comme les images des dieux, et revêtait en public la robe de pourpre, les consuls durent aller à pied comme les autres citoyens, et leur vêtement ne se distingua que par une simple bande de pourpre sur la robe extérieure ; la hache disparut des faisceaux que les licteurs portaient devant eux ; leurs terres ne furent pas travaillées par des corvées comme l'étaient celles du roi ; et, enfin, tout inviolables qu'ils fussent pendant la durée de leur consulat, ils pouvaient être poursuivis en justice pour leurs actes consulaires après que leurs fonctions avaient pris fin.

## LES PLÉBÉIENS ET LA PLOUTOCRATIE

L'aristocratie, en un mot, avait pris toutes les mesures imaginables pour sauvegarder sa puissance et ses privilèges. Il était impossible qu'elle ne suscitât point par là les jalousies et l'envie des plébéiens. La lutte fut désormais ouverte entre les deux grandes classes sociales de la cité romaine. A mesure que les plébéiens deviendront plus nombreux, plus instruits et plus riches, ils useront des quelques bribes d'autorité que les patriciens ont dû leur concéder pour combattre l'aristocratie, comme celle-ci avait combattu la royauté. Dès lors ce n'est plus seulement entre la cité romaine et les autres cités que règnera un état de guerre presque permanent; c'est aussi entre les deux grandes classes sociales de la cité elle-même. A la guerre étrangère s'ajoute la guerre civile pour une série de siècles indéfinie.

L'œuvre de l'égoïsme familial n'avait, du reste, été que commencée par la constitution d'une aristocratie que formèrent d'abord seulement les anciennes familles patriciennes. Cette œuvre se continua, aussitôt après la révolution répu-

rang et le dernier en pouvoir des magistrats romains ». Du reste, « ce n'est pas le *rex sacrorum*, nommé seulement pour préserver le nom, mais le consul qui offrait les prières et le sacrifice pour l'État et qui interrogeait en son nom la volonté des dieux avec l'aide des devins sacrés ».

blicaine, par la concurrence qui se produisit entre les familles de plébéiens. Les plus riches et les plus influentes de ces dernières, celles dont les chefs étaient appelés à faire partie du Sénat[1], tendirent tout de suite à dominer les autres. Il se constitua, au-dessous de l'aristocratie primaire, si l'on peut dire, une sorte d'aristocratie secondaire, non moins jalouse que la première de sa prééminence et non moins soucieuse de la conserver.

Lorsque Caïus Gracchus entreprit ses réformes démocratiques (vers 130 avant notre ère), une de ses préoccupations fut de réduire l'autorité de l'aristocratie sénatoriale; le moyen qu'il employa ne manque pas d'originalité. La noblesse se divisait alors en deux classes : l'une où se recrutaient les sénateurs, formée de familles peu nombreuses qui se tenaient à l'écart des affaires d'argent, du commerce et de l'industrie, et vivaient à peu près exclusivement du produit de leurs grandes propriétés foncières; l'autre composée d'un nombre beaucoup plus considérable de familles qui s'enrichissaient par des spéculations de toutes sortes. La loi Claudia, sous les Gracques, consacra cette division en interdisant

1. Le Sénat devint, en effet, avec la nouvelle organisation, le pouvoir le plus considérable de l'État. Les consuls duraient trop peu pour avoir le temps de se faire une clientèle importante, et comme, après leur consulat, ils retombaient dans l'aristocratie d'où ils étaient sortis, ils avaient tout intérêt à la ménager. D'autre part, les plébéiens riches furent bientôt en assez grand nombre dans le Sénat pour y exercer une influence qui affaiblissait celle de l'ancienne aristocratie. Dans le Sénat finit donc par se concentrer le pouvoir véritable de la cité : « Le Sénat, dit Mommsen (*ibid.*, p. 324) attira à lui la puissance gouvernementale essentielle... Pour les traités d'État importants, pour la distribution des terres publiques, en général pour tout acte dont les conséquences devaient excéder la durée annuelle du mandat, ou suivit la même coutume, et le consul ne fut plus que l'agent des affaires courantes, telles que la conduite des procès civils et le commandement à la guerre... Le Sénat faisait au consul une obligation de confier l'administration de la caisse publique, que le roi s'était réservée ou avait pu se réserver, à deux magistrats permanents subordonnés, qui, il est vrai, étaient nommés par les consuls et devaient leur obéir, mais qui, comme on peut se le figurer, dépendaient du Sénat bien plus que des consuls eux-mêmes. Le Sénat prit ainsi la direction du trésor public, et le droit de surveillance des deniers publics, assumé par le Sénat, peut être comparé, quant à ses effets, au droit de consentir les impôts qui existe dans les monarchies constitutionnelles de notre temps. »

aux sénateurs toute spéculation mercantile. Vers le même temps, une autre loi décida que le service dans la cavalerie était incompatible avec les fonctions de sénateur.

L'aristocratie mercantile se trouva, par suite, acquérir le monopole des spéculations et devenir la source principale de la cavalerie, ce qui lui fit réserver le titre d'ordre équestre autrefois donné à toutes familles assez riches pour servir dans la cavalerie, et ce titre la distingua de l'aristocratie sénatoriale dont la jeunesse servait aussi cependant dans la cavalerie. « Cet ordre des chevaliers, c'est-à-dire, en somme, les riches marchands, entra rudement en contact avec le Sénat. Il y avait une antipathie naturelle entre les aristocrates nobles et les hommes dont la fortune avait fait le rang... En dépit de leur accord pour lutter contre un ennemi commun, Tiberius Gracchus, il y avait un fossé profond entre l'aristocratie de noblesse et l'aristocratie d'argent ; et Caïus, plus adroit que son frère, l'élargit encore jusqu'à ce que leur alliance fût brisée, et que la classe des hommes d'argent se déclarât pour lui. » L'ordre équestre qui déjà, depuis Tiberius Gracchus probablement, se distinguait de la multitude par un anneau d'argent au lieu de l'anneau en cuivre ou en fer des plébéiens, se vit assigner par Caïus Gracchus une place particulière aux fêtes du peuple et divers privilèges ayant pour but « d'imprimer aux chevaliers le caractère d'un ordre fermé et privilégié, intermédiaire entre l'aristocratie sénatoriale et le gros de la multitude ». Il gagna surtout cette classe en lui abandonnant « les revenus de l'Asie et les cours du jury », c'est-à-dire le fermage des impôts dans les provinces romaines de l'Asie, l'accession aux fonctions de jurés dans les procès civils, et les places dans les commissions permanentes et temporaires. « Il fit faire tous les ans une nouvelle liste de jurés formée, comme les centuries, de chevaliers, de personnes appartenant à l'ordre équestre, et excluant directement les sénateurs et les jeunes gens des familles sénatoriales, par la fixation d'une certaine limite d'âge. Il est à présumer que le choix des jurés tombait principalement sur les hommes qui jouaient le rôle principal dans les grandes associations mercantiles, particulièrement ceux qui affermaient les revenus d'Asie ou d'autres contrées, précisément parce que ceux-ci avaient un grand intérêt à siéger dans ces cours; et si les listes de juges et les sociétés de publicains coïncidaient ainsi, nous comprenons quelle importance dut prendre un contre-Sénat ainsi constitué. Tandis qu'il n'y avait eu jusque-là que deux autorités dans l'État, le gouvernement qui administrait et contrôlait, et les citoyens qui légiféraient, et que la justice était partagée entre ces deux pouvoirs, désormais l'aristocratie financière fut unie en une classe compacte et privilégiée, sur la base solide des intérêts matériels, et, de plus, comme pouvoir judiciaire et contrôlant, elle prit une place presque égale à celle de l'aristocratie gouvernante. Ce fut alors que toutes les vieilles antipathies des marchands contre la noblesse se traduisirent en faits dans les sentences des jurés; les sénateurs purent s'attendre surtout à une décision qui mettait leur existence civile à la merci, non de leurs pairs, mais de grands marchands et de banquiers, lorsque les gouverneurs de province (qui appartenaient tous aux familles sénatoriales) furent appelés à rendre compte. Les haines qui existaient entre les capitalistes romains et les gouverneurs furent transportées de l'administration provinciale sur le champ dangereux de ces procès de comptabilité[1]. »

La richesse prend, à partir de ce moment, une importance et une influence prépondérantes, ainsi que cela se produit dans tous les pays dont l'aristocratie de race tend à s'affaiblir[2]. D'autre part, à mesure que la fortune se concentrait

1. MOMMSEN, *Hist. rom.*, IV, 226 et 360.

2. « On chercha manifestement, dit Mommsen (*Ibid.*, p. 332), à annihiler matériellement et moralement les classes moyennes. » Pour cela on supprima l'usage qui s'était établi sous la royauté, d'après lequel tous les propriétaires, même plébéiens, pouvaient user du droit de pâture sur les domaines publics, et on réserva ce droit « au citoyen du *droit parfait* ou, en d'autres termes, aux patriciens ». Afin de favoriser ceux-ci encore davantage, on laissa tomber en désuétude la taxe que les propriétaires devaient payer au trésor pour user du droit de pâturage. Autrefois les terres conquises étaient distribuées entre tous les citoyens, immigrants et pauvres compris ; après la suppression de la royauté on céda ces terres à bail et « ce furent seulement des privi-

dans un plus petit nombre de mains, ses détenteurs, qui étaient aussi en possession de l'autorité politique, prirent les mesures les plus propres à faire disparaître les moyens et petits propriétaires ou, pour mieux dire, à les transformer en simples prolétaires.

### LES TRIBUNS DU PEUPLE

Ces derniers n'avaient plus d'autre ressource que la rébellion. Elle se produisit, vers l'an 494 avant notre ère, sous la forme d'une grève de l'armée que composaient en grande partie les petits fermiers plébéiens et qui se serait terminée, après leur retraite sur le Mont Sacré, par une sécession de la cité et par la fondation d'une ville nouvelle, si le Sénat n'avait pas donné satisfaction aux demandes des grévistes. Les plébéiens, ou si l'on veut, la classe inférieure, la démocratie pourrait-on dire encore, y gagna d'être désormais représentée dans les pouvoirs publics par deux *Tribuns* du peuple, qui devaient être élus par les curies et dont les pouvoirs étaient assez étendus pour qu'ils fussent en situation de protéger les plébéiens contre les abus d'autorité de l'aristocratie et des consuls.

Après des péripéties sans nombre, cette concurrence de classes devait aboutir d'abord, sinon à la disparition de l'ancienne aristocratie, du moins à sa fusion avec l'aristo-

légiés ou leurs favoris qui s'en emparèrent ». En même temps on apporta une grande mollesse dans la perception des dîmes qui représentaient le paiement du bail. « Les moyens et petits propriétaires furent ainsi triplement atteints : ils furent privés des jouissances communes des citoyens ; le fardeau des taxes fut augmenté par suite de l'irrégularité des rentrées des revenus communaux dans la caisse publique ; enfin on arrêta les distributions de terres qui avaient ouvert au prolétariat agricole un débouché à peu près semblable à celui que créerait aujourd'hui un système large et bien organisé d'émigration. A ces maux s'ajouta la grande culture qui était sans doute déjà répandue à cette époque et qui dépossédait les petits métayers, en faisant cultiver par des esclaves ruraux : ce fut peut-être là un coup plus inévitable et plus pernicieux que toutes les usurpations politiques réunies ensemble. » Le régime législatif des dettes, qui donnait au créancier la translation de la propriété elle-même au lieu d'une simple hypothèque, contribua aussi puissamment à réduire la moyenne et la petite propriété au profit des grands propriétaires.

cratie d'origine plébéienne. Cette évolution fut singulièrement favorisée par la suppression graduelle du droit d'aînesse et par la loi Canuleia qui autorisa les mariages entre patriciens et plébéiens.

Les familles riches d'origine plébéienne prirent alors dans l'État une influence de plus en plus considérable[1] et finirent

1. A Rome, tout concourait pour maintenir la prépondérance de la classe riche : les institutions étaient encore moins oligarchiques que les mœurs, le peuple acceptant beaucoup plus volontiers que dans les cités grecques sa subordination et sa misère, pourvu qu'il pût se dispenser de travailler. « Le bas peuple de Rome ne convoita pas très ardemment la richesse ; il aida mollement les Gracques ; il se refusa à croire que ces réformateurs travaillaient pour lui, et il les abandonna au moment décisif. Les lois agraires, si souvent présentées aux riches comme une menace, laissèrent toujours le peuple assez indifférent et ne l'agitèrent qu'à la surface. On voit bien qu'il ne souhaitait pas très ardemment de posséder des terres ; d'ailleurs, si on lui offrait le partage des terres publiques, c'est-à-dire du domaine de l'État, du moins il n'avait pas la pensée de dépouiller les riches de leurs propriétés. Moitié par un respect invétéré et moitié par habitude de ne rien faire, il aimait à vivre à côté et comme à l'ombre des riches... Alors que la vraie clientèle avait disparu, elle fut comme ressuscitée sous la forme d'un hommage rendu aux grandes fortunes ; et l'usage s'établit que les prolétaires allaient chaque matin saluer les riches et leur demander la nourriture du jour. »

Ces faits ne sauraient étonner ceux qui savent avec quelle facilité l'ignorance et la misère engendrent la paresse, surtout dans les pays où le climat est assez doux pour que les hommes n'aient que peu d'efforts à faire pour apaiser leurs besoins.

Les considérations ci-dessus s'appliquent à peu près exclusivement à la plèbe de Rome. La situation des petites gens des campagnes était beaucoup plus triste et moins méritée. Les petits fermiers avaient presque tous été contraints d'abandonner leurs terres aux grands propriétaires, soit en paiement de dettes dont ils ne pouvaient pas s'acquitter, soit parce que, étant astreints au service militaire, ils ne pouvaient pas les cultiver. Ils travaillèrent d'abord pour les propriétaires qui les avaient dépossédés, mais ceux-ci trouvèrent bientôt plus avantageux d'employer des esclaves auxquels ils n'avaient qu'à donner une nourriture réduite et dont ils se débarrassaient quand ils devenaient impropres au travail. Lors de la première crise sociale (vers 510) on avait fait des lois pour obliger les propriétaires à employer un nombre de travailleurs libres proportionné à celui des esclaves, mais les prescriptions tombèrent vite en désuétude, et les hommes libres des campagnes devinrent plus misérables encore que les esclaves. C'est surtout en leur faveur que fut tentée la réforme de T. Gracchus qui ne réussit pas.

Tandis que la grande masse plébéienne s'appauvrissait de la sorte, la richesse des grands propriétaires allait sans cesse en s'accroissant et leurs mœurs devenaient de plus en plus aristocratiques. « Les sénateurs avaient des places réservées au théâtre. Les riches seuls servaient dans la cavalerie. Les grades de l'armée étaient en grande partie par le gouverner à l'aide du Sénat où les lois autorisaient l'entrée de tous les citoyens, mais qui, en fait, ne se recrutait que parmi les familles les plus fortunées et les plus influentes.

La cité romaine était passée, en deux siècles, de la monarchie absolue à une république où tous les citoyens étaient

réservés aux jeunes gens des grandes familles ; Scipion n'avait que seize ans qu'il commandait déjà un escadron. »

Comme c'était la classe riche qui, par le Sénat, dirigeait la politique et conduisait les guerres, il était impossible qu'elle n'en tirât pas les meilleurs profits : « Toutes les terres enlevées aux vaincus furent possédées par elle ; elle s'empara du commerce des pays conquis, et y joignit les énormes bénéfices de la perception des impôts et de l'administration. » Toutes les charges publiques lui étaient assurées, parce qu'il fallait payer pour les obtenir. « A Rome, il y eut toujours un cens pour être sénateur, un cens pour être chevalier et même pour être légionnaire ; dès qu'il y eut un corps de juges, il fallut être riche pour en faire partie, en sorte que le droit de juger fut toujours le privilège des classes supérieures. » La richesse ne s'accumulait que dans un petit nombre de familles qui s'alliaient toujours exclusivement entre elles. « Ces familles, s'enrichissant ainsi à chaque génération, devinrent démesurément opulentes et chacune d'elles fut une puissance vis-à-vis du peuple. » (Voy. FUSTEL DE COULANGES, *La Cité antique*. Livre V, Chap. II.)

Dès le IIe siècle avant notre ère il ne put plus y avoir de candidats aux charges publiques que dans les familles très riches, à cause des frais énormes que devaient supporter les détenteurs de ces charges, pour offrir au peuple des fêtes dont le nombre et le luxe allaient sans cesse en s'accentuant. Ces fêtes « étaient un marchepied vers les hautes dignités de l'État. Les candidats futurs au consulat entrèrent bientôt en rivalité entre eux pour la dépense de ces jeux, et en augmentèrent considérablement le prix ; et naturellement le consul ne nuisait pas à sa candidature s'il donnait, outre cette contribution légale, un don volontaire (*munus*), particulièrement un combat de gladiateurs au public, à ses propres frais. La splendeur des jeux devint bientôt la mesure à laquelle le corps électoral jugea la capacité des candidats au consulat. La noblesse, en réalité, payait cher ces honneurs : un combat de gladiateurs bien organisé coûtait environ 720 000 sesterces (180 000 fr.), mais on les payait volontiers, car, par ce moyen, on fermait positivement la carrière publique aux hommes qui n'étaient pas riches. » (MOMMSEN, *Hist. romaine*, III, 283.)

Au milieu du dernier siècle avant notre ère, la charge de consul était payée plus de deux millions de francs. Aussi « les menées pour le consulat étaient la grande route ordinaire de la ruine pour le personnage de distinction... César, vers 692 (62 av. J.-C.) déduction faite de son actif, devait 25 000 000 de sesterces (6 250 000 fr.) ; Marc-Antoine, à vingt-quatre ans, 6 000 000 de sesterces (1 500 000 fr.), quatorze ans après, 40 000 000 de sesterces (10 000 000 fr.) » (*ibid.*, VII, p. 243).

Il était impossible qu'une immoralité sans bornes ne fût pas la conséquence de pareilles habitudes. « Pour de l'argent, l'homme d'État vendait son pays et le citoyen sa liberté ; le grade d'officier et le vote du nominalement égaux, mais qu'un nombre restreint de familles gouvernait souverainement. La concurrence sociale n'avait détruit la prépondérance de l'aristocratie primitive qu'au profit d'une ploutocratie devenue toute puissante, tandis que la plèbe restait plongée dans la misère.

Faut-il ajouter que, dans son incapacité à s'émanciper elle-même, la classe plébéienne tenta plus tard d'y parvenir à l'aide de dictateurs et de Césars qui lui donnèrent, il est vrai, la satisfaction de faire tomber toutes les têtes les plus hautes, de spolier les familles les plus riches, mais d'où elle ne retira ni plus de liberté, ni plus de bonheur social qu'elle n'en avait sous l'oligarchie ploutocratique?

Dans la concurrence sociale engagée entre la masse plébéienne ignorante, misérable, impuissante, et la classe qui réunissait la richesse à l'instruction, quel est le dictateur ou le César, soucieux de conserver sa puissance, qui aurait pu hésiter? Marchepied pour hisser ses favoris au pouvoir, la plèbe n'était plus qu'un troupeau de sujets dès le jour où ses idoles étaient devenues ses maîtres[1].

juré s'achetaient à prix d'argent; les femmes de qualité se vendaient comme des courtisanes; la falsification des titres et les parjures étaient devenus si communs que, dans un poème populaire de ce temps, le serment est appelé un remède contre les dettes. » (*Ibid.*, p. 245.)

Depuis longtemps ce n'était plus seulement entre les mains des grands propriétaires qu'était la fortune, mais aussi et surtout chez les banquiers qui subvenaient, moyennant de gros intérêts, à la prodigalité folle des ambitieux et des hommes de plaisir, ordinairement confondus, d'ailleurs, dans les mêmes personnalités.

En somme, au moment où César s'empare de la dictature monarchique et prend le titre d'*imperator*, la société romaine ne comprend guère que deux classes d'hommes libres : l'une très riche, très corrompue, détentrice de toutes les charges publiques et de tous les honneurs ; l'autre, misérable, vivant des charités de la première ou des distributions de blé que lui faisait l'État, non moins paresseuse que la classe riche et plus corrompue encore peut-être. C'est sur la dernière que César s'appuie pour conquérir le pouvoir, c'est à la première qu'il s'associe pour le conserver. C'est une histoire qui devait se renouveler bien des fois dans la suite des temps et chez beaucoup de peuples.

1. Fustel de Coulanges (*La Cité antique*, Livre IV, Chap. v) dit fort justement : « Les rois avaient eu la tentation d'élever les basses classes et d'affaiblir les *gentes* (l'aristocratie) et c'était pour cela qu'on avait renversé les rois. L'aristocratie n'avait opéré une révolution politique que pour empêcher une révolution sociale et domestique. Elle avait pris en main le pouvoir, moins pour le plaisir de dominer que pour

## LES EFFETS NUISIBLES DE LA CONCURRENCE SOCIALE

Dans une société que la concurrence sociale avait conduite à une organisation aussi défectueuse, la dégénérescence matérielle et morale de la masse sociale ne pouvait être que très marquée. A Rome, la plèbe ne vit que des générosités de l'État ou des gens riches ; elle est profondément misérable, mais elle s'amuse beaucoup dans les cirques où l'on invente, pour la distraire, tour à tour, des combats d'animaux et de gladiateurs, et où l'on aiguise ses appétits les plus malsains par les spectacles les plus barbares et les plus licencieux. Vendre son suffrage ou son témoignage était une action si générale qu'on l'accomplissait au grand jour.

Cependant, une partie de la classe plébéienne de Rome fut, pendant longtemps, mise à l'abri de la misère et de la dissolution, par le service militaire auquel tous les citoyens romains étaient astreints. Au moment des guerres contre Carthage, le Sénat disposa de plus de 40 000 soldats levés, en grande partie, parmi les plébéiens, surtout parmi les fils des petits agriculteurs du Latium. Plus tard, il est vrai, les citoyens romains répugnèrent au métier militaire, et l'on dut leur adjoindre, pour la conquête des territoires nouveaux ou pour la garde des provinces, des soldats fournis par les peuples conquis. Ce fut le point de départ d'une dégénérescence plus marquée de la classe plébéienne, en même temps que d'une politique nouvelle, essentiellement dictatoriale et militariste, dans laquelle les classes élevées furent, à leur tour, soumises aux caprices des Césars, comme elles avaient soumis les classes pauvres, pendant de si nombreux siècles, à leurs propres caprices.

défendre contre des attaques ses vieilles institutions, ses antiques principes, son culte domestique, son autorité paternelle, le régime de la *gens*, et enfin tout le droit privé que la religion primitive avait établi. » Lorsque la monarchie fut retablie avec Jules César sous la forme d'une dictature militariste, c'est encore au nom de la défense des plébéiens qu'elle s'empara du pouvoir.

L'oligarchie ploutocratique de Rome n'avait, d'ailleurs, pas attendu ce moment pour subir le contre-coup de la dégénérescence que sa tyrannie avait infligée aux classes pauvres. Lorsqu'elle fut parvenue à l'apogée de sa puissance et de sa fortune, elle commença à dégénérer par les vices de toutes sortes auxquels la plupart de ses membres s'abandonnaient.

Dès le deuxième siècle avant notre ère, la corruption s'était emparée d'elle. La famille antique n'existait plus ; le divorce et le célibat, si rares autrefois, étaient devenus très fréquents. « Les femmes légères et les mignons se multiplièrent comme une véritable peste... La taxe élevée que Caton, lorsqu'il fut censeur, en 570 (184 avant Jésus-Christ) établit sur cette ignoble espèce d'esclaves de luxe, ne produisit aucun effet, et, en outre, elle tomba en désuétude une ou deux années plus tard [1]. » Les femmes ne pouvaient guère être accusées de s'émanciper des anciennes coutumes et lois et de se rendre maîtresses de leurs biens, malgré leurs agnats, si elles étaient veuves ou malgré leurs maris, car ceux-ci se détachaient d'elles pour se lancer publiquement dans toutes les débauches. « Tandis que dans l'ancien mariage, le mari achetait sa femme, on aurait pu proposer aux nobles romains de cette époque, dans le but de mettre le nom d'accord avec la chose, d'instituer un mariage en location [2]. » Les personnages les plus considérables et les plus vertueux attachaient si peu d'importance au mariage et à la femme en général, que l'on voit Caton céder sa femme à un ami qui la convoitait et la reprendre après la mort de ce dernier. A ses yeux, du reste, « une femme était un mal nécessaire ». Ses écrits abondent en invectives contre la coquetterie et l'absurdité du beau sexe. « Toutes les femmes sont intolérables et vaines, disait-il, et si les hommes pouvaient s'en passer, leur vie serait probablement plus saine [3]. » Beaucoup se passaient, en réalité, du mariage, mais il n'en était résulté qu'une affreuse dissolution des mœurs.

1. Mommsen, *loc. cit.*, III, 362.
2. *Ibid.*, V. 231.
3. *Ibid.*, III, 360.

Au point de vue de la corruption, la classe riche et la classe pauvre n'avaient rien à se reprocher. Les débauches de la première coûtaient plus cher que celles de la seconde, mais elles n'étaient pas moins orgiaques, et l'ivrognerie de Caton ne différait pas sensiblement de celle des plébéiens.

A la guerre, soldats et chefs n'avaient qu'une préoccupation : piller et s'enrichir. « Les nouveaux généraux et, à leur tête, Scipion l'Africain, répandaient à pleines mains parmi les soldats l'argent romain comme le produit du butin... Ces vétérans revinrent déjà riches de la seconde guerre de Macédoine et de la guerre d'Asie Mineure ; bientôt on commença à voir louer par les honnêtes gens le général qui ne gardait pas les dons provinciaux et le butin de la guerre pour lui et son entourage immédiat... La discipline et l'esprit militaire eurent beaucoup à souffrir de ce changement de la guerre en un trafic de butin. » La transformation de l'ancien patriotisme en esprit purement militariste avait produit ses effets naturels. La guerre faite, d'abord, pour défendre la patrie, l'était maintenant en vue de la conquête, de la domination et de la spoliation des peuples. Chefs et soldats ne songeaient qu'à s'enrichir aux dépens des vaincus. Il en devait fatalement résulter l'affaiblissement de l'esprit militaire lui-même. « On le voit dans la guerre de Persée, et les progrès de la lâcheté se manifestèrent d'une manière scandaleuse dans la guerre insignifiante de l'Istrée 576 (178) où, dans une escarmouche sans importance, à laquelle on donna des proportions gigantesques, l'armée de terre et la marine romaine et même les Italiotes prirent la fuite, et où Caton jugea nécessaire de faire honte à ses concitoyens de cette lâcheté. Là aussi la jeune noblesse prit les devants. » Les riches en étaient venus à fuir les dangers de la guerre à ce point que, « un décret des citoyens exigea la preuve d'un service de dix ans pour l'accès à toutes les magistratures publiques, afin d'obliger les fils de la noblesse à entrer dans l'armée [1] ».

1. Pour ces faits voy. : MOMMSEN, *Hist. rom.*, p. 284 et suiv.
Pendant la campagne contre les bandes de gladiateurs et d'esclaves

Pendant ce temps, toutes les charges publiques, qui étaient électives, s'achetaient en payant individuellement les suffrages et en prodiguant à l'ensemble des citoyens les distributions de vivres et les fêtes. On achetait à prix d'argent jusqu'aux titres honorifiques et aux triomphes militaires. En donnant au devoir patriotique une prépondérance absolue sur tous les sentiments individuels, on avait fini par effacer ces derniers, au point que, ne se respectant plus dans la vie privée, les citoyens étaient fatalement conduits à ne pas se respecter davantage dans la vie publique.

Faut-il dire qu'une pareille société ne s'inquiétait guère de ses membres qu'au point de vue des services qu'elle avait à leur demander ?

Les enfants étaient à la discrétion des pères, les vieillards à celle de leurs enfants, les travailleurs à celle de leurs maîtres. Les gouvernants, dans lesquels s'incarnaient l'État et son intérêt suprême, se reconnaissaient tous les droits à l'égard de tous les membres de la société. On les aurait fort étonnés si on leur avait parlé de leurs devoirs envers l'un quelconque d'entre eux. La religion était, à cet égard, aussi indifférente que les coutumes et les lois.

En somme, tandis que la misère et l'ignorance faisaient dégénérer les classes pauvres, la débauche et la paresse conduisaient la ploutocratie romaine à la dégénérescence du corps et de l'esprit, et préparaient le césarisme qui bientôt abattit sa puissance politique en même temps que sa prépondérance morale.

Il y a là un exemple topique des effets nuisibles que produit la concurrence sociale sur toutes les classes entre lesquelles elle se produit. Les plus faibles paraissent d'abord être seuls à en subir les effets ; mais, plus tard, par contrecoup, les forts eux-mêmes sont frappés à leur tour de la dégénérescence qu'ils ont imposée à leurs victimes.

de Spartacus, les soldats montrèrent une telle lâcheté que le consul Marcus Crassus, pour relever le moral des troupes qui « avaient jeté leurs armes devant les brigands, fait exécuter un homme sur dix ».

## LA CONCURRENCE SOCIALE ET SES EFFETS DANS LES CITÉS GRECQUES

Il serait facile de montrer que la même évolution se produisit dans les cités de la Grèce. L'origine de ces cités fut analogue à celle de Rome ; leur organisation était identique ; la concurrence sociale y devait, par suite, prendre les mêmes formes et donner les mêmes résultats ; mais, dans les cités grecques, la lutte entre la classe riche et la classe pauvre, entre la ploutocratie et la démocratie, fut beaucoup plus vive qu'à Rome. D'abord, la Grèce était moins fertile que l'Italie et moins étendue ; les riches étaient moins fortunés qu'à Rome et moins disposés, par conséquent, à se montrer généreux envers les pauvres. En second lieu, les conquêtes faites par les Romains déterminèrent entre Rome et ses colonies des relations commerciales qui, non seulement augmentèrent la richesse des familles aristocratiques, mais encore permirent à l'État de distribuer ou de vendre à très bas prix les objets les plus indispensables à l'alimentation. La plèbe romaine trouvait dans les distributions de blé faites par l'État et dans les fêtes offertes par les riches, des soulagements à sa misère, qui la lui faisaient supporter presque gaîment. Il n'en était pas de même dans les cités grecques ; aussi les plébéiens s'y montrèrent-ils toujours très hostiles à la classe riche. Ils avaient, du reste, plus de moyens de faire sentir leur mécontentement que ceux de Rome, parce qu'ils prenaient à la confection des lois une part plus considérable. On les vit, dans beaucoup de villes, profiter des circonstances où ils avaient la majorité, pour décréter la confiscation et le partage des biens détenus par la classe riche, laquelle, bien entendu, reprenait ce qu'on lui avait arraché dès qu'elle redevenait la plus forte.

Il importe de noter que ces décisions et actes contradictoires étaient considérés par tout le monde comme parfaitement légaux, car « ce que l'État avait prononcé était le droit ». L'État, c'était la majorité des citoyens et cette majorité pouvait d'autant moins être stable, que la vente des suffrages était dans les mœurs et que beaucoup de citoyens n'avaient pas d'autres ressources.

L'histoire sociale des cités grecques se passe ainsi tout entière en luttes entre les classes pauvres qui cherchaient à s'emparer des terres et la classe riche qui passait son temps à défendre ses propriétés. « Dans toute guerre civile, disait un historien grec, il s'agit de déplacer la richesse[1]. »

Les sociétés grecques étaient beaucoup plus vicieuses encore que la société romaine. Elles le furent beaucoup plus tôt, et la pénétration des mœurs helléniques à Rome, après la conquête de la Grèce, contribua puissamment à produire l'état de corruption rappelé plus haut.

Il faut remarquer que la civilisation grecque était de beaucoup antérieure à celle de Rome, que la Grèce était pauvre, que son commerce et son industrie étaient peu actifs, ses

1. La guerre des pauvres contre les riches prit en Grèce, où les citoyens jouissaient tous des mêmes droits politiques, toutes les formes imaginables. « On chargea les riches de toutes les dépenses publiques, on les accabla d'impôts, on leur fit construire des trirèmes; on voulut qu'ils donnassent des fêtes au peuple », faits très explicables, il faut bien le reconnaître, par le fait que toute la propriété et tous les gains du commerce ou de l'industrie, étaient aux mains des riches, soit directement soit par l'intermédiaire de leurs esclaves ou de leurs affranchis. « Puis, on multiplia les amendes dans les jugements, on prononça la confiscation des biens pour les fautes les plus légères. Peut-on dire combien d'hommes furent condamnés à l'exil par la seule raison qu'ils étaient riches? La fortune de l'exilé allait au trésor public, d'où elle s'écoulait ensuite, sous forme de triobole, pour être partagée entre les pauvres... Les pauvres en vinrent, dans beaucoup de villes, à user de leur droit de suffrage pour décréter soit une abolition de dettes, soit une confiscation en masse et un bouleversement général. ... Plutarque raconte qu'à Mégare, après une insurrection, on décréta que les dettes seraient abolies, et que les créanciers, outre la perte du capital, seraient tenus de rembourser les intérêts déjà payés. « A Mégare, comme dans d'autres villes, dit Aristote, le parti populaire s'étant emparé du pouvoir, commença par prononcer la confiscation des biens contre quelques familles riches. Mais une fois dans cette voie, il ne lui fut pas possible de s'arrêter. Il fallut faire chaque jour quelque nouvelle victime; et à la fin, le nombre des riches qu'on dépouilla et qu'on exila devint si grand, qu'ils formèrent une armée. » En 412, « le peuple de Samos fit périr deux cents de ses adversaires, en exila quatre cents autres, et se partagea leurs terres et leurs maisons ». « A Syracuse, le peuple fut à peine délivré du tyran Denys que dès la première assemblée il décréta le partage des terres. » (Voy. FUSTEL DE COULANGES, *La Cité antique*, Livre IV, Chap. XII.)

guerres moins fructueuses, et que, d'autre part, les relations très anciennes et continues de la Grèce avec l'Égypte, avaient déterminé l'importation dans le premier de ces pays, dès une époque très reculée, de tous les vices du second.

Dans les cités grecques comme dans la cité romaine, les mêmes causes produisirent les mêmes effets : l'affaiblissement matériel et moral de la classe plébéienne entraîna fatalement celui de la classe ploutocratique. Lorsque les Romains se décidèrent à conquérir la Grèce, ils ne trouvèrent en face d'eux que des cités dont les riches n'étaient guère moins misérables que les pauvres et dont tous les citoyens avaient, en quelque sorte, épuisé les sentiments patriotiques par l'abus excessif que l'État, c'est-à-dire les classes dirigeantes, avaient fait de l'idée de la patrie. L'individualité des citoyens avait été tellement comprimée par l'État qu'elle n'existait plus, et que ni riches ni pauvres n'étaient capables d'éprouver aucun sentiment de dignité personnelle.

D'un autre côté, la défiance dans laquelle les riches tenaient les pauvres, les avait conduits à les écarter le plus possible des dignités militaires et même du service militaire. Dans certaines cités, à Sparte, par exemple, le peuple était fort ignorant des choses relatives à la guerre et très peu porté à s'en occuper. La plupart des cités grecques imitaient, en cette matière, la conduite de Carthage où la classe riche avait érigé en principe de ne pas armer les plébéiens et de composer ses armées presque exclusivement avec des mercenaires. Ce fut, sans aucun doute, l'une des causes les plus puissantes de la destruction de Carthage par les Romains, dont les armées étaient, à cette époque, composées en majeure partie par les citoyens [1].

1. Il importe de noter le soin pris à Rome et en Grèce par les classes riches de chaque cité pour conserver entre leurs mains le pouvoir militaire. Non seulement les hommes de ces classes pouvaient seuls avoir des grades dans l'armée, mais encore eux seuls avaient le droit de porter des armes et de se battre. Dans les temps primitifs, les plébéiens ne pouvaient faire partie de l'armée à aucun titre. La classe supérieure accaparait tous les pouvoirs, mais elle prenait à son compte tous les dangers, sachant fort bien que c'était le meilleur

En Grèce et à Carthage, comme à Rome, la concurrence sociale assure d'abord le triomphe de la classe la plus riche en même temps que la classe pauvre dégénère ; mais, plus

moyen de légitimer ses ambitions et, aussi, craignant que les succès qu'ils remporteraient à la guerre n'incitassent les plébéiens à sortir de la situation inférieure à laquelle les condamnait leur pauvreté.

L'histoire de Sparte est, à ce point de vue, pleine d'intérêt : on y voit la classe dirigeante écarter avec le plus grand soin les guerres et recruter des soldats mercenaires un peu partout, afin de n'avoir pas à armer ses plébéiens. A Athènes, l'obligation où était la classe dirigeante de faire appel à ses matelots pour les guerres maritimes favorisa considérablement le développement politique de la classe démocratique. Les plébéiens, élevés au rang de marins et de soldats, et ayant en mains le salut de la patrie, réclamèrent des pouvoirs et devinrent la souche de la démocratie athénienne.

A Rome comme en Grèce, dans les débuts de la cité, les citoyens seuls avaient le droit de faire partie de l'armée. Les non-citoyens n'y furent admis qu'en vertu de la constitution de Servius Tullius et, sans doute, à la suite des réclamations des citoyens qui trouvaient leurs charges militaires trop lourdes. Cependant les grands propriétaires seuls étaient admis dans la cavalerie; il fallait payer un certain chiffre d'impôts fonciers pour entrer dans l'infanterie et les non-propriétaires (*proletarii*) ne fournissaient à l'armée que des musiciens et des ouvriers, probablement aussi des porteurs, qui ne pouvaient prendre les armes qu'en remplacement des malades ou des morts. Mommsen (*Hist. rom.*, I, 146) fait remarquer qu'en introduisant les propriétaires immigrants, c'est-à-dire les plébéiens dans l'armée, Servius favorisait considérablement leurs aspirations politiques : « Tout homme obligé d'être soldat pouvait aussi devenir officier, tant que l'État ne fut pas corrompu ; il est hors de doute qu'à Rome, des plébéiens pouvaient être nommés centurions et tribuns militaires, et avec ce grade ils pouvaient même espérer entrer dans le Sénat, dont ils n'étaient pas du reste exclus de droit. » Cependant « cette nomination ne les faisait nullement admettre dans le corps des citoyens ». Pendant longtemps, afin d'empêcher que l'armée ne favorisât les ambitions politiques des non-citoyens, on la divisa en plusieurs classes d'après la fortune des soldats ; puis on créa deux corps d'officiers tout à fait distincts : les officiers supérieurs qui devaient appartenir aux familles riches, et les officiers subalternes recrutés parmi les plébéiens ; on ne passait pas de cette dernière catégorie dans l'autre.

Vers l'an 250 avant notre ère, lorsque les guerres commencèrent à devenir à peu près continues, la cavalerie faisant défaut à cause du nombre trop restreint des Chevaliers qui, seuls, avaient le droit d'en faire partie, Caton proposa au Sénat de créer 400 nouvelles places de Chevaliers. Mais le Sénat s'y opposa pour ménager les privilèges de la noblesse. Vers la même époque, Rome fit une tentative « heureusement inutile, pour recruter ses armées à la façon orientale sur le marché à esclaves », et le Sénat réduisit « les conditions exigées jusque-là pour le service ». « Il diminua considérablement le prix que l'on devait payer pour entrer dans l'armée civique. » (Mommsen, *ibid.*, III, 292). En maintenant l'obligation de payer un certain cens pour avoir le droit de servir dans l'armée, le gouvernement aristocratique entendait se prémunir contre les dangers que lui aurait fait courir une tard, la dégénérescence politique et morale de la masse sociale est suivie, par l'effet d'un inévitable contre-coup, d'une dégénérescence semblable de la classe riche. La ruine totale

armée de soldats ne possédant rien; mais il était obligé de donner aux propriétaires dont il faisait des soldats, des avantages plus ou moins considérables. A côté des privilèges d'ordre politique, figuraient les parts de butin et de terres conquises, auxquelles tout soldat avait droit et qui étaient importantes en raison des victoires et des conquêtes incessantes de Rome. Si l'on payait pour être soldat, du moins tirait-on du service militaire des profits de toutes sortes. Ainsi s'explique la perpétuation pendant des siècles d'un régime qui, au premier abord, paraît étrange à nos esprits modernes.

Pendant les guerres avec Carthage, le chiffre des citoyens romains présentant les conditions exigées pour le service militaire étant tombé au-dessous des besoins de la république, celle-ci fit appel au concours des alliés. Au moment de la bataille de Cannes (216 avant Jésus-Christ) les quatre-vingt mille fantassins de l'armée romaine étaient formés pour moitié de citoyens romains et d'alliés; les six mille hommes de la cavalerie ne se composaient que d'un tiers de Romains avec deux tiers d'alliés. On exigeait, du reste, des soldats alliés les mêmes conditions de fortune que des soldats romains.

Plus tard, afin de faire face aux armées carthaginoises, on fut obligé d'introduire encore dans l'armée des esclaves qu'on louait à leurs propriétaires, car les alliés se lassaient d'une guerre dont on n'entrevoyait pas la fin.

Cependant, à mesure que les guerres devenaient plus continues, plus lointaines et, par conséquent, plus pénibles, le recrutement devint d'autant plus difficile que, d'une part, il fallait des effectifs plus nombreux et que, d'autre part, les citoyens riches ne trouvaient plus dans le service militaire des compensations équivalentes à ses charges. Dans la campagne de Scipion Emilien contre Numance (133 avant Jésus-Christ), on vit les soldats romains se mutiner au point que le général fut obligé de se constituer une garde du corps avec des volontaires choisis parmi ses meilleurs soldats, garde qui fut l'origine de la cohorte du quartier général (*prætoriani*) et la source de notre mot : prétoriens. Elle jouissait d'une haute paie et de divers autres avantages. Vers cette époque, la noblesse commença à refuser de servir et le nombre des soldats fourni par les alliés devint de plus en plus considérable, en même temps qu'on recevait dans l'armée des citoyens pauvres, alléchés par l'espoir des profits qu'on tirait de la guerre.

Plus tard encore, avec Marius, tandis que le service devint plus militaire et la dicipline plus dure, être soldat constitua un véritable métier, que l'on embrassait d'abord afin de s'enrichir par le butin et les terres de l'ennemi, ensuite pour acquérir le titre de citoyen. Rome marche alors à grands pas vers la dictature militaire. Celle-ci est exercée tour à tour par Marius, Cinna, Sylla, Pompée, qui s'appuient, en même temps que sur leurs troupes, tantôt sur l'aristocratie financière, tantôt sur le Sénat, tantôt sur les plébéiens, et elle se termine enfin par la constitution, sous l'omnipotence de César, d'une monarchie à laquelle l'imperator aurait, disent certains historiens, voulu conserver le caractère civil, mais qui, fatalement, fut militariste parce qu'elle n'aurait pas pu être autre. (Voy. sur l'armée romaine : MOMMSEN, *Hist. rom.*, III, 53, 97; IV, 334; V, 172; VI, 119, 124; VII, 205 et suiv.)

de la société apparaît dès lors comme l'ultime résultat des excès de la concurrence sociale.

## LE POUVOIR CIVIL ET L'AUTORITÉ RELIGIEUSE CONFONDUS

Le caractère essentiel des sociétés grecque et romaine fut la fusion permanente du pouvoir civil et militaire avec l'autorité religieuse dans la même classe de citoyens, ou, pour mieux dire, dans les mains des mêmes familles. L'État et l'Église, pour employer des termes modernes, y sont absolument confondus ; aussi la longue histoire de ces peuples ne contient-elle aucun récit du moindre conflit entre les deux puissances. Mais, en revanche, la corruption de l'une se produisit et s'accrut toujours parallèlement à celle de l'autre.

En étudiant avec soin l'évolution des mœurs individuelles, familiales ou sociales, et celle des conceptions ou des pratiques religieuses, ou s'assure aisément que bien loin d'avoir inspiré les mœurs, la religion ne fit, pendant les longs siècles de l'histoire des sociétés grecque et romaine, que s'adapter à elles.

Tant que les familles conservent leur indépendance sociale, la religion est purement familiale et il n'existe pas d'autres prêtres que les pères de famille, chacun étant le pontife suprême et unique de la religion de son foyer.

Plus tard, lorsque la cité prend corps, les chefs de famille qui l'ont formée par leur association, en consacrent la naissance par la fondation d'un foyer commun et d'une religion commune dont le pontife doit être le plus ancien des chefs de famille. A Rome comme en Grèce, le pontife est bientôt roi, c'est-à-dire chef politique et militaire de la cité qu'il gouverne avec l'aide des chefs de famille. Lorsque ceux-ci le renversent et substituent à la monarchie une république aristocratique dont ils conservent le gouvernement, ils ont soin d'attribuer aux hommes qu'ils délèguent à l'exécutif, des fonctions sacerdotales ; mais, afin d'éviter que ces délégués ne deviennent trop puissants, ils se réservent une portion de l'autorité religieuse, en même temps qu'ils s'attribuent le pouvoir législatif. Puis, en même temps qu'ils multiplient le nombre des fonctionnaires, des chefs militaires et des magistrats, afin de satisfaire un plus grand nombre d'ambitions, ils multiplient aussi le nombre des prêtres de la religion de la cité, en s'en réservant les fonctions. L'organisation qu'ils donnent à la cité leur assure ainsi toutes les places, aussi bien dans le corps sacerdotal que dans les administrations civiles et militaires.

Plus tard, ces places sont disputées aux premières familles aristocratiques par celles des plébéiens riches qui finissent par en obtenir une portion plus ou moins grande ; mais rien, dans le fond, n'est changé : la classe dirigeante est détentrice de l'autorité religieuse, en même temps que des pouvoirs politiques.

### LES PRATIQUES ET LA MORALE RELIGIEUSES ÉVOLUENT PARALLÈLEMENT AUX MŒURS SOCIALES

L'évolution des idées, des pratiques et des mœurs religieuses se modèle, par suite, fatalement sur celle des mœurs politiques et sociales. Lorsque la famille ancienne se dissout par la suppression du droit d'aînesse, la religion familiale perd sa force primitive et finit par s'effondrer presque entièrement, tandis que la religion de la cité prend une autorité d'autant plus grande que le pouvoir de l'État sur les citoyens est plus considérable. Enfin, lorsque la corruption s'empare des mœurs familiales et sociales, on voit la religion suivre le mouvement et se corrompre à son tour. Les religions de la Grèce et de l'Asie transportèrent alors leurs dieux et leurs prêtres débauchés à côté du foyer antique de la cité, dont les cendres déjà presque froides ne tardèrent pas à être dispersées par les vents de l'incrédulité ou de la superstition la plus grossière.

Plus les dieux et les prêtres sont nombreux, plus ces derniers compliquent les rites et multiplient les cérémonies du culte afin d'augmenter leurs profits. « En 196 avant Jésus-

Christ on ajouta aux trois anciens collèges des augures, des pontifes et des gardiens des oracles, un troisième collège de trois maîtres de banquets (*tres viri opulones*), uniquement pour l'emploi important de surveiller les banquets des dieux[1]. » En même temps, les prêtres demandent à être exemptés de toutes les charges publiques et refusent de payer les impôts, tandis qu'ils sollicitent des donations, imposent aux citoyens de véritables dîmes sur les héritages et les revenus, font des quêtes à domicile, et prennent de plus en plus cher pour tous les services qu'ils rendent. « Le vieil orgueil de la religion nationale, la modération de ses frais du culte, s'étaient évanouis pour toujours[2]. »

La corruption des mœurs religieuses s'accrut encore considérablement quand le culte de Cybèle avec ses prêtres castrats et vicieux et surtout celui de Bacchus avec ses saturnales, s'introduisirent dans la société romaine.

Les pontifes et augures dont les nouveaux dieux réduisent la clientèle, provoquent l'intervention des pouvoirs publics contre l'envahissement des immoralités religieuses de l'Asie; mais il est trop tard : il n'y a plus dans la société romaine que des superstitieux dont les yeux et la raison sont

1. Mommsen, *Hist. rom.*, III, p. 351.

2. *Ibid.*, p. 353. Mommsen dit encore (*ibid.*, p. 352) : « Pour l'individu comme pour la République, la piété devint un article de plus en plus coûteux. La coutume d'instituer des donations, et, en général, de se soumettre à des obligations pécuniaires permanentes, dans un but religieux, était aussi répandue chez les Romains qu'aujourd'hui dans l'Église catholique. Ces donations, surtout depuis qu'elles furent regardées par l'autorité spirituelle suprême et, en même temps, par l'autorité juridique suprême, les pontifes, comme un impôt réel, grevant légalement tout héritier ou tout acquéreur d'une propriété, commencèrent à former une charge accablante pour la propriété... L'offrande du dixième des revenus devint si ordinaire, qu'on donna, deux fois par mois, une fête publique payée par les produits de ces offrandes. Avec le culte oriental de la mère des dieux, on importa à Rome, avec d'autres niaiseries religieuses, l'habitude qui revenait plusieurs fois par an à jour fixe, de faire des collectes d'argent de maison en maison (*stipem cogere*). Enfin, la classe subordonnée des prêtres et des devins, comme il était raisonnable, ne donnait rien pour rien, et c'est un trait pris sans doute sur nature, celui qui nous est donné par ce poète comique, lorsque, dans une conversation conjugale, il nous représente sur la scène le compte des services religieux sur le même rang que ceux de la cuisine, de la nourrice et autres présents. »

aveuglés pour toujours, et des sceptiques qui ne tarderont pas à devenir des incrédules.

D'un bout à l'autre de l'histoire de cette évolution des mœurs sociales et religieuses de la Grèce et de Rome, il est facile de constater que les secondes marchent toujours à la suite des premières. On n'y voit jamais la religion régler les mœurs et inspirer la morale. Celle-ci apparaît comme la résultante des faits naturels, et tout ce que la religion fait, c'est de consolider les idées et les mœurs de chaque époque, en encourageant et prescrivant la vertu quand celle-ci domine, en tolérant ou favorisant le vice quand celui-ci prend le dessus.

## POURQUOI LES PLÉBÉIENS NE TENTENT PAS D'AMÉLIORER LEUR CONDITION SOCIALE

En étudiant l'histoire de la cité romaine et des cités grecques on est frappé d'un fait qui caractérise la vie sociale de ces sociétés. C'est le peu d'efforts ou, pour mieux dire, la quasi-nullité des efforts faits par les plébéiens pour améliorer leur situation par le travail. La plupart des historiens en ont été frappés, mais aucun, à ma connaissance, n'en a mis en lumière les causes.

Je pense qu'il faut les chercher dans les idées qui règnent chez la plupart des peuples primitifs. S'ils sont pasteurs et nomades, leur travail se réduit aux soins à donner aux bêtes et à la fabrication des vêtements, des tentes et de quelques ustensiles de ménage. Ces travaux se font, d'ordinaire, en commun, dans chaque famille, et chaque membre en prend sa part, les besognes les plus pénibles étant toujours réservées aux femmes, qui sont considérées comme des êtres inférieurs. Plus tard, le goût du « rien faire » s'étant développé chez les hommes, on conquiert des esclaves pour avoir des travailleurs. Les guerres ou, pour mieux dire, les chasses à l'homme, de tribu à tribu, n'ont guère d'autre but que de capturer des femmes, des hommes ou des enfants dont les vainqueurs font leur propriété, par lesquels ils se font remplacer dans les travaux les plus pénibles, et qu'ils ne traitent pas autrement que leurs chevaux, leurs ânes, leurs bœufs ou leurs chameaux ; beaucoup plus mal même, car il est plus facile de se procurer des esclaves que ces animaux. Le travail devient alors, aux yeux de tous les hommes libres, œuvre servile, à laquelle on ne peut se livrer sans déshonneur.

Chez les peuples agriculteurs, la culture de la terre est considérée, au début, comme honorable et les hommes libres se vantent de s'y livrer, tandis que le commerce et tous les métiers où le travail est rétribué sont envisagés comme indignes d'un honnête homme. Plus tard, lorsque chaque famille a étendu la surface de ses terres au delà de ce qu'elle peut travailler, on a recours aux esclaves que l'on achète aux pirates de la mer, ou que l'on se procure par la guerre. Le travail agricole tombe alors dans le même discrédit que le commerce et l'industrie. La société en souffre peu tant que les propriétés sont assez étendues pour que leurs revenus fassent vivre ceux qui les détiennent. Mais, par le fait inévitable de la concurrence individuelle, il arrive vite que la propriété de certaines familles s'accroît, tandis que celle des autres diminue. Celles-ci bientôt sont les plus nombreuses et vont sans cesse en s'appauvrissant, tandis que la fortune des premières augmente d'autant. Finalement, la société se trouve divisée en deux classes distinctes : celle qui possède et celle qui n'a plus rien ; celle des riches et celle des pauvres, et le conflit s'ouvre entre les deux classes.

Je dis conflit, de préférence à concurrence sociale, parce que l'idée de concurrence entraîne celle d'efforts faits par les uns pour améliorer leur situation par le travail, et, par les autres, pour se défendre. Or, dans les sociétés primitives, et, en particulier, dans les sociétés romaine et grecque, ces efforts n'existent pas. Si pauvres qu'ils soient, les hommes libres considèrent le travail rétribué comme servile ; ils refusent de s'y livrer, car ce serait un déshonneur. Ceux qui sont pauvres, sont donc condamnés à rester toujours pauvres, à moins que, par suite d'une révolution, ils ne parviennent à s'emparer des biens de la classe riche. Si cette dernière est assez nombreuse et assez opulente pour les nourrir et même les distraire, les pauvres se tiennent relativement tranquilles comme à Rome. Si, au contraire, comme dans les cités grecques, les familles riches sont peu nombreuses et peu fortunées, les pauvres n'ont d'autres moyens pour vivre que de vendre leurs suffrages de citoyens ou de décréter, s'ils le peuvent, la confiscation et le partage des biens.

Les historiens reprochent volontiers aux classes riches de la Grèce et de Rome de n'avoir eu « ni assez d'intelligence, ni assez d'habileté pour tourner les pauvres vers le travail et les aider à sortir honorablement de la misère et de la corruption [1]. » Le reproche est mérité en ce sens que si l'esclavage n'avait pas été soigneusement entretenu par la classe riche, à laquelle il offrait l'avantage de fournir des bras peu coûteux, les hommes libres pauvres auraient peu à peu renoncé à leurs préjugés contre le travail rétribué et auraient fini par s'y livrer, surtout en Grèce où ils étaient extrêmement misérables.

La présence constante sous leurs yeux d'esclaves que l'on traitait comme des bêtes de somme, entretenait leur mépris pour le travail. Ils en étaient encore écartés systématiquement par les riches qui auraient été obligés de les payer, tandis qu'ils n'avaient aucun salaire à donner aux esclaves. Enfin, par suite de la déconsidération qui frappait le commerce, l'industrie, les arts libéraux eux-mêmes, les esclaves seuls ou les affranchis s'y livraient, et tous leurs gains passaient entre les mains de leurs maîtres. C'était évidemment une raison de plus pour que ceux-ci entretinssent les hommes libres pauvres dans leurs préjugés contre le travail servile. On sait que les esclaves affranchis eux-mêmes devaient à leurs anciens maîtres une partie du fruit de leur travail et même de leur héritage.

C'est seulement de la sorte, à mon avis, que peut être expliqué ce phénomène étrange pour nous, d'une classe tout entière, condamnée à la misère par la concurrence

1. Fustel de Coulanges, *ibid.*, p. 401.

sociale et ne faisant, malgré des droits politiques considérables, aucun usage de cette même concurrence pour reconquérir la situation qu'elle avait perdu.

Il n'est pas inutile de noter qu'en Grèce et à Rome, les esclaves et surtout les affranchis furent, en réalité, les seuls bénéficiaires de la concurrence sociale effrénée à laquelle se livraient les classes riches et les classes pauvres. Tandis que plébéiens comme patriciens se tiennent à l'écart du travail rétribué qu'ils considèrent comme déshonorant, tandis que les premiers dégénèrent par la misère et les seconds par la débauche ou la paresse, les esclaves s'enrichissent dans les divers métiers, achètent leur liberté à leurs patrons ruinés, s'affranchissent et se livrent à la culture de tous les arts, à la pratique de toutes les industries et de tous les commerces. Le travail les élève, l'obligation dans laquelle ils sont de toujours travailler, — car ils ne peuvent pas aspirer à la situation de citoyens, — les maintient dans l'élévation qu'ils ont acquise, tandis que les autres dépérissent; finalement, ils recueillent les fruits de la concurrence sociale qui se livre autour d'eux.

Ce fait est, sans contredit, l'un des plus intéressants parmi ceux que les sociétés romaine et grecque offrent à notre observation. Il se représentera à nous, de nouveau, sous un aspect un peu différent, quand nous passerons en revue l'histoire des sociétés qui ont évolué dans l'Europe occidentale depuis le commencement de notre ère.

## LES INITIATEURS DU PROGRÈS SOCIAL

Il était impossible qu'il ne se trouvât pas, dans les sociétés grecque et latine, quelques hommes assez clairvoyants et assez moraux, dans le sens élevé que comporte ce mot, pour découvrir et dévoiler les vices de ces sociétés et pour concevoir une organisation sociale plus conforme aux intérêts de l'humanité.

La critique fut faite par les littérateurs; les projets de réformes furent conçus par les philosophes. Les premiers se montrèrent, en général, les défenseurs et même les adulateurs de la classe riche qui, seule, était en situation de les encourager ; les seconds firent preuve, en général, d'une très grande indépendance d'esprit et méritent seuls, aux yeux de la postérité, le nom de réformateurs. Les poètes satiriques et dramatiques les plus hardis, comme Aristophane, ne furent jamais l'objet d'aucune poursuite[1] ; plus d'un philosophe fut puni par l'exil ou la mort des hardiesses qu'il s'était permises. C'est que les premiers ne dirigeaient leurs satires que contre les vices de la démocratie et les dieux des plébéiens, tandis que la plupart des seconds s'en prenaient aux institutions politiques, sociales et religieuses de la cité elle-même.

Les plus anciens parmi ces derniers, notamment Pythagore qui, n'ayant rien écrit, ne nous est connu que par les idées de ses disciples, voyagèrent en Orient et y furent, sans aucun doute, en relations avec les Israélites. C'est à ces derniers, très probablement, qu'ils empruntèrent leurs idées politiques et religieuses, car on trouve dans leurs écrits et dans leur conduite le reflet de l'hostilité des prophètes pour les gouvernements constitués et la croyance des Israélites à un dieu unique, universel et immatériel. Les philosophes trouvent les limites de la cité trop restreintes ; ils en critiquent l'esprit étroit, la religion égoïste, les lois oppressives, refusent — comme Anaxagore qui fut condamné à

1. Aristophane raille volontiers les banquets, les danses, les chants, les spectacles religieux ; il dirige même ses plaisanteries contre les dieux, mais il a soin de distinguer entre eux. Dans *Plutus*, dans les *Oiseaux*, dans les *Grenouilles* il se montre fort impertinent pour certaines divinités, mais il respecte, fait remarquer un de ses traducteurs, Cérès et Minerve, les deux protectrices d'Athènes, car « le peuple, plus par esprit national que par piété, n'eût pas permis qu'on les outrageât ». Il faut ajouter que ces divinités étaient celles que la classe riche invoquait pour faire respecter son pouvoir. C'étaient, peut-on dire, les dieux de l'aristocratie. Les autres, tels que Bacchus, Hercule, etc., étaient plutôt les dieux des plébéiens. Loin de déplaire à l'aristocratie qui le faisait vivre, en raillant ces dieux pour ainsi dire inférieurs, Aristophane lui faisait autant de plaisir qu'en accablant de ses sarcasmes les discussions des assemblées politiques et les vices des électeurs plébéiens. Faut-il s'étonner que la classe dirigeante montrât de l'indulgence pour ses satires religieuses et sociales ? N'est-ce pas à l'aristocratie que ses diatribes les plus violentes profitaient ?

mort par les Athéniens — d'être magistrats et négligent aussi bien les assemblées politiques de l'Agora que les cérémonies religieuses du Prytanée. Les sophistes prononcent la condamnation de tout le passé, secouent à le faire trembler « tout ce qui, dit Platon, avait été jusqu'alors immobile ». « Ils proclament que la source de la justice n'est pas dans les lois et les volontés de l'État, mais dans la conscience des hommes, et prétendent émanciper les citoyens de l'absolutisme dans lequel la Cité les avait jusqu'alors courbés. Platon prête à un sophiste ce mot qui devait être en son temps considéré comme un blasphème politique et social : « Vous tous qui êtes ici, je vous regarde comme parents entre vous. La nature, à défaut de la loi, vous a faits concitoyens. Mais la loi, ce tyran de l'homme, fait violence à la nature en bien des occasions[1]. »

Socrate, qui se plaisait à combattre les doctrines des sophistes, n'était guère moins rebelle que ces derniers au despotisme des classes rivales qui, tour à tour, régnaient dans la cité. Introduit au Sénat par sa tribu, à un âge déjà avancé, « il porta dans ce nouvel état sa justice et sa fermeté accoutumées. Les tyrans ne lui en imposèrent point; il ne cessa de leur reprocher leurs vexations et leurs crimes; il brava leur puissance; fallait-il souscrire au jugement de quelque innocent qu'ils avaient condamné, il disait : Je ne sais pas écrire[2]. » D'après les disciples qui nous ont conservé le souvenir de sa doctrine, il n'avait pas le respect des autorités traditionnelles, car il disait : « Les vrais souverains, ce ne sont point ceux qui ont le sceptre en main, soit qu'ils le tiennent ou de la naissance, ou du hasard, ou de la violence, ou du consentement des peuples; mais ceux qui savent commander. » « Le monarque, disait-il encore, est celui qui commande à ceux qui se sont soumis librement à son obéissance ; le tyran, celui qui contraint d'obéir ; l'un fait exécuter a loi, l'autre sa volonté[3]. » A l'exemple de Pythagore, et

1. Voy. *La Cité antique*, p. 419.
2. Diderot, *Encyclopédie*, art. *Socratique*.
3. Diderot, *Ibid.*

comme tous les philosophes qui lui succédèrent, il trouvait les dieux particuliers de la famille et de la cité trop mesquins et il leur substituait une divinité universelle, ce qui était condamner l'étroitesse du patriotisme en même temps que celle de la foi.

Platon, qui fut son disciple, ne conservait à l'État sa toute-puissance que pour briser avec son aide les coutumes de la cité antique, améliorer le sort des diverses classes de citoyens, et rehausser le niveau moral de tous les hommes en faisant évoluer au point de vue social comme au point de vue politique.

Ces doctrines n'étaient point sans offrir de sérieux dangers pour les philosophes qui osaient les professer et y conformer leur conduite. Protagoras le sophiste, qui professait que « chaque chose est réellement ce qu'elle apparaît à chacun de nous », est chassé d'Athènes en raison de son impiété. Socrate, l'adversaire des sophistes, subit un sort plus cruel encore : il est condamné à mort parce qu'à son impiété, il ose ajouter la haine des tyrannies qui l'entourent.

Cependant les doctrines des sophistes, de Socrate, de Platon, etc., en dépit des persécutions qui les poursuivent ne s'en répandent pas moins parmi les quelques citoyens éclairés[1] que lassent les luttes incessantes des classes sociales et que révolte la tyrannie d'un État gouverné par les passions et les haines de la démagogie ou de la ploutocratie.

Ce que tous les philosophes grecs, qui étaient aussi des savants, discutaient particulièrement, — on ne l'a pas dit assez — c'étaient les problèmes politiques et sociaux posés devant leur raison par les spectacles odieux dont les rendaient témoins des inégalités sociales soigneusement entretenues par la religion et les lois. Ce sont d'énergiques pro-

1. Il n'est pas inutile de noter que parmi les adeptes des doctrines politiques, sociales et religieuses des philosophes figurent, en majorité, des membres des classes riches qui sont aussi, toujours et partout, les plus instruits. La révolution était préparée par ceux-mêmes dont les familles devaient en être les victimes. On verra de même, au XVIIIe siècle, en France, les doctrines philosophiques d'où devait sortir la révolution se répandre surtout parmi l'aristocratie.

testations contre ces inégalités et ces lois que le mot célèbre d'Aristote : « L'État n'est pas autre chose qu'une association d'êtres égaux recherchant en commun une existence heureuse et facile » et celui-ci : « La loi, c'est la raison. »

Cette révolte contre la tyrannie politique et religieuse de l'État, ne pouvait manquer d'aboutir à la doctrine de Diogène et des Cyniques qui repoussaient les idées trop étroites à leur gré de patrie et de patriotisme imposées par les traditions, les lois et la religion et refusaient d'exercer leur rôle de membres de la cité.

Dans la bouche et la conduite des Cyniques, cette doctrine avait produit l'effet d'un simple paradoxe. Avec les Stoïciens elle prit la grande allure d'une philosophie politique et morale dont la hauteur n'a point encore été dépassée : « Zénon, dit un ancien, s'est proposé de nous montrer que nous ne sommes point les habitants de tel dème ou de telle ville, séparés les uns des autres par un droit particulier et des lois exclusives, mais que nous devons voir dans tous les hommes des concitoyens, comme si nous appartenions tous au même dème et à la même cité [1]. » C'est le même Zénon qui, tout en conseillant aux citoyens de s'occuper des affaires de l'État, les invite à garder leur conscience indépendante des lois, car s'ils ont des devoirs à remplir, comme citoyens, chacun en a de non moins impérieux et tout à fait distincts envers soi-même.

Cette philosophie s'enseignait en Grèce trois siècles avant l'ère chrétienne. Elle eut à Rome pour disciples les plus illustres philosophes et orateurs, au premier rang desquels Cicéron et Sénèque.

Il importe de noter que tout en combattant l'omnipotence de l'État et la religion de l'État, les sophistes comme les cyniques, les platoniciens comme les stoïciens répandaient autour d'eux les principes d'une morale que nulle religion

1. Marc-Aurèle, empereur stoïcien bien postérieur à Zénon, devait prononcer ce mot qu'un souverain de notre siècle n'oserait certainement pas répéter : « Comme Antonin, j'ai Rome pour patrie, comme homme le monde. »

n'avait encore conçue, qui, du reste, n'aurait pu trouver aucune application tant que le patriotisme étroit de la cité était considéré comme le principal, sinon l'unique devoir social.

Cette morale, dont l'amour des autres, le respect de soi-même, le dédain des misères de la vie et le mépris de la mort étaient les principes fondamentaux, tandis que la satisfaction de la conscience en était la plus haute sanction, atteignait des hauteurs trop sublimes pour des classes sociales qui n'avaient d'autre préoccupation que de se détruire réciproquement avec l'aide des lois et des religions.

Cependant, lorsque la philosophie stoïcienne parvint au pouvoir avec les empereurs du IIe siècle de notre ère, elle donna aux parties du monde sur lesquelles s'étendait l'empire romain, une ère de tranquillité, de prospérité, et de bonheur que jamais elles n'avaient connue. Les Trajan, les Adrien, les Antonin, les Marc-Aurèle, qui détinrent l'absolutisme impérial pendant près d'un siècle, grâce au système d'adoption créé par Nerva et qui permettait à chaque empereur de choisir son successeur, tous ces philosophes devenus les souverains maîtres des nations soumises à Rome, possédèrent, autant que le permet la fragilité humaine, les qualités du « bon tyran ». Par eux furent posés des principes sociaux admirables et furent accomplies des réformes importantes dans les domaines politique et social[1].

1. « Antonin est le plus parfait souverain qui ait jamais régné. Il fut même supérieur à Marc-Aurèle, puisque les reproches de faiblesse qu'on peut adresser à ce dernier ne sauraient s'appliquer à lui. Enumérer ses vertus, c'est énumérer les qualités dont l'homme accompli est susceptible. Tout le monde salua en lui une incarnation du mythique Numa Pompilius. Ce fut le plus constitutionnel des souverains ; avec cela simple, économe, tout occupé de bonnes œuvres et de travaux publics, éloigné des excès, exempt de rhétorique et de toute affectation d'esprit. Par lui, la philosophie arriva vraiment au pouvoir ; ainsi l'idéal du monde semblait atteint ; la sagesse régnait ; le monde pendant vingt-trois ans, fut gouverné par un père. L'affectation, le faux goût de la littérature tombait ; on devenait simple ; l'instruction publique fut l'objet d'une vive sollicitude. Tous le monde s'améliorait, des lois excellentes, surtout en faveur des esclaves, furent portées ; le soulagement de ceux qui souffrent devenait le souci universel. Les prédicateurs de morale philanthropique dépassaient même les succès de Dion Chrysostome ; la recherche des applaudissements frivoles était

Ils reconnurent le devoir qu'a l'État de secourir les membres misérables de la société, d'assurer l'élevage et l'instruction des enfants, de substituer l'équité et la bienveillance au droit strict dans l'administration de la justice, de prendre des mesures pour éviter les famines, de surveiller les mœurs, d'imposer le respect de la vie humaine et de la moralité des êtres humains, de mettre une limite aux droits du père de famille en lui imposant des devoirs à l'égard de la femme et des enfants. L'esclavage lui-même, qui paraissait chose si naturelle à tous les hommes de ce temps, sans en excepter les esclaves, commença à être condamné en principe. « A partir d'Antonin, les jurisconsultes imbus de stoïcisme l'envisagent comme une violation des droits de nature, et prennent des biais pour le restreindre. Les affranchissements sont favorisés de toutes les manières. Marc-Aurèle va plus loin et reconnaît, dans une certaine mesure, des droits aux esclaves sur les biens du maître », dont ils deviennent ainsi, en quelque sorte, les enfants. « Si personne ne se présente pour recueillir l'héritage du testateur, les esclaves sont

l'écueil qu'ils avaient à éviter. A la cruelle aristocratie romaine se substituait une aristocratie provinciale de gens honnêtes, voulant le bien. La force et la hauteur du monde antique se perdaient, on devenait doux, bon, patient, humain. Comme il arrive toujours, les idées socialistes profitaient de cette largeur d'idées et faisaient leur apparition ; mais le bon sens général et la force de l'ordre établi les empêchaient de devenir un mal public. La similitude de ces aspirations avec celles du christianisme était frappante. Mais une différence profonde séparait les deux écoles et devait les rendre ennemies. Par son espérance d'une fin prochaine du monde, par les vœux mal dissimulés qu'il formait pour la ruine de la société antique, le christianisme était, au sein de l'Empire bienfaisant des Antonins, un démolisseur qu'il fallait combattre. Toujours pessimistes, intarissables en lugubres prophéties, les chrétiens, loin de servir un progrès rationnel, s'en montraient dédaigneux. Les docteurs catholiques regardaient presque tous la guerre entre l'Empire et l'Église comme nécessaire, comme le dernier acte de la lutte de Dieu et de Satan. » (ERNEST RENAN, *L'Église chrétienne*, p. 295 et suiv.)

L'élève et le successeur d'Antonin, l'excellent philosophe stoïcien Marc-Aurèle, écrivait sur la fin de sa vie, après l'expérience du pouvoir, ces lignes qu'on croirait sorties d'une plume du XVIIIe siècle : « C'est lui (Severus, celui de ses maîtres qu'il appelle son frère dévoué) qui m'a fait concevoir l'idée de ce qu'est un État libre, où la règle c'est l'égalité de tous les citoyens et l'égalité de leurs droits ; d'une royauté qui place avant tous les devoirs le respect de la liberté des citoyens. » (MARC-AURÈLE, *Pensées*, Liv. I, XVII.)

autorisés à se faire adjuger les biens... L'affranchi est également protégé contre l'esclavage qui tendait de mille manières à le ressaisir[1]. » Certes, c'était peu, si l'on se place au point de vue de notre temps ; mais c'était beaucoup pour une époque où le droit du plus fort était encore seul admis, par la masse des peuples, comme légitime et naturel.

La philosophie inspirait, en somme, à ces empereurs, des sentiments altruistes assez vigoureux pour leur faire condamner l'égoïsme qui jusqu'alors avait été seul inscrit dans les lois. Et jamais, peut-être, ne fut mieux démontrée que pendant le siècle des Antonins, cette vérité si longtemps méconnue, encore tant contestée par certaines personnes, que la société a des devoirs de protection envers ceux de ses membres qui sont les plus faibles, et qu'en accomplissant ces devoirs elle travaille, non seulement au progrès matériel et moral des faibles, des ignorants et des pauvres, mais encore dans l'intérêt des classes assez fortes pour n'avoir pas besoin de sa protection.

Jamais, en effet, il n'y avait eu, dans l'Empire romain, une période pendant laquelle les classes riches et dirigeantes se fussent montrées aussi honnêtes, aussi bonnes, aussi justes qu'elles le furent sous le règne des Nerva, des Trajan, des Antonin et des Marc-Aurèle. « La noblesse romaine, la plus terrible qui ait jamais existé, n'a plus maintenant que des raffinements extrêmes de vertu, de délicatesse, de modestie[2] ». Elle avait trop souffert pendant les règnes des Jules et des Flavius pour ne pas éprouver de sincères sympathies à l'égard des empereurs philosophes dont on a pu dire qu'ils étaient les seuls républicains de leur temps.

Jamais non plus il n'y avait eu, parmi les hauts fonctionnaires de l'Empire romain, autant d'hommes instruits, habiles, honnêtes, soucieux de ménager la vie et les biens des populations dont ils avaient la charge. Il suffit de citer les Pline, les Tacite, les Thraséas, les Senecion, etc.

1. ERNEST RENAN, *Marc-Aurèle,* p. 25.
2. ERNEST RENAN, *Les Évangiles,* p. 380.

Jamais enfin, la littérature ne fut plus morale, jamais elle ne se montra plus sévère pour les vices des grands, plus portée à répandre les idées saines et fortes qui font les individus vertueux et les peuples puissants. C'est Quintilien, c'est Pline, c'est Tacite, c'est Juvénal, c'est Lucien, c'est Plutarque, etc., auxquels notre Renaissance et notre Révolution emprunteront des arguments et des formules de combat contre le despotisme des princes et le fanatisme des religions ou des leçons de morale pour l'éducation de la jeunesse.

Cependant, cette société où tant de germes excellents avaient été jetés par la philosophie stoïcienne, conservait un vice des époques antérieures qui devait entraîner sa ruine; ses principes et ses lois maintenaient, avec les privilèges de l'aristocratie, les conditions d'une concurrence sociale trop âpre pour que les plus forts, les plus riches et les plus instruits ne finissent point par succomber dans la lutte formidable qu'allait entreprendre contre eux la masse innombrable des faibles, aidée par les excitations égalitaires, anarchiques même du christianisme naissant, et par les armes des barbares qu'attiraient de toutes parts les richesses de l'Empire.

# CHAPITRE III

## LA CONCURRENCE SOCIALE ET SES EFFETS DANS LA SOCIÉTÉ HÉBRAIQUE

Avant de parler de l'évolution morale des sociétés qui ont succédé, en Europe, à celles de la Grèce et de Rome, il me paraît indispensable de jeter un coup d'œil sur celle de la société hébraïque, à cause de l'influence considérable que celle-ci a exercée sur l'organisation politique et religieuse ainsi que sur la morale des sociétés modernes.

### LA SOCIÉTÉ HÉBRAÏQUE NOMADE ET SES IDÉES RELIGIEUSES

Au début de son histoire, le peuple hébreu vit à l'état nomade dans les déserts de l'Arabie; chaque tribu n'est formée que d'un petit nombre de branches d'une même famille et chacune a son patriarche comme chaque famille a son chef.

Père de famille et patriarche sont à la fois maîtres, propriétaires et prêtres; mais, contrairement à ce qui existait dans les sociétés grecque et romaine, il n'y a pour le peuple entier qu'une seule divinité, l'Eloim ou les Eloim, que l'on considère comme un dieu universel et impersonnel. Il n'y a pas, comme en Grèce et à Rome, un véritable dieu de la famille, un foyer sacré [1]. La vie nomade ne le permettait

1. Il semble bien, cependant, qu'au contact des autres peuples, les Israélites avaient pris la coutume de transporter avec eux des espèces de génies familiers que l'on considérait comme des protecteurs et auxquels on donnait le nom de *Téraphims*. C'étaient des spatules ou des statuettes en bois sculpté que certains habillaient comme des poupées. Elles devaient être parfois d'assez grande taille, car on raconte, dans les livres sacrés, que Mikal, fille de Saül, voulant sauver son

guère. Chaque tribu, d'autre part, offre bien une tendance manifeste à se constituer une divinité particulière, mais celle-ci n'est, en quelque sorte, qu'une forme purement nominale du dieu universel. La tribu n'a pas plus d'autel que la famille, ni de culte rituélique ; les déplacements incessants auxquels elle est condamnée s'y opposent.

Du reste, la pensée religieuse des nomades a toujours été fort différente de celle des populations fixées au sol. Dans le désert immense, avec ses plaines et ses collines de sables stériles et son ciel sans pluie, les animaux et les plantes

mari que des gens de son père voulaient faire mourir, le fit échapper de la maison et mit à sa place sur le lit, « le Téraphim de la maison, l'affublant d'habits et le coiffant d'une couverture en poil de chèvre, pour tromper les assassins. » (RENAN. *Hist. du peuple d'Israël,* I, p. 298 et 417). Ces images devaient avoir pour origine celles de la génération qui étaient répandues dans le monde entier, car à propos d'Asa et de Jonathan qui furent les grands ennemis des cultes rivaux de celui de Iahvé, on raconte qu'Asa fit détruire à coups de hache et brûler les « Téraphims en bois, avec des détails phalliques » que sa grand'mère Maka avait en sa maison et qui « scandalisaient fort la pruderie des générations nouvelles ». (*Ibid.*, II, p. 243.)

Il est probable aussi que les *cippes* ou petits amas de pierre dressés par les tribus hébraïques le long de leur route, dans les lieux où elles stationnaient, et que l'on consacrait en les oignant d'huile, se rapportaient à un culte plus ou moins imprécis de la génération, comme les menhirs ou pierres debout qu'on trouve dans notre pays en si grande abondance et que l'on rencontre jusque dans l'Inde. Au sujet de ces derniers, un évêque qui habita l'Inde pendant de très nombreuses années, donne des détails qui ne seront pas déplacés ici. Après avoir dit qu'il existe encore dans l'Inde un très grand nombre de menhirs, surtout dans le sud et dans le voisinage des côtes orientales où on les rencontre pour ainsi dire à chaque pas, et à l'est des plaines du Bengale, il ajoute : « Si l'on demande aux plus intelligents quelle est la destination de ces roches, ils répondent qu'elles représentent *âvudeyâr* ou le Linga. »

Le seul culte populaire de l'Inde, encore aujourd'hui, est celui du *Linga*, image de l'organe mâle de la génération que l'on dresse d'ordinaire sur une pierre plate représentant l'organe femelle. Il y a des Linga un peu partout et souvent en quantités considérables. On les loge ordinairement dans de tout petits temples où les femmes surtout vont leur offrir quelques fleurs et les arroser d'eau ou d'huile. Les indiens ont même donné la forme du linga à certains sommets de montagnes. Il n'est donc pas étonnant que la signification des menhirs ait été, dans ce pays, mieux conservée parmi le peuple que dans le nôtre. L'évêque Laouenan ajoute à propos des menhirs : « Nous pensons que ceux d'Europe, aussi bien que ceux de l'Inde, sont les suites de ce culte très ancien que les Égyptiens, les Grecs, les Romains, rendaient à la force productrice de tous les êtres animés ; qu'ils n'avaient dans l'origine d'autre signification réelle que celle des obélisques de l'Égypte, du sont si rares que les hommes ignoreraient presque la vie, s'ils n'en trouvaient pas le spectacle en eux-mêmes. La circulation des astres dans la voûte céleste, le vent, les éclairs, le tonnerre, sont presque les seuls phénomènes qui leur puissent donner l'idée des mouvements dont l'univers est le siège; et ces phénomènes sont identiques sur tous les points des immenses solitudes où ils errent. Comment leur esprit serait-il porté vers l'observation de la nature dans des lieux où il n'y a pour ainsi dire rien à observer? Leur paresse

Phallus des Grecs, des pierres rondes ou coniques qui représentaient Vénus, Jupiter, Apollon et le Priape des Romains ; en un mot que ce sont les *âvudeyârs* des anciens peuples aborigènes de l'Inde et les *Lingas* des indiens modernes. En Europe, le souvenir de cette destination primitive s'est perdu avec le temps ; peut-être même la signification réelle de ces pierres n'a été connue que des initiés, comme Tacite le dit de la pierre conique qui représentait Vénus à Paphos ; mais, dans l'Inde au moins, l'identité des *âvudeyârs* antiques et des *Lingas* modernes est incontestable ; le sens des deux mots est absolument le même. » Il rappelle que les menhirs antiques ont été l'objet d'un culte en Europe, car le concile d'Arles, en 452, interdit le culte des *pierres*. Il en est de même d'un concile tenu à Nantes en 660 ; et l'interdiction était encore formulée en 789 par une ordonnance de Charlemagne. Il note que dans l'Inde et ailleurs, on a souvent essayé de christianiser les menhirs en y sculptant des croix, en les transformant en calvaires, etc., et il fait observer qu'aujourd'hui encore ces pierres jouissent d'une réputation qui confirme sa manière de voir. Dans la Basse-Bretagne « certains menhirs avaient la réputation de donner la fécondité aux femmes stériles. A cet effet, les personnes affligées de cette infortune venaient y frotter leur sein. En d'autres lieux, c'étaient les hommes qui allaient y frotter leurs membres endoloris ou affaiblis pour leur rendre la santé et la vigueur. Quelque chose de semblable est pratiqué, mais d'une manière plus indécente, à l'égard de la statue Linga de Belligula, dans le Maïssur. » Il note encore l'existence dans l'Inde de menhirs qui rappellent les cippes des hébreux nomades. C'est une ou plusieurs pierres réunies « entourées d'autres pierres destinées à les retenir ou à les consolider, ou rangées dans un ordre méthodique qui trahit un dessin préconçu ». Actuellement même, dans l'Inde, les paysans dressent de ces petits monuments : « C'est la première pierre venue qu'un passant a placée debout sur le bord d'un étang ou du chemin, qu'on oint d'huile et de safran, et qui est ainsi devenue une divinité. Le plus communément les Lingas sont isolés ; mais dans les contrées sauvages et montueuses de l'intérieur, ils sont parfois agglomérés en plus ou moins grand nombre et rangés en cercle, en demi-cercle ou en carré. Ces réunions de Lingas sont considérées par les indiens comme des lieux sacrés, comme des temples ; ce qui semble confirmer l'opinion des auteurs qui pensent que les groupes de pierres disposés de la même façon, qu'on rencontre en divers lieux de l'Europe, étaient aussi des lieux sacrés et des sanctuaires. » (LAOUENAN, *Du Brahmanisme et de ses rapports avec le Judaïsme et le Christianisme*, I, p. 216 et suiv.)

vagabonde aidant, ils rêvent, ils deviennent de purs contemplatifs, et les regards sans but qu'ils plongent dans l'infini du désert ou du ciel ne les peut conduire qu'à des conceptions religieuses aussi vagues que leurs rêveries. Le dieu qu'ils imaginent est nécessairement aussi imprécis que leurs idées, mais il est infini comme les espaces qu'ils parcourent. Ils diffèrent totalement, à ce point de vue, des populations qui habitent les régions marécageuses de l'Euphrate et du Tigre et des chaudes vallées de l'Inde, où les êtres vivants grouillent de toutes parts et sont si nombreux, se développent avec une telle rapidité, qu'ils semblent naître spontanément des eaux et de la terre où ils pullulent. L'Assyrien, qui est un sémite, et l'Indien qui est aryen, quoique différents par la race, présentent la même conception religieuse : ils animent et divinisent de la même façon tous les êtres et tous les phénomènes de la nature, parce qu'ayant sous les yeux d'innombrables quantités d'objets, ils sont portés à les observer, et que, d'autre part, étant incapables de comprendre ni l'origine, ni la nature de ces objets, ils mettent dans chacun la vie qu'ils ont en eux-mêmes. Mais cette vie, indépendante de la leur, ils la craignent au point de la diviniser. Pour l'Arya des vallées plantureuses du Punjab (le pays aux cinq rivières) ce ne sont pas seulement les animaux et les arbres qui vivent, qui sont nuisibles ou utiles, qu'il divinise et qu'il implore, en raison de leur bienfaisance ou de leur malfaisance, ce sont aussi les fontaines, les torrents, les fleuves, les marécages, le tonnerre, les éclairs, la pluie, etc. Il craint tout et divinise tout, parce qu'en tout objet il voit la vie et ses mystères.

C'est si bien à la nature des milieux et à la vie errante ou sédentaire que sont dues les conceptions religieuses si différentes dont nous venons de parler, que l'on voit les tribus hébraïques modifier considérablement leurs croyances quand elles passent du désert où la vie est rare, dans des lieux où la nature est davantage animée, et surtout à partir du moment où elles se fixent au sol et fondent des établissements durables. Non seulement alors elles acceptent volontiers les dieux des peuples avec lesquels elles se trouvent en contact (le veau d'or et le serpent d'airain en Égypte, Molok et Astarté en Asie Mineure, etc.), mais encore elles rétrécissent, en quelque sorte, l'immensité et l'universalité de leur propre dieu. L'impersonnel Eloim des nomades, si impersonnel qu'on en était venu à ne le désigner que par un pronom, — le moins personnel de tous, celui de la troisième personne, Il — se transforme en un dieu encore infiguré, il est vrai, mais tellement personnel qu'il acquiert toutes les qualités et tous les vices de l'homme. Eloim, Il, en devenant Iahvé reste toujours le dieu de l'univers, mais il est avant tout le protecteur et le maître d'Israël; c'est par lui que les Israélites seront heureux ou malheureux, c'est lui qui leur donnera la victoire et le territoire des vaincus, afin de les récompenser de leur fidélité, ou qui, au contraire, permettra leur défaite et leur servitude pour les punir de leurs infidélités.

## LA FIXATION DES HÉBREUX ET LA MODIFICATION DE LEURS IDÉES SOCIALES

C'est aussi à partir du moment où elles se fixent et tendent à devenir une nation, que les tribus hébraïques voient disparaître l'égalité de leurs membres et se donnent des chefs politiques. Ceux-ci sont d'abord simplement des sortes de dictateurs (*les juges*) temporaires, dont les pouvoirs naissent et expirent avec les circonstances qui ont rendu nécessaire un mouvement de confédération des tribus et la création d'une autorité centrale assez forte pour faire converger les efforts de tout le peuple vers une action commune. Celle-ci est tantôt une guerre offensive ou défensive, tantôt une conquête à faire, tantôt une portion du territoire à garantir contre les Arabes du désert ou les Philistins (Aryens) de la côte. Moïse était, pour la traversée du désert, après la fuite d'Égypte, un chef temporaire de cette sorte, assez analogue encore aux conducteurs des caravanes, à ce qu'était Mahomet quand il se fit prophète.

Plus tard, lorsque les tribus éprouvent le besoin de protéger leurs villes et leurs champs contre des voisins dangereux, elles se donnent des rois héréditaires, dont Saül, David, Salomon, etc., furent, à des époques différentes, les plus remarquables. Fait très important à noter, les juges et les rois d'Israël ne sont pas les pontifes de la religion d'Iavhé, comme les rois d'Athènes et de Rome étaient les pontifes suprêmes du dieu de la cité. En même temps qu'Israël passait de la vie nomade à la vie sédentaire, il perdait son organisation patriarcale. Les chefs de famille, conservaient, il est vrai, leur caractère sacerdotal vis-à-vis de leurs femmes, de leurs esclaves, mais une caste de prêtres se formait pour servir le dieu national. A mesure que celui-ci avait pris un caractère personnel, il s'était en quelque sorte fixé dans la tribu, et, l'on avait emprunté aux Égyptiens l'idée d'un temple portatif, l'arche, le tabernacle, que l'on dut emporter dans la fuite à travers le désert et que, seuls, les prêtres pouvaient toucher. Quand l'arche eut été placée dans un temple, le culte se compliqua, les rites devinrent si complexes qu'il fallut un nombreux personnel pour les accomplir. Les prêtres prirent alors une grande importance et s'enrichirent par les dons des fidèles, par les gains réalisés dans la vente des animaux et des objets offerts en sacrifice, et par les autres ressources habituelles du sacerdoce. Étant nombreux et puissants, il leur fallut un chef qui les représentât, les défendît et accrût encore leur autorité ; il y eut un grand prêtre. Et le jour où la nation voulut se donner un roi, c'est le corps sacerdotal qui consacra son autorité au nom du dieu national.

## LE POUVOIR CIVIL ET LE POUVOIR RELIGIEUX CHEZ LES HÉBREUX

Les Hébreux connurent, dès lors, ce que les Romains et les Grecs ne virent jamais : deux pouvoirs distincts, exerçant leur action d'une manière permanente et simultanée sur le peuple : un pouvoir religieux représenté par les prêtres ; un pouvoir laïque, administratif, militaire, représenté par le roi. Fatalement, dès le premier jour, il y eut conflit entre ces deux pouvoirs. Ce sont les prêtres et le prophète le plus populaire d'alors, Samuël, qui inventent la royauté, qui désignent Saül comme roi, qui le sacrent au nom de Iahvé ; et pourtant « Saül se trouva pendant tout son règne dans l'impossibilité de s'entendre avec les prophètes et les prêtres [1] ».

Il n'y eut jamais, en Israël, de véritable aristocratie. Les idées d'égalité, si profondément enracinées dans tous les esprits pendant les nombreux siècles de la vie nomade, y restèrent vivaces, même après la fixation des tribus au sol et l'établissement de la monarchie. Mais, par suite de la concurrence sociale, qui devint très âpre aussitôt après l'institution de la propriété individuelle, la société israélite offrit bientôt, comme toutes les sociétés sédentaires, une division de ses membres en deux classes : l'une riche, l'autre pauvre. Entre elles, la lutte prit un caractère d'âpreté d'autant plus grande que les prophètes avaient soin d'entretenir parmi les pauvres le souvenir de l'ancienne égalité des familles et des fortunes.

D'abord simples sorciers, diseurs de bonne aventure, distributeurs de recettes contre les maladies ou les mésaventures de la vie, comme il y en eut, à toutes les époques, chez tous les peuples, les *nabi* d'Israël devinrent plus nombreux et furent plus écoutés après le séjour des Hébreux en Égypte, où la sorcellerie et la magie étaient en grand honneur. Plus tard, quand la concurrence sociale eut amené la lutte entre la classe des riches et celle des pauvres, les nabi se donnèrent des allures religieuses et politiques à la fois, et s'attribuèrent la mission toute sociale de ramener le peuple à la religion et aux mœurs du temps patriarcal. Les invocations bruyantes, lyriques, souvent très éloquentes, dont ils assaillaient Iahvé n'avaient guère pour objet que d'attirer sa colère sur les classes riches, sa foudre sur les palais et les têtes trop hautes [2]. Quand il y eut un temple

1. Ernest Renan, *Histoire du peuple d'Israël*, I, p. 398.

2. Le prophète Amos qui vivait aux environs de 800 avant notre ère,

pour Iahvé, ils demandèrent la démolition du temple. C'étaient, en somme, des révolutionnaires et des anarchistes d'autant plus puissants et dangereux, qu'ils parlaient au nom du dieu universel, unique, omnipotent, auquel le peuple israélite accordait toujours sa foi intime, même quand il le rapetissait en un simple Iahvé national ou quand il adorait par surcroît les dieux des autres peuples.

dit aux riches : « C'est parce que vous maltraitez le pauvre et que vous lui prenez un tribut sur sa charge de blé, que vous vous bâtissez des maisons de pierre de taille. Vous n'y demeurerez point. Vous avez planté de belles vignes, vous n'en boirez pas le vin. » Il leur dit encore : « Écoutez-moi, mangeurs de pauvres, grugeurs des faibles du pays. Quand, dites-vous, sera passée la nouvelle lune, pour que nous reprenions les affaires sur le blé ? Quand sera fini le sabbat pour que nous ouvrions nos magasins où nous ferons l'épha aussi petit que possible et le sicle aussi grand que possible ? Grâce à nos fausses balances, nous achèterons le pauvre pour de l'argent, les malheureux pour une paire de sandales, et, de cette manière, nous arriverons jusqu'à vendre la criblure de notre blé. » Il annonce aux riches qu'en punition de leur luxe, ils seront emmenés en captivité par l'ennemi : « Couchés sur des lits d'ivoire, étendus sur leurs divans, nourris d'agneaux pris dans le troupeau [des indigents], de veaux arrachés à l'étable [du pauvre], chantonnant au son du nébel, comme David, s'inventant des instruments de musique, ils boivent le vin aux lèvres des amphores, s'oignent d'huiles de choix, et ne souffrent rien des maux de Joseph ! C'est pourquoi ils iront en tête des captifs ; alors le cri de leurs orgies cessera. » Il en veut aux femmes qu'il traite de « vaches de Basan », et qu'il accuse de rendre leurs maris cupides, en leur disant sans cesse : « Apportez, que nous fassions bonne chère. »

Un demi-siècle plus tard, le plus grand des prophètes hébreux, Isaï, se livre aux mêmes violentes menaces, au nom de Iahvé, contre les riches, les rois, les femmes, le peuple entier : « Les haines d'Isaï, fait observer E. Renan (*Hist. du peuple d'Israël*, II, p. 496) sont celles de tous les prophètes. Elles portent sur ce qui engagerait Israël dans le mouvement général de l'humanité, les relations avec l'extérieur, la richesse, le luxe, les chars, l'appareil extérieur de la force. Iahvé seul est grand. Il se plaît à humilier les riches et les forts, à abaisser ce qui est élevé, les cèdres du Liban, les chênes de Basan, les montagnes. Iahvé hait les vaisseaux de Tharsis ; il se plaît à briser les objets de luxe. Une des raisons qui font qu'il aime à renverser les idoles, c'est que les idoles sont des objets d'art, en matière précieuse. Les parures et la coquetterie des femmes sont chose presque aussi condamnable que l'idolatrie. » « Puisque les filles de Sion, écrit le prophète, sont orgueilleuses et qu'elles marchent la tête haute, en jouant des prunelles, et qu'elles vont trottinant en faisant cliqueter les anneaux de leurs pieds, Adonaï rendra chauve la nuque des filles de Sion, et Iahvé mettra à nu leur... »

### L'ANARCHIE DES PROPHÈTES ET LEUR FANATISME

C'est, du reste, au profit exclusif de la Divinité que les prophètes d'Israël sont anarchistes. S'ils font la guerre aux riches, aux rois, aux prêtres, aux femmes elles-mêmes, c'est pour que les hommes ne reconnaissent qu'une seule autorité, celle de Iahvé, du dieu jaloux et cruel qui ne tolère pas la moindre rivalité. Ils n'étaient pas, à proprement parler, des théocrates, mais bien plutôt des niveleurs impitoyables de toute supériorité qui serait susceptible de se produire dans le corps social. Ils ne voulaient connaître d'autre pouvoir que celui de Dieu. Rêve irréalisable autrement que par l'incarnation de l'omnipotence divine dans un souverain pontife ou un corps sacerdotal.

C'est ce que finirent par comprendre et par tenter les deux plus grands prophètes, Isaï sous le règne d'Ézechias et Jérémie sous celui de Josias. L'un et l'autre, le premier surtout, continuent à combattre les riches et la richesse, les joies du monde, le luxe, les femmes, tout ce qui peut contribuer à l'élévation matérielle et au bonheur physique des hommes ; mais l'un et l'autre donnent à leurs prophéties un caractère politique autant que social et religieux. L'un et l'autre se servent des rois qui écoutent leurs conseils pour détruire tous les cultes qui subsistaient encore dans les tribus israélites à côté de celui de Iahvé, dieu national en même temps qu'universel. Le second, pour atteindre son but, pousse Josias à des violences dont le peuple d'Israël n'avait jamais encore été ni la victime, ni le témoin.

Sous les excitations de Jérémie, dont l'esprit est, avant tout, imbu de fanatisme religieux et de despotisme politique, Josias fait détruire, dans le royaume de Samarie comme dans celui de Juda, tous les autels et les sanctuaires consacrés à d'autres divinités que Iahvé. Les prêtres de ces cultes sont souvent brûlés avec leurs autels et leurs idoles. Puis, il fait disparaître les sanctuaires élevés à Iahvé lui-même sur divers points des territoires occupés par les tribus israélites, et il décrète, non seulement l'unité de la religion, mais encore l'unité de lieu du culte et l'unité du corps sacerdotal. A Jérusalem sont transportés tous les prêtres de Iahvé ; à Jérusalem doivent être faits tous les sacrifices offerts à Iahvé et célébrées toutes les grandes fêtes ; à Jérusalem, par conséquent, et entre les mains des prêtres qui s'y trouveront désormais réunis, devront affluer toutes les offrandes des fidèles, toutes les sources dont l'Église tire ses profits matériels et son influence morale[1], car Jérémie, contrairement aux anciens prophètes, ne condamne ni les sacrifices, ni les autres actes cultuels d'où les prêtres tirent leurs revenus.

Lorsque la religion de Iahvé fut devenue une Église, ayant son temple unique et son organisation sociale unifiée, le prophète et les prêtres réservèrent à Josias l'honneur et le devoir de faire publier le Livre définitif de la loi, dont Moïse était représenté comme l'auteur et qui devait être le Livre sacré de la nouvelle Église.

Afin de consolider sa puissance en même temps que l'autorité de l'Église, le prophète fit ensuite publier par Josias le *Deutéronome,* qui contenait, en même temps, les préceptes moraux de la religion et les règles prescrites pour sa défense. Cette dernière partie est empreinte, selon le mot très juste d'Ernest Renan, « d'une férocité qui n'a pas été dépassée, même par le code d'inquisition dominicaine du

1. « L'endroit que Dieu choisira dans vos tribus pour y établir son nom et pour y demeurer », dit le Deutéronome qui ne pouvait pas nommer Jérusalem, puisqu'il était censé avoir été rédigé par Moïse, « sera le seul où l'Israélite pourra offrir ses holocaustes, ses sacrifices, ses dîmes, ses prémices, ses offrandes votives et volontaires, les premier-nés de son gros et menu bétail. Les trois grandes fêtes de l'année doivent s'y célébrer en famille, avec les *lévites* devant Iahvé. »

« Le lévite à qui il plaît de venir de son village demeurer à Jérusalem prend rang immédiatement parmi ses frères, sert à l'autel, reçoit sa part comme les autres, indépendamment du prix qu'il a pu tirer de son patrimoine. Ces lévites formaient ainsi comme une armée sacerdotale famélique, cantonnée en partie à Jérusalem, en partie dans les petites villes de province, et vivant en parasites du reste de la nation. L'auteur du code josiaque aime cette classe de déshérités. Il veut que la communauté les adopte. « Vous vous réjouirez en présence de Iahvé, vous et vos fils et vos filles, vos esclaves et vos servantes, et les lévites qui demeureront parmi vous » est une formule souvent répétée. » (E. Renan, *loc. cit.*, III, p. 224.)

XIII^e^ et du XIV^e^ siècle[1] ». On peut même ajouter, avec non moins de justesse, que le Deutéronome servit de modèle pour la rédaction et l'application du code inquisitorial.

### LA MONARCHIE SOUMISE AU PONTIFICAT

Ce que Jérémie fondait de la sorte, avec le concours de Josias, ce n'était pas, comme on l'a dit à tort, le régime théocratique, dont le caractère essentiel est la réunion du pouvoir religieux et du pouvoir laïque entre les mains d'un même homme, c'était une monarchie absolue, soumise elle-même à un pontificat tout puissant.

Aussi, la base essentielle de la politique de Jérémie, comme de celle de tous les prophètes et prêtres qui étaient venus avant lui ou qui lui succédèrent, était la condamnation absolue du militarisme, de la guerre et de toute force militaire, c'est-à-dire de l'instrument sans lequel les rois les plus absolus en théorie, sont, en réalité, dépourvus de toute autorité sur leurs peuples.

Tandis que dans les cités grecques et à Rome, le patriotisme était presque le seul sentiment social qui régnât parmi les citoyens, dans les tribus d'Israël, ce sentiment fut toujours combattu et flétri par les prophètes. Organiser des armées, chercher des alliés pour se défendre contre l'Assyrie sans cesse menaçante sont, aux yeux des prophètes, précautions inutiles, injurieuses même pour Iahvé de qui dépendent exclusivement les victoires ou les défaites. Le corps sacerdotal tout entier fait chorus, car ce qu'il redoute par-dessus tout, c'est de favoriser les ambitions de l'oligarchie militaire qui vit toujours autour des rois et les pousse à la guerre[2].

1. Ernest RENAN, *Hist. du peuple d'Israël*, III, p. 216.

2. Au moment où l'Assyrie menace l'indépendance d'Israël qui bientôt sera conquis par Sennachéribd, le prophète Isaïe écrit, s'adressant aux partisans de la défense militaire du pays : « Vous avez dit : Non, à cheval ! à cheval ! Eh bien ! vous en aurez du cheval. Au galop, au galop ! Ah ! le beau galop sur vos talons ! mille, à la menace d'un seul, à la menace de cinq, vous fuirez jusqu'à ce que vous restiez comme une perche sur le sommet d'une montagne, comme un signal

### LA CLASSE SACERDOTALE

La conséquence sociale de la politique de Jérémie fut l'apparition, parmi les Hébreux, d'une classe nouvelle, celle des prêtres, dont la puissance morale et matérielle devait résister à toutes les révolutions locales et à toutes les déchéances nationales dont le territoire des tribus fut le théâtre. Prophètes et prêtres, finalement associés autour du temple, unis par des intérêts communs, n'ont plus qu'un objectif : la destruction de tout ce qui pourrait aider le pouvoir laïque à secouer le joug de l'Église. Les attaques qu'ils dirigent contre les riches et les militaristes, aboutissent ainsi au nivellement du peuple entier sous une classe sacerdotale d'autant plus puissante qu'elle dominait la royauté elle-même. Cette classe, d'ailleurs, était dans sa généralité, presque aussi misérable qu'ambitieuse et dominatrice, car elle vivait dans une incessante paresse, et ne pouvait recevoir d'une population très pauvre, encouragée encore à ne rien faire par sa religion, que des offrandes et des dîmes peu élevées. Aussi les pauvres qu'exaltent les prophètes postérieurs à Jérémie sont-ils surtout les membres du corps sacerdotal.

Le régime politique et religieux préparé par Isaï et Ézéchias, puis institué par Jérémie et Josias, ne fut que de très courte durée. La prise de Jérusalem et la destruction du temple par Sennachéribd (588 avant Jésus-Christ), suivies de la transportation d'une grande partie de la population dans la Babylonie, interrompirent l'évolution de ce régime; mais l'esprit qui avait présidé à son institution persista parmi les prophètes et les prêtres. Il se manifesta même désormais

sur la colline. » La victoire ne peut pas venir des hommes : il ne faut l'attendre que de Iahvé, et Isaïe montre Iahvé combattant lui-même Assur qui tremble, « car Iahvé va le frapper de sa verge. Et à chaque coup de verge dont Iahvé le frappe, retentissent les tambourins et les harpes (des peuples) ; la bataille est ardente autour de lui ; car depuis hier la fosse de feu est préparée, préparée pour Assur, préparée pour le roi ; on l'a faite large et profonde ; du feu, du bois en abondance ! Le souffle de Iahvé, comme un torrent de soufre, la fait flamber. »

avec d'autant plus d'intensité que la grande masse des prêtres devint plus misérable. Les idées de Jérémie relativement à l'unité du lieu de culte étaient devenues si générales et si puissantes que la destruction du temple de Jérusalem fut suivie de la cessation des sacrifices aussi bien à Jérusalem même qu'en Babylonie et que les prêtres n'avaient plus de ressources. Aussi les diatribes contre les riches atteignent-elles une acuité remarquable dans les prophéties d'Ézéchiel, qui écrit à Babylone.

Son système politique, plus hostile encore aux riches que celui de Jérémie, se résume en un prince laïque sans autorité, que dominerait une aristocratie sacerdotale rendue toute puissante par le concours des lévites et des pauvres, c'est-à-dire de toute la masse misérable du peuple.

Lorsque Babylone tombe aux mains des Perses, qui deviennent en même temps les maîtres de Jérusalem, les lévites et les pauvres rentrés dans cette dernière ville sous la conduite de Zorobabel, font un pas de plus vers la constitution du régime théocratique. Le pouvoir civil est alors, dans la Judée, entre les mains d'un agent du royaume perse qui abandonne au corps sacerdotal la plus grande indépendance dans le domaine religieux. Le temple est rebâti, les prêtres et les pauvres se groupent autour de lui, recommencent à vivre des sacrifices et ne connaissent d'autre autorité que celle d'un souverain pontife dont la fonction devient héréditaire. Toute civilisation profane est alors détruite. Il n'y a plus de richesse que dans quelques familles de prêtres formant une sorte d'aristocratie sacerdotale, et le peuple ne connaît d'autres obligations que celles des Livres sacrés. La dégénérescence la moins contestable s'empare de cette société, dans laquelle la pauvreté seule jouit de quelque considération et dont toutes les pensées, comme tous les actes, pivotent autour d'une religion despotique et étroite. Le prophétisme lui-même s'évanouit devant le pharisaïsme hypocrite et sectaire qui dominera les esprits jusqu'à la ruine finale de Jérusalem.

Ni l'intervention de l'hellénisme dans l'histoire du peuple

hébreu au IVe siècle avant notre ère, ni la conquête de la Palestine par les rois d'Antioche à la fin du IIIe siècle et les efforts faits par Antiochus Épiphane pour détruire le judaïsme, ni l'avènement au pontificat de prêtres imbus de l'esprit hellénique, ni la fondation, par Jonathan, d'un royaume juif indépendant au IIe siècle, ni la réunion entre les mains du souverain pontife Simon des pouvoirs royaux et de la puissance religieuse par laquelle fut enfin réalisée la puissance théocratique véritable, ni la séparation ultérieure du pontificat et du principat qui se trouva fréquemment aux mains des femmes, ni enfin la conquête de la Palestine et la prise de Jérusalem par les Romains de Pompée en l'année 63 avant Jésus-Christ ne furent capables de modifier la société israélite.

## CLASSE RICHE ET CLASSE PAUVRE

Pendant ces longs siècles et à travers toutes les péripéties, Israël reste divisé en deux classes : l'une riche, l'autre pauvre. La première, quelque peu sceptique en matière de religion, favorable, dans une certaine mesure, aux progrès de la civilisation ; la seconde, exclusivement religieuse, et même contenant un très grande nombre de clercs, hostile au commerce, à l'industrie, aux arts, combattant à outrance la richesse et le progrès, toujours prête à se rebeller contre le pontificat lui-même, et dédaigneuse de l'indépendance de la patrie, dont tous les intérêts et l'avenir sont concentrés, pour ses yeux myopes, dans les prescriptions étroites de la religion la plus tyrannique qui ait jamais existé.

C'est, à la fois, contre ces deux classes ennemies et dégénérées de la société hébraïque, que Jésus se dressera en reprenant les traditions des anciens prophètes d'Israël, et c'est par ces deux classes, unies dans la défense de leurs intérêts et de leurs passions, qu'il sera persécuté. Jérémie avait failli payer de sa vie ses diatribes contre les riches, il n'avait été sauvé que par le corps sacerdotal dont il était l'instaurateur. Jésus fut moins heureux, parce que, aux attaques d'Isaïe et de Jérémie contre les riches, il ajoutait des manifestations retentissantes contre les piétistes de son temps et les prêtres d'une Église dont la puissance s'était édifiée sur les malheurs de la patrie, dont la richesse n'avait sa source que dans la fanatique crédulité d'un peuple misérable.

## EFFETS DE LA CONCURRENCE SOCIALE

En résumé, pendant la longue suite de siècles dont je viens de tracer la rapide esquisse, les luttes de la concurrence sociale sont plus funestes encore chez le peuple hébreu qu'elles ne l'étaient, dans le même temps, au sein des sociétés grecque et romaine. Quelques familles s'enrichissent au détriment de la grande masse des autres ; quelques individus s'élèvent par la force ou par la religion au-dessus de la plèbe ; mais, dans les conflits incessants d'intérêts, tous finissent par perdre de leur dignité morale, de leurs forces physiques, et la dégénérescence générale est d'autant plus grande que les classes rivales sont dominées, presque au même degré, par des préoccupations d'ordre religieux.

Prophétisme, piétisme, pharisaïsme sont également ennemis du commerce, de l'industrie, des sciences, des arts, du travail intellectuel comme du travail physique, et l'on a le spectacle d'une société dont presque tous les membres attendent lentement, dans l'oisiveté, leur bonheur, de la générosité d'un Dieu que tous adorent sans qu'aucun le puisse connaître.

Il n'est pas étonnant qu'une pareille société n'ait jamais pu s'arrêter à une organisation politique durable. Dieu y tenait trop de place pour qu'aucun gouvernement humain pût s'y établir et y fonctionner. On ne peut éprouver non plus aucun étonnement quand on voit ce peuple dérouler la moitié de son histoire sous le joug de quelque autre nation plus forte ou mieux organisée. Il offre l'illustration la plus parfaite de cette vérité, enseignée par l'histoire entière de l'humanité, que la foi religieuse, si ardente soit-elle, est incapable de tenir lieu de patriotisme et de se substituer aux armes, dans la défense de la patrie.

Nous verrons dans un chapitre suivant ce que devint la doctrine sociale de Jésus, lorsque ses apôtres l'eurent transportée dans le monde aryen de l'Occident.

## LA RELIGION ET LA MORALITÉ

D'après les idées qui ont généralement cours relativement à l'influence moralisatrice des religions, le développement des croyances religieuses chez les Israélites aurait dû être suivi d'une amélioration notable de la morale sociale. L'étude attentive de l'histoire de ce peuple montre que les faits sont en contradiction absolue avec la théorie. Plus le jéhovisme devient puissant, plus la foi du peuple en Jéhova est intense et généralisée parmi les Hébreux, plus l'égoïsme national se développe.

Lorsque le peuple d'Israël se fixe au sol, devient sédentaire, tente de s'organiser en une nation, il se montre égoïste comme toutes les nations, et il attribue à son dieu l'égoïsme dont lui-même est animé. J'ai montré plus haut qu'un phénomène analogue se produisit en Grèce et à Rome; mais dans les cités grecque et romaine, l'égoïsme national ne fut jamais poussé aussi loin que chez les Hébreux. La conception aryenne de la divinité fut aussi toute différente parce que la foi religieuse des Grecs et des Romains n'atteignit jamais l'intensité de la foi des Hébreux. Dès que ceux-ci ont fait de Iahvé un dieu national, ils le dotent, si je puis dire, d'une véritable férocité nationaliste, en même temps que religieuse. Il n'y a même plus en Israël qu'un seul patriote, qui est Iahvé. Le peuple s'était donné un dieu égoïste; les prêtres de celui-ci, enchérissant encore sur cette idée, dans l'intérêt de leur autorité morale et de leurs projets matériels, poussèrent jusqu'aux plus extrêmes limites l'égoïsme de ce dieu, et par eux, comme le dit Renan, « Iahvé pervertit Israël, le rendit cruel, inique, exterminateur, perfide pour son intérêt ».

Les Grecs et les Romains confondaient, il est vrai, l'autorité religieuse et l'autorité civile dans les mêmes mains, mais ils furent toujours bienveillants à l'égard des autres religions. Une cité grecque victorieuse de sa rivale, ne détruit pas le dieu de cette dernière ; on la voit, au contraire, traiter avec lui. C'est au nom des dieux des deux cités que les conventions de paix sont signées, et si l'une détruit l'autre, elle cherche à se faire un ami de son dieu, en le transportant chez elle et en lui accordant un culte en quelque sorte expiatoire du mal qui a été fait à ses zélateurs. La cité romaine reçoit chez elle les dieux du monde entier ; jamais elle ne détruit les religions des peuples qu'elle conquiert. Peu religieuses, au fond, les sociétés aryennes de l'Occident n'ont guère que des dieux bienveillants pour les dieux des autres sociétés [1].

Tout autre est le Jéhova des Israélites. Il ne peut tolérer aucune autre divinité dans son voisinage. Tous les rois que les historiens hébraïques ont vanté, furent remarquables surtout par leur zèle destructeur des idoles des autres peuples et de leurs fidèles. Les piétistes du temps d'Isaïe et de Jérémie, que l'on peut considérer comme les véritables précurseurs du christianisme, ne songent qu'à l'extermination des gens qui ne partagent pas leur foi. Le roi véritablement fidèle à Iahvé « ira chercher les méchants dans leurs repaires et les exterminera. Il les fera flamber devant sa face, et Iahvé les dévorera en sa colère, le feu les mangera [2] », écrit un prophète du temps d'Ézéchias. Un autre dit encore : « Je me lèverai chaque matin pour anéantir les méchants de la terre, pour exterminer de la cité de Iahvé tous ceux qui font l'iniquité [3]. » Ainsi que le fait justement remarquer Ernest Renan [4] : « Il fallait choisir sa compagnie, s'arranger pour

1. Rome dispensait du service militaire les Israélites devenus citoyens romains, parce que leur religion leur interdisait de se battre le jour du sabbat. Les Israélites observaient, du reste, cette prescription avec une telle fidélité que pendant le siège de Jérusalem par Pompée, ils interrompaient tout acte défensif de la ville le jour du sabbat.

2. Voy. *Psaumes*, XXI.

3. Voy. *Psaumes*, CI.

4. *Hist. du peuple d'Israël*, III, p. 48.

n'avoir de relations qu'avec les gens de la même secte que soi. Ce principe, divisant le monde en petites coteries sectaires, a rendu impossible en Orient ce que nous appelons la société. » Il fut, dans la pratique, la cause de haines qui, s'ajoutant à l'inévitable concurrence sociale, contribuèrent puissamment à la dégénérescence physique et intellectuelle du peuple d'Israël.

Pour juger de sa moralité générale, il suffit de jeter un regard sur les crimes atroces et l'affreuse dissolution des princes, sur le scepticisme élégant de l'aristocratie sacerdotale et sur la paresse de la plupart des citoyens.

En résumé, pas plus chez les Hébreux que chez les Grecs et les Romains, ce n'est la religion qui inspire les mœurs ; mais, chez les premiers, elle ajoute ses préjugés et ses passions aux intérêts de la concurrence sociale dont elle accroît l'effet nuisible.

La société israélite a produit des prophètes violents, anarchistes par-dessus tout, et des prêtres avides ou corrompus ; elle a donné naissance à quelques œuvres où la religiosité s'élève à des formes sublimes, mais elle n'a vu surgir de son sein ni un homme de science, ni un philosophe qui puisse être comparé à Socrate, à Platon, à Épicure, à Sénèque, et elle a rendu inutiles les efforts des rares hommes d'État qui tentèrent d'en faire une nation. En dépit de sa profonde religiosité, la classe élevée d'Israël ne fut pas moins dissolue que les classes supérieures de Rome ou de la Grèce ; mais elle fut beaucoup moins intelligente et contribua puissamment à la dégénérescence générale de la nation.

---

# CHAPITRE IV

## LA CONCURRENCE SOCIALE ET SES EFFETS DANS LES SOCIÉTÉS CHRÉTIENNES

Ce qui caractérise essentiellement la concurrence sociale dans les grandes sociétés qui se sont développées depuis le début de notre ère, c'est l'influence exercée sur elle par les idées politiques et sociales que le christianisme introduisit parmi les hommes de la race aryenne.

### LES IDÉES POLITIQUES ET SOCIALES DU CHRISTIANISME PRIMITIF

Nées dans le cerveau sémite du peuple d'Israël, ces idées différaient à beaucoup d'égards de celles qui régnaient alors dans les grandes institutions aryennes de la Grèce et de Rome.

Ce qui dominait dans ces dernières, au point de vue politique et social, c'était l'idée de l'omnipotence de l'État. Que celui-ci fût incarné dans une monarchie, une aristocratie de naissance, une oligarchie ploutocratique, une dictature césarienne ou militariste, régimes par lesquels Rome avait successivement passé au cours de son histoire, c'est toujours devant « l'État » que les citoyens s'inclinaient, c'est à l'État que l'on obéissait sans jamais en discuter l'autorité. Quelle que fût la façon dont le pouvoir s'était formé, dont le roi, le Sénat ou le César s'étaient hissés à la puissance exécutive, ils étaient l'État et, comme tels, ils recueillaient le respect de tous les citoyens.

Dans les cités grecques, personne n'a l'idée de s'insurger contre les décisions de la majorité qui, tour à tour, vote la confiscation des biens des riches et la restitution de ces mêmes biens à ceux qui en avaient été dépouillés. La majorité, c'était l'État, et l'on respectait l'État comme la divinité dont il était en quelque sorte la représentation.

Dans la société romaine, lorsque l'État se fut incarné dans un César, celui-ci ne tarda pas à être substitué au dieu de la cité. Les autels dressés à l'Auguste sont, en réalité, les autels du dieu de la cité antique; ils portent la dédicace *Romæ* et *Augusto*, à Rome et à Auguste. La cité étant devenue dieu, comme le foyer familial, le César est sacré comme l'était autrefois le père de famille, parce qu'il est l'incarnation de la cité, comme le père était l'incarnation du foyer. L'Auguste n'est pas véritablement dieu, de son vivant, mais il pourra le devenir après sa mort, si le Sénat lui donne cette consécration.

Les idées des Israélites, qui devinrent celles du christianisme, étaient, sur ce point, toutes différentes : elles ne reconnaissaient qu'un seul dieu créateur et maître de l'univers et des hommes, et dont les rois n'étaient, comme les prêtres, que les serviteurs et les instruments. Lorsqu'elles pénétrèrent dans le monde romain, ces idées se heurtèrent à celles qui servaient de fondement à la société tout entière. Tandis que pour les Romains et pour tous les peuples que Rome avait conquis, l'État était une sorte de divinité omnipotente, devant laquelle s'inclinait l'indéfinie pléiade des autres dieux, il n'était plus aux yeux des chrétiens qu'un instrument du Dieu universel et seul tout puissant. L'Auguste, par conséquent, en lequel s'incarnait l'État, cessait d'être « sacré », ne devait plus être considéré que comme un simple mortel, détenteur provisoire d'une puissance purement humaine. Le mot de Jésus, « rendez à César ce qui appartient à César et à Dieu ce qui appartient à Dieu », contenait, dans la pensée juive, une limitation du pouvoir des rois et de l'État, à laquelle jusqu'alors personne, dans le monde aryen organisé par la Grèce et Rome, n'avait jamais songé. Le Sénat, les historiens, les philosophes avaient, dans maintes circonstances, discuté le caractère, les actes, la moralité même de tel ou tel empereur; mais ni à Rome, ni même dans les provinces, jamais personne n'avait mis en doute le caractère divin de l'État, pas plus que la majesté sacrée de l'Auguste dans lequel l'État était incarné. Comme le fait avec raison remarquer Fustel de Coulanges[1] l'autorité de l'État ou l'autorité de l'empereur « n'était pas une autorité établie par la volonté divine; c'était l'autorité elle-même qui était divine. Elle ne s'appuyait pas seulement sur la religion, elle était une religion. Le prince n'était pas un représentant de Dieu, il était un dieu. » Ce qu'il faut bien noter encore c'est que, « il n'était pas dieu en vertu de son mérite personnel; il était dieu parce qu'il était empereur. Bon ou mauvais, grand ou petit, c'était l'*autorité publique* qu'on adorait en sa personne ».

C'est précisément contre cette conception de « l'autorité publique » de l'État, que le christianisme provoqua la rébellion des peuples. Il en résulta la forme la plus remarquable de la concurrence sociale qui soit susceptible de se produire, celle qui se manifeste entre les citoyens et l'État, entre les individus et l'autorité publique; pour mieux dire, entre la totalité de la nation et celui ou ceux qui détiennent l'autorité. A partir du IIIe siècle de notre ère, on verra les hommes tendre à s'émanciper de plus en plus de l'État, et cette tendance se manifester avec d'autant plus de vigueur qu'ils seront davantage imbus des principes politiques et sociaux apportés chez les peuples aryens par le christianisme. Celui-ci les avait empruntés aux prophètes israélites, pour lesquels il n'existait qu'un seul pouvoir respectable, celui de Dieu, et une seule chose digne de mériter l'attention des hommes, le service de Dieu.

Les prophètes israélites, auxquels le christianisme empruntait ses idées politiques, ne s'étaient pas contentés de combattre, au nom de l'omnipotence du Dieu unique et personnel, toutes les puissances terrestres, ils s'étaient aussi constamment insurgés contre les inégalités du sort et de la fortune. Le fondement essentiel de leurs doctrines sociales était

1. *La Gaule romaine*, p. 191.

l'égalité. Tous les hommes étant égaux devant Dieu, ceux qui se font supérieurs aux autres en autorité ou en richesse doivent être traités en ennemis des hommes et de Dieu. Jésus lui-même ne laissait passer aucune occasion de marquer son mépris, sinon sa haine pour les riches et les grands de la terre, sans en excepter ceux qui s'élèvent au-dessus des autres hommes par leur intelligence.

### ORGANISATION DES PREMIÈRES COMMUNAUTÉS CHRÉTIENNES

Ce sont ces idées qui furent mises en pratique dans l'organisation des premières églises ou sociétés chrétiennes. Tous les membres de ces petites sociétés se considéraient comme des égaux, quels que fussent leur rang social ou leur fortune. En conformité des traditions israélites, la seule autorité reconnue par les communautés chrétiennes primitives était celle des « anciens » qui avaient recueilli plus ou moins directement les prédications et les rites des apôtres. Ils les transmettaient eux-mêmes aux fidèles ou aux néophytes dans les conciliabules secrets tenus par les membres de chaque petite église. On ne combattait pas, dans ces réunions, d'une façon directe, les autorités civiles; mais on préconisait la supériorité de l'âme sur le corps, la suprématie de la puissance divine sur tous les pouvoirs humains, et la prépondérance des devoirs envers Dieu sur les devoirs envers les hommes quels qu'ils fussent. On prescrivait comme règle principale de conduite aux néophytes de vivre autant que possible en dehors de la société civile; et cela leur était d'autant plus facile qu'ils se recrutaient dans les classes sociales qui, par leur nature même, étaient placées en dehors de la portion dirigeante du corps social. Les chrétiens n'étaient que de passage sur la terre; ils n'y étaient que pour acquérir le droit de vivre ultérieurement dans la grande cité céleste où la seule occupation serait l'adoration de Dieu; ils devaient, par conséquent, dédaigner tout ce qui est terrestre et corporel, ne songer qu'à Dieu et n'agir que pour le ciel.

Afin de faciliter l'application de ces préceptes, les églises se transformèrent de très bonne heure en des sortes d'établissements charitables. Afin de faire face à des libéralités qui entretenaient parmi les zélateurs de la nouvelle religion l'esprit d'égalité, et qui leur donnait l'illusion de la possibilité de la réaliser, les églises avaient besoin de ressources. Elles se les procurèrent en inspirant à leurs membres le mépris des richesses. Elles honorèrent les ouvriers et recommandèrent le travail; mais elles condamnaient à la fois le luxe et les économies, et obtenaient ainsi que les biens des fidèles fussent considérés comme appartenant autant à l'Église qu'à eux-mêmes.

### LES CHRÉTIENS ET LA SOCIÉTÉ CIVILE

De même qu'ils méprisaient les richesses et se détournaient systématiquement des moyens par lesquels on les acquiert, les premiers chrétiens étaient poussés par leurs chefs à s'écarter des fonctions publiques. Ils refusèrent pendant longtemps de profiter de l'autorisation qui leur avait été donnée pâr Septime Sévère d'arriver aux honneurs et qui, pour les y engager, les dispensait des obligations contraires à leurs croyances. Ils frappaient d'un véritable interdit les tribunaux romains ; ils imitaient en cela les juifs et les philosophes qui évitaient systématiquement de s'adresser aux tribunaux.

Les chrétiens ne devaient prendre aucune part aux fêtes publiques, ni couronner leurs portes à l'approche de ces fêtes. Ils devaient même éviter de se promener dans les rues, de se mêler aux conversations publiques et ne conversaient qu'entre eux. En voyage, ils s'écartaient des auberges autant que cela leur était possible, afin d'échapper au contact des païens. S'il se trouvait une église dans les localités par lesquelles ils passaient, ils allaient y participer aux distributions de vivres que l'on avait coutume d'y faire régulièrement aux pauvres et aux nécessiteux. Il leur était interdit de se marier avec des païens . En un mot, ils se tenaient autant que possible en dehors d'une société dont tous les principes et tous les actes étaient condamnés par leur religion.

Pour ce qui est des autorités impériales, on peut dire qu'ils affectaient de ne les point connaître.

L'un des objets de prédication et de prophétie des premiers pasteurs chrétiens, c'est la fin prochaine, non seulement de l'Empire que tous annoncent dans des termes parfois très violents, mais encore de l'humanité tout entière. La fin du monde est si proche que les chrétiens n'ont à prendre aucun souci de ce qui advient sur la terre et dans les sociétés qui les entourent.

Il était impossible qu'avec de pareilles idées, ils attachassent une importance quelconque aux sentiments patriotiques. Ils étaient, par principe religieux, hostiles à la guerre comme l'avaient été les prophètes hébraïques. « C'est assez combattre pour l'empereur, dit Origène, que de prier pour lui[1]. » On a gardé le souvenir de quelques soldats chrétiens au IIe siècle « mais, bien vite, fait remarquer Ernest Renan, l'incompatibilité des deux professions se révélait, et les soldats quittaient le ceinturon ou devenaient martyrs. L'antipathie était absolue ; en se faisant chrétien, on quittait l'armée. « On ne sert pas deux maîtres » était le principe sans cesse répété... Le grand affaiblissement qui se remarque dans l'armée romaine à la fin du IIe siècle, a sa cause dans le christianisme. Celse aperçut ici le vrai avec une merveilleuse sagacité[2]. » Suivant le mot que l'on commençait à employer du temps de Marc-Aurèle, et dont il usait lui-même, l'Église chrétienne apparaissait comme « un État dans l'État[3] ».

On serait encore davantage dans le vrai en disant que les chrétiens formaient une société dans la société, car ce n'est pas seulement contre l'État qu'ils étaient en rébellion morale sinon matérielle, mais à l'égard de la société tout entière, de ses institutions, de ses mœurs et de ses principes. Le christianisme considérait, en réalité, la société romaine

1. Ernest Renan, *Marc-Aurèle*, p. 592.
2. *Ibid.*, p. 594.
3. *Ibid.*, p. 592.

comme une rivale dont il souhaitait la destruction, de laquelle il s'efforçait d'arracher toutes les idées et toutes les aspirations qui poussent l'homme à la recherche du bien-être matériel par le travail.

## LE RECRUTEMENT DES PREMIERS CHRÉTIENS

### *Les Israélites.*

Les premiers adeptes recrutés par les apôtres furent naturellement les Israélites, dont des colonies nombreuses existaient à Rome, à Alexandrie, à Marseille, à Narbonne, dans toutes les villes les plus commerçantes et les plus florissantes, et qui, en raison de leur origine et de leur éducation hébraïque, étaient d'avance préparés à se révolter contre toute autorité humaine. Les apôtres du Christ ne pouvaient être considérés par tous ces juifs imparfaitement romanisés, que comme les successeurs et les héritiers des prophètes dont les diatribes contre les pouvoirs humains avaient bercé leur enfance et présidé à la formation de leur esprit[1].

### *Les esclaves.*

C'était aussi des clients tout prêts pour le christianisme, ces millions d'esclaves dont la servitude avait plus ou moins aigri le caractère, auxquels les apôtres de la nouvelle religion apportaient l'assurance qu'ils étaient, aux yeux du dieu nouveau, les égaux de leurs maîtres, et que, pour assurer

1. « Fortement associés entre eux, les juifs de la dispersion constituaient dans les villes des congrégations presque indépendantes, ayant leurs magistrats, leurs conseils. Dans certaines villes, ils avaient un ethnarque ou alabarque, investi de droits presque souverains. Ils habitaient des quartiers à part, soustraits à la juridiction ordinaire, fort méprisés du reste du monde, mais où régnait le bonheur... Les Romains, sauf de rares exceptions, ne pénétraient jamais dans les quartiers réservés. Les synagogues promulgaient des décrets, décernaient des honneurs, faisaient acte de vraie municipalité. L'influence de ces corporations était très grande. A Alexandrie, elle était de premier ordre, et dominait toute l'histoire intérieure de la cité. A Rome, les juifs étaient nombreux et formaient un appui qu'on ne dédaignait pas. Cicéron présente comme un acte de courage d'avoir osé leur résister. » (ERNEST RENAN, *Les Apôtres*, p. 287.)

leur bonheur, un dieu fait homme était mort du supplice réservé aux gens de leur classe.

Longtemps avant la prédication des apôtres du Christ, des philosophes grecs et romains, inspirés peut-être par la littérature hébraïque, avaient, il est vrai, parlé de l'égalité morale des hommes. Sénèque avait osé soutenir contre l'opinion des lettrés et des mondains de son temps, que les esclaves n'étaient soumis à leurs maîtres que par le corps et que leur âme était libre, mais ces écrits, à la fois sublimes et généreux, ne se répandaient pas dans les couches inférieures de la population. C'étaient de pures dissertations philosophiques, lues seulement par un petit nombre de gens délicats et n'exerçant aucune influence sur l'esprit des masses misérables qui les ignoraient.

Tout autre était la prédication des apôtres. Imbus de l'esprit israélite, habitués dès l'enfance à la fréquentation des synagogues juives où l'on discourait du matin au soir devant les plus humbles membres de la société hébraïque, les apôtres transportaient dans les sociétés grecque et romaine les coutumes des docteurs de leur pays, celle que pratiqua leur maître lui-même. Ils péroraient dans les coins des marchés, dans les échoppes des petits artisans, près des fontaines et des puits où fréquentaient les esclaves des deux sexes et, de leurs bouches disertes jaillissait, avec la flamme du fanatisme prophétique, l'esprit de haine contre les riches, les puissants, les grands de la terre, qui avait fait la popularité d'Isaïe, de Jérémie et de Jésus lui-même.

Cependant, le christianisme ne pensait nullement à l'émancipation des esclaves. Les apôtres et leurs disciples, ainsi que, plus tard, les pères de l'Église, répétaient volontiers le mot de Sénèque : « C'est le corps seul que le sort a mis entre les mains des maîtres, c'est là ce qu'il achète, ce qu'il vend ; l'âme est et reste émancipée [1] » ; et ils y trouvaient un argument capital pour prêcher aux esclaves la résignation, en attendant que leur âme, émancipée du corps, s'en allât jouir,

1. Sénèque, *Des bienfaits*, Livre III, § 20.

dans la cité du Christ, des récompenses méritées par leur docilité et leur fidélité envers leurs maîtres.

Le christianisme allait même moins loin que les disciples de Sénèque. Ceux-ci considéraient l'esclavage comme un abus. Toute l'école des jurisconsultes formée sous les règnes des Antonins pensait de la même manière et agissait conformément à cette idée; l'Église primitive, au contraire, ne voit dans l'esclavage rien de répréhensible; nulle part elle ne le condamne. Pourquoi aurait-elle tenté d'émanciper un corps auquel elle n'attachait aucune importance? Pourquoi aurait-elle essayé de modifier un sort qui devait être essentiellement provisoire et dont la dureté constituait pour l'esclave un titre tout particulier à la possession du royaume de Dieu? « La règle constante de l'apôtre Paul, était qu'il faut rester dans l'état où l'on a été appelé... Est-on esclave, ne pas s'en soucier, et, même si l'on peut se libérer, rester esclave... L'esclave appelé est l'affranchi du Seigneur, l'homme libre appelé est l'esclave du Christ. » Saint Augustin résume en quelques mots l'opinion de l'Église sur l'esclavage : « Elle ne libère pas les esclaves, mais de mauvais elle les rend bons. Le Christ ne dit pas à un esclave qui a un mauvais maître de l'abandonner; il lui offre son propre exemple[1]. »

Cependant, la résignation recommandée par les pasteurs et les docteurs de la nouvelle Église était impuissante à étouffer chez les esclaves devenus chrétiens l'idée d'égalité qui formait l'essence de la doctrine du Christ et de ses apôtres. Ils se résignaient à leur sort, mais ils saluaient par avance l'heure où s'accompliraient les prophéties, où le monde serait détruit et où les derniers deviendraient les premiers dans le royaume de Dieu.

### *Les femmes.*

Les femmes de toutes les races figurent, avec les juifs et les esclaves, parmi les premiers adeptes du christianisme.

1. Voy. GUIGUEBERT, *Tertullien*, p. 377, note.

Les femmes païennes s'étaient, de tout temps, montrées fort avides des pratiques religieuses et des sorcelleries importées de l'Asie et de l'Égypte dans les cités occidentales. Les plus grandes dames romaines se faisaient volontiers initier aux mystères des religions asiatiques et ne reculaient pas, si l'on en croit les écrivains latins, devant les plus abominables excès auxquels se livraient les adeptes de certains de ces mystères[1]. La même curiosité les porta vers les rites et le mysticisme des communautés chrétiennes. Celles-ci, pour les retenir, leur donnèrent une place d'honneur où elles trouvaient, à la fois, la source de grandes satisfactions d'amour-propre et des occasions incessantes de contact avec des hommes qui n'étaient ni à l'abri des tentations, ni exempts de tout désir de tenter leurs sœurs en religion. Les repas en commun, avec leurs échanges de baisers, les baptêmes par immersion totale du corps entièrement nu, et les relations continues des deux sexes ne furent pas toujours à l'abri des critiques des apôtres ou des railleries des païens. Mais ce qui attirait surtout les femmes vers les églises chrétiennes, c'étaient les manifestations ardentes, extatiques jusqu'au prophétisme, d'un amour qui, s'adressant à Dieu, était profondément imprégné de cet idéalisme vers lequel les femmes les moins chastes elles-mêmes s'élèvent volontiers, à certaines heures de leur vie.

Les femmes se firent donc baptiser de bonne heure en très grand nombre et devinrent aussitôt des propagandistes ardentes de la nouvelle religion. Les veuves surtout jouèrent un grand rôle dans la constitution et l'extension des églises. On en faisait des sortes de diaconesses contraintes à la chasteté autant que le permettaient les mœurs du temps. Elles étaient chargées de la surveillance des jeunes filles et des femmes mariées et jouaient dans les églises primitives un rôle attractif considérable.

Les jeunes filles non mariées, les « vierges » comme les appelait le paganisme, trouvaient, de leur côté, dans la

1. Voy. JUVÉNAL, satire VI. « Plus une femme était relâchée de mœurs, plus elle adorait pieusement Isis. » (MOMMSEN, *Hist. rom.*, VII, p. 302.)

nouvelle religion, un moyen d'échapper au mariage que ni le paganisme ni le judaïsme ne leur pouvaient offrir, car le premier principe de ces deux religions était l'obligation de marier les jeunes filles de très bonne heure. Autant, on était peu respectueux, chez les Grecs et les Romains, de la virginité des esclaves, autant on attachait de prix à celle des jeunes filles libres.

Les apôtres et les premiers pasteurs chrétiens se montraient extrêmement défiants à l'égard de la femme. Ils la considéraient comme dangereuse par ses charmes et très portée à l'infidélité ; aussi lui interdisaient-ils toute parure et auraient-ils voulu qu'elle ne pût se montrer aux hommes.

Le christianisme naissant fut, du reste, dans les questions relatives à la femme, au mariage et aux enfants, fidèle au principe général qu'il appliquait à tous les autres actes sociaux de ses adeptes. N'étant que de passage sur la terre et ne devant se préoccuper que de gagner le paradis où, d'ailleurs il ne tardera pas à être appelé, car la fin du monde est proche, le chrétien ne doit se laisser détourner de son but par rien de ce qui touche à la vie terrestre. Il n'a pas même à s'occuper du sort de la race puisqu'elle ne tardera pas à disparaître.

Selon Tertullien, au IIe siècle, l'idéal de tout vrai chrétien est « ne pas se marier, se sanctifier par une éternelle virginité, ou, si on est marié, conserver dans le mariage un état de pureté absolue [1] ».

Sous l'influence des écrits et des prédications des nombreux piétistes que le christianisme comptait alors parmi ses adeptes les plus distingués, beaucoup de femmes chrétiennes repoussaient avec horreur l'idée du mariage.

Toutefois, en ce qui concerne la femme et la famille, l'Église subissait l'évolution nécessaire qui lui était imposée par son extension. A mesure que le nombre des fidèles s'accroissait et qu'il se recrutait davantage dans les classes dirigeantes et parmi les gens riches, l'ascétisme devenait de plus

1. GUIGUEBERT, *loc. cit.*, p. 284.

en plus impraticable. Puis, l'humanité dont les prophéties des deux premiers siècles avaient annoncé la fin prochaine, ne faisait pas mine de s'effondrer ; il fallait s'accommoder de la vie terrestre et se mettre en harmonie avec les opinions dominantes de la société que l'on prétendait attirer à la nouvelle religion. Mais, à partir du jour où il eut admis la nécessité du mariage et de la famille, le christianisme prit des mesures pour en devenir le maître. Il y réussit par l'institution de la confession, qui permit au prêtre de pénétrer jusque dans la vie la plus secrète de la femme, de l'homme, des enfants, de la famille tout entière. Il accrut encore cette influence en contraignant les prêtres au célibat et en excitant par la continence leur désir des relations féminines, tandis qu'il poussait la femme vers le prêtre comme vers un consolateur quasi-divin.

Pendant que le christianisme s'emparait ainsi de la famille, il prenait une place de plus en plus considérable dans les sociétés païennes et tendait, avec une énergie sans cesse croissante, à les détruire pour prendre leur place.

## LE CHRISTIANISME ET L'EMPIRE

Tant que les prédications des chrétiens restèrent clandestines, tant que la nouvelle religion enferma ses pratiques dans les lieux cachés et se comporta comme une société secrète, les autorités impériales feignirent de les ignorer comme elles ignoraient les synagogues juives, les mystères des dieux et des déesses de l'Orient. Mais, cette attitude bienveillante devint impossible, à partir du moment où le nombre des chrétiens fut assez considérable pour que leurs réunions et leurs doctrines ne pussent pas être tenues secrètes.

A partir de ce moment, du reste, les chrétiens se sentirent assez forts pour n'avoir plus besoin de se cacher ; ils se montrèrent, s'affirmèrent, s'attaquèrent ouvertement aux puissances qu'ils avaient appris à mépriser dans leurs conciliabules clandestins.

Il était impossible que l'État, la famille, la société, la

patrie antiques ne se défendissent pas contre ces petites sociétés religieuses dont tout l'effort tendait à la destruction de la grande société civile[1]. Dès le IIe siècle de notre ère, la lutte fut ouverte non pas seulement entre deux groupes sociaux distincts par la fortune, comme ceux dont les querelles avaient marqué toute l'histoire intérieure de la cité romaine, mais aussi entre deux conceptions économiques contradictoires et, chose plus grave encore, entre deux principes qui, jusqu'alors, dans les sociétés de la Grèce et de Rome, avaient été considérés comme inséparables : celui de l'État et celui de l'Église. Les luttes terribles entre la puissance religieuse et la puissance civile, entre le sacerdoce et la société civile que le peuple d'Israël avait seul connues pendant les longs siècles de l'antiquité, surgissaient dans les sociétés aryennes pour ne plus s'éteindre peut-être que le jour où disparaîtra la foi dans le Dieu d'Israël.

Il se produisit alors une concurrence sociale effrénée entre les païens qui détenaient à la fois l'autorité civile et la richesse, et les chrétiens qni aspiraient à la possession de l'une et de l'autre.

## ÉVOLUTION THÉOCRATIQUE DE L'ÉGLISE

Le premier acte de cette concurrence sociale, consiste dans l'organisation de chaque communauté chrétienne en une société autonome, ayant son gouvernement et son peuple : le premier représenté par l'évêque et les prêtres; le second constitué par toute la masse des fidèles. Grâce au pouvoir d'excommunication qui, en ces temps de foi, était considéré comme divin et absolu, comme entraînant l'enfer pour l'éternité et même la mort immédiate, les évêques se trouvaient armés aux yeux des chrétiens d'un pouvoir supérieur à celui

1. Il existait à Rome des lois très sévères contre les associations, ce que l'on appelait les *coetus illiciti*, les hétéries. On les considérait comme pouvant servir de point de départ à des factions politiques. Trajan y était si opposé qu'il voulait que les invitations aux fêtes de famille fussent nominatives et peu nombreuses. Il est évident que les communautés chrétiennes tombaient sous le coup de ces lois.

de tous les princes : ils pouvaient d'un mot, non seulement supprimer un homme de ce monde, mais encore le condamner dans l'autre à une éternité de souffrances. La foi dans un pouvoir aussi terrible n'était-elle pas faite pour inspirer aux chrétiens le mépris le plus absolu à l'égard de toutes les puissances de la terre? Et l'excommunication ne serait-elle pas, aux mains de l'Église, une arme incomparable dans sa lutte contre le pouvoir civil, tant que les peuples et les rois auraient la foi[1]?

Cette extraordinaire puissance morale était encore aug-

1. L'excommunication n'est pas, comme on le croit généralement, une création du christianisme. Elle exista sous d'autres formes, aussi bien dans les sociétés aryennes de Rome et de la Grèce que dans la société hébraïque. A Sparte, le citoyen qui n'assistait pas au repas sacré de la cité, même sans que ce fût par sa faute, cessait de compter parmi les citoyens et en perdait tous les droits. A Rome, il fallait avoir assisté à la cérémonie de la lustration, qui avait lieu tous les ans et qui constituait une sorte de sacrifice expiatoire, pour conserver la jouissance des droits politiques. Le citoyen qui n'y avait pas figuré n'était plus citoyen jusqu'au lustre suivant. Les citoyens pouvaient, pour d'autres motifs encore, être privés de leur qualité; ils se trouvaient alors dans une situation plus pénible que celle des esclaves et même des étrangers : « Les dieux de la cité n'existaient plus pour lui. Il perdait en même temps tous les droits civils: il ne paraissait plus dans les tribunaux même comme témoin; lésé, il ne lui était pas permis de porter plainte; on pouvait le frapper impunément; les lois de la cité ne le protégeaient pas. Il n'y avait pour lui ni achat, ni vente, ni aucun contrat d'aucune espèce... Droits politiques, religion, droits civils, tout lui était enlevé du même coup. » (Fustel de Coulanges, *La Cité antique*, Livre III, Chap. xii.)

La société hébraïque pouvait frapper ses membres de ce qu'on appelait l'*extirpation*. C'était l'exclusion de la société religieuse avec, pour conséquence, l'exil, la misère et souvent la mort, surtout à l'époque où les Hébreux menaient la vie nomade.

L'excommunication des chrétiens ne fut, en réalité, que la transformation de l'extirpation judaïque. Elle fut admise dès les premiers temps du christianisme. « On racontait qu'à la voix de Pierre, des délinquants étaient tombés à la renverse et avaient expiré sur le champ... l'excommunication était tenue pour l'équivalent d'une sentence de mort. On ne doutait pas qu'une personne que les apôtres ou les chefs de l'Église avaient retranchée du corps des saints et livrée au pouvoir du mal ne fût perdue. Satan était considéré comme l'auteur des maladies; lui livrer le membre gangrené, c'était livrer celui-ci à l'exécuteur naturel de la sentence. Une mort prématurée était tenue d'ordinaire pour le résultat d'un de ces arrêts occultes, qui, selon la forte expression hébraïque, « extirpaient une âme d'Israël ». Les apôtres se croyaient investis de droits surnaturels. En prononçant de telles condamnations, ils pensaient que leurs anathèmes ne pouvaient manquer d'être suivis d'effet ». (Ernest Renan, *Les Apôtres*, p. 83.)

mentée par le fait que l'évêque était le gardien et le distributeur des biens de la communauté. C'est lui qui recevait les donations des fidèles, qui les administrait, qui distribuait les secours à la plèbe et qui rétribuait les membres du clergé. Comme les pauvres étaient très nombreux et le clergé très misérable, il tenait toute la communauté par l'intérêt en même temps que par la foi.

D'un autre côté, les petites églises chrétiennes usaient, sans que les pouvoirs publics s'en préoccupassent, du droit que depuis des siècles l'État romain avait concédé aux communautés juives et syriennes, de s'administrer à leur guise, de se tenir à l'écart du service militaire et même d'avoir des magistrats particuliers. L'évêque se trouvait ainsi, par la tradition des synagogues juives, le chef civil et le magistrat de la communauté chrétienne à la tête de laquelle il était placé.

Les églises chrétiennes primitives avaient, en somme, réalisé l'idéal des prophètes hébreux. Chaque église était une petite théocratie ayant pour chef absolu son évêque qui, par l'excommunication, était considéré comme le maître de la vie de tous les chrétiens dans ce monde et de leur sort dans l'autre. La confession publique d'abord, puis la confession particulière, servirent à maintenir les fidèles dans la discipline, en livrant tous les secrets de leur vie la plus intime aux chefs des communautés.

Il n'y eut d'abord, dans l'Église catholique, aucune fédération des communautés ; chacune de celles-ci était indépendante de toutes les autres. Néanmoins, l'anarchie fut évitée dès le début, par la coutume que contractèrent les évêques de se recruter eux-mêmes. « Le principe, dit Fustel de Coulanges, fut que nul ne peut être fait évêque que par un autre évêque... Telle est la seule règle que l'on trouve établie d'une manière formelle, rigoureuse, incontestée, dans les quatre premiers siècles[1]. »

1. *La Monarchie franque*, p. 524. Fustel de Coulanges fait observer très justement : « L'Église ne voulait pas plus dépendre des caprices de la foule que de la politique des souverains. » Cependant, à mesure que l'autorité de ceux-ci s'accrut, les candidats aux évêchés recherchèrent de plus en plus leurs faveurs, et les rois, par la faute même des

L'anarchie fut encore évitée par la coutume que prirent, de fort bonne heure, les évêques de se concerter sur les questions dogmatiques ou rituelles de la religion nouvelle. Le premier point de départ de cette coutume se trouve probablement dans les épîtres que saint Paul adressait simultanément à plusieurs églises. Plus tard, vers l'an 140, celles que Clément, évêque de Rome, écrivait aux principales églises et où il prenait le caractère d'une sorte de pape, sont plus significatives encore. Vivant au milieu des Romains, auprès de la cour impériale, Clément avait admirablement reconnu la source d'où la cité romaine tirait sa puissance et il posait, au cœur de cet empire encore très vivace, les bases d'un pouvoir analogue à celui de la cité.

Comme il ne pouvait s'appuyer encore ni sur les lois ni sur la force, ce pouvoir nouveau prenait pour base la foi. Dieu avait envoyé son fils sur la terre, Christ avait institué les apôtres, les apôtres avaient institué les prêtres et les évêques, le peuple n'avait qu'à s'incliner devant les délégués de Dieu; deux choses seulement comptent : la foi et l'obéissance. Les évêques étaient trop intéressés à ce qu'une pareille doctrine se répandît parmi les fidèles, pour ne l'avoir pas eux-mêmes propagée en s'autorisant de la source d'où elle était sortie. L'autorité de l'Église de Rome s'étendit ainsi rapidement sur celles d'Éphèse, d'Antioche, d'Alexandrie et de Jérusalem qui jusqu'alors avaient été indépendantes.

L'épître de Clément à l'église de Corinthe résolvait une autre question très débattue parmi les chrétiens, et qui consistait à savoir quelle attitude ils devaient prendre à l'égard des pouvoirs publics. Clément, après saint Paul, se prononçait nettement pour l'obéissance à ces pouvoirs, mais il en donnait une raison qui vaut d'être notée. Si l'on doit leur obéir, c'est parce qu'ils sont délégués par Dieu pour faire ce qui plaît à Dieu. Théorie redoutable, car si elle pose en principe l'obéissance des chrétiens aux pouvoirs civils, elle impose

évêques, devinrent bientôt les dispensateurs des évêchés, au point qu'ils les vendaient souvent au plus offrant ou les donnaient à leurs courtisans comme paiement de services de toutes sortes.

à ces derniers l'obligation d'agir conformément à la volonté de Dieu. Or, qui peut connaître cette volonté mieux que les évêques institués au nom du Christ et représentants directs de Dieu sur la terre? Le chrétien devra rendre à César ce qui est à César, mais c'est l'évêque qui décidera ce qui appartient à César. L'évêque est sacré ; le prince n'est qu'un laïque. Le laïque doit respect et obéissance à l'évêque en ce qui touche à la religion[1]; or qu'est-ce qui ne touche pas directement ou indirectement à la religion?

La lettre de Clément contenait en germe toute la théorie que les grands papes du moyen âge devaient tenter d'appliquer aux gouvernements des puissances occidentales. Elle plaçait la concurrence sociale sur un terrain tout à fait nouveau et qui, pendant vingt siècles, devait être abreuvé de sang humain.

### L'ÉGLISE ET L'EMPIRE CHRÉTIEN

Il était impossible que les évêques ne tentassent pas d'ajouter à l'extraordinaire puissance morale dont ils se sentaient revêtus, des pouvoirs plus effectifs encore. Dès le

1. Les hommes de notre temps ne peuvent plus se faire une idée exacte du pouvoir moral dont jouirent les évêques jusque vers le x$^{e}$ siècle ; la foi n'est plus assez vive, même chez les catholiques les plus croyants et les plus pratiquants, pour que nous puissions nous mettre dans l'esprit ce que les premiers chrétiens, avaient tout naturellement dans le leur.

« Suivant les idées de ces hommes, l'évêque n'était pas seulement un chef du culte, un administrateur, un dignitaire, il était un être sacré. Il semblait tenir la place du Christ. Il était l'intermédiaire entre Dieu et l'homme... longtemps il fut seul à conférer le baptême et, si quelques prêtres le conférèrent ensuite ce fut par sa délégation. C'était donc par lui qu'on était admis dans la sainte société qui sauvait les âmes. Par lui on pouvait en être exclu; l'arme terrible de l'excommunication était dans sa main. Il disposait donc du bonheur de l'homme dans toute cette vie et dans l'autre. Plus bienfaisant et plus redoutable que tous les rois de la terre, le tout de l'homme était acquis par ses mérites ou perdu par ses rigueurs. Aussi l'évêque était-il un être sacré ; de son vivant même les populations le regardaient comme un saint et la foi qu'elles avaient en lui, lui faisait accomplir des miracles... Recevoir de sa main un signe de croix, toucher son vêtement, boire l'eau que présente sa main, posséder une paille d'un lit sur lequel il s'est reposé, boire une infusion d'un papier portant son écriture, voilà ce qu'on croit qui guérit ». (Fustel de Coulanges, *La Monarchie franque*, p. 571.)

III^e siècle, les guerres provoquées par les compétitions des candidats à l'empire procurèrent aux chefs des églises chrétiennes l'occasion de s'imposer aux détenteurs du pouvoir civil. Plusieurs empereurs s'étaient montrés animés d'une bienveillance plus ou moins grande à leur égard, mais aucun ne leur avait fait de réelles avances; Constantin y fut conduit par l'ambition de triompher des six compétiteurs dont il était entouré. Élu par les légions du Rhin, en 312, mais contraint d'employer la force pour se rendre maître du siège impérial, il fait appel au concours des chrétiens, qui représentaient déjà la moitié de ses futurs sujets. Il est vainqueur près de Rome et il partage avec les chefs de la religion nouvelle les fruits d'une victoire dont il leur attribue en partie le mérite.

Devenu empereur et ayant constaté l'énorme puissance morale que représentait le christianisme, il n'eut plus qu'une préoccupation : celle d'en devenir le maître en le protégeant. Des divisions profondes existaient, au point de vue du dogme non encore arrêté, entre les diverses églises et les divers écrivains religieux ; il provoque à Nicée, en 325, la première grande réunion ou concile des évêques; il la préside lui-même et y fait arrêter la formule dogmatique de la nouvelle religion, le « symbole » de ce que les chrétiens devront croire pour être considérés comme des membres réels de l'Église. Ayant fait l'unité du dogme et institué l'universalité du christianisme, il tente de fonder sur elles l'unité morale, religieuse et matérielle de l'empire ; mais il commet la faute irréparable de transporter sa capitale en dehors de Rome et de la fixer à l'extrémité orientale de l'Europe.

Certes, Constantinople était admirablement placée pour dominer les régions asiatiques d'où l'empire tirait alors la majeure partie de ses richesses et où son autorité était incontestée; mais, en y transportant sa capitale, Constantin abandonnait à l'Église et aux barbares du Nord tout l'occident de l'Europe, c'est-à-dire les contrées et les peuples où, pendant une longue suite de siècles, devaient se dérouler les plus graves événements politiques et sociaux dont l'humanité ait jamais offert le spectacle.

Afin de s'assurer le concours des évêques, Constantin en fait entrer plusieurs dans ses conseils, leur confie des postes politiques et administratifs, leur accorde le droit de juger tous les procès dont une des deux parties réclamera leur juridiction, assure leur fortune en les autorisant à recevoir des donations et des legs, même au détriment des héritiers naturels, crée une situation privilégiée à tous les clercs en les exemptant des obligations envers l'Etat autres que les impôts. Mais, en compensation de tous ces avantages, il s'introduit dans les discussions des conciles, se mêle de tout ce qui concerne le culte et l'administration des églises et prend même parti dans les questions dogmatiques ; il tente, en un mot, de transformer l'Empire en une théocratie chrétienne dont l'empereur serait le chef.

L'entreprise était considérable ; elle réussit en grande partie entre ses mains et celles d'un certain nombre de ses successeurs, grâce aux divisions perpétuelles que les hérésies provoquèrent dans les églises d'Orient. Tantôt protecteurs des hérésiarques, en particulier d'Arius et de ses disciples, tantôt, au contraire, protecteurs de l'Église orthodoxe telle que le Concile de Nicée l'avait constituée, les empereurs de Constantinople favorisèrent tour à tour les chrétiens orthodoxes et les ariens et trouvèrent des concours aveuglément dociles parmi ceux au profit desquels s'exerçaient les persécutions. Ainsi que Montalembert [1] l'a fort justement noté : « Tout hérésiarque trouve sur le trône impérial un auxiliaire. Après Arius, Nestorius, après Nestorius, Eutrychès ; et l'on marchait ainsi de persécution en persécution, à la sanglante oppression des empereurs iconoclastes, après laquelle il n'y eut plus que le schisme suprême qui sépara pour toujours l'Occident affranchi et orthodoxe de l'Orient prosterné sous le double joug de l'empereur et de la force. » Le dominicain Vincent Maumus, faisant allusion aux mêmes faits, écrit : « Telle fut la première rencontre de l'Église et du pouvoir absolu des princes chrétiens... A peine les Césars

1. MONTALEMBERT, *Les Moines d'Occident*, introduction.

eurent-ils reconnu à l'Église le droit de vivre qu'ils se crurent investis du droit de la gouverner. Gouverner l'Église, c'est-à-dire reculer les limites de leur action jusque sur la conscience des fidèles, au détriment de celui qui, parlant seul au nom de Dieu, a le droit de commander à l'âme, tel est l'éternel sujet des discordes entre la puissance civile et le pouvoir religieux. »

Toute la philosophie des luttes qui désolent l'Occident depuis vingt siècles est, en effet, contenue dans la prétention qu'a le pouvoir civil d'être absolu et dans la prétention non moins tenace qu'ont les pontifes du christianisme « de parler seuls au nom de Dieu ». Ainsi que le fait observer fort justement le P. Vincent Maumus, quand un homme « est investi d'un pouvoir absolu, la tendance despotique naturelle s'accroît de l'orgueil de la toute puissance, et il s'irrite si un rival vient lui disputer, non l'empire qui lui appartient, mais un domaine sur lequel il n'a aucun droit : la conscience qui ne relève que de Dieu[1] ». Seulement, le P. Maumus ne voit pas qu'il arrive forcément un jour où les hommes, ayant plus ou moins perdu la foi en acquérant la science, se mettent en tête de n'écouter ni la voix de celui qui prétend parler au nom de Dieu, ni celle du despote.

Au IVe siècle, l'Orient était fort loin de cette étape de l'évolution humaine ; il s'inclina devant les empereurs dont les évêques étaient sans cesse les complices, qu'ils fussent ariens ou orthodoxes, parce qu'ils tenaient d'eux leur fortune, leurs honneurs et leurs privilèges. L'empereur de Constantinople devint le chef incontesté de l'Église chrétienne d'Orient. Le despotisme avait accompli son évolution naturelle au milieu de peuples trop enclins à l'obéissance et trop imbus de l'esprit religieux pour s'étonner que le même homme pût incarner en sa personne toute la délégation de la puissance divine. Le théocratisme des prophètes se réalisait en la personne des empereurs d'Orient. Il existe encore, aujourd'hui, dans celle des empereurs de Russie, qui sont à la fois papes et despotes.

1. P. Vincent Maumus, *La Crise religieuse et les Leçons de l'histoire*, p. 182.

### L'ÉGLISE ET LES BARBARES

En Occident, les choses se passèrent d'autre façon. Grâce à l'éloignement de l'autorité impériale et aux troubles profonds qui furent déterminés par les invasions germaniques, l'Église prit une autorité qu'elle ne connut jamais dans les pays d'Orient.

Il se produisit alors, entre les chefs barbares et les évêques de la Gaule, un fait analogue à celui qui s'était passé entre ces derniers et Constantin. Les évêques offrirent aux Barbares leur assistance dans la conquête qu'ils voulaient faire des territoires soumis à l'Empire, à la condition qu'ils reconnaîtraient le christianisme, qu'ils s'y convertiraient et qu'ils contraindraient leurs sujets à s'y convertir. Le marché parut assez avantageux aux Francs pour qu'ils l'acceptassent sans hésitation. Leurs idées religieuses étaient très vagues, leurs ambitions et leur cupidité très grandes, leur respect traditionnel pour les prêtres et sorciers très prononcé[1] : pourquoi auraient-ils refusé de s'entendre avec des prêtres beaucoup plus riches que les leurs, infiniment plus civilisés, très puissants dans les villes et jouissant d'un tel prestige sur les populations, que celles-ci commençaient à ne plus reconnaître d'autre autorité que la leur? La conversion de Clovis (496) et de ses Francs au catholicisme est donc un fait aussi facilement explicable que celui de la conversion de Constantin, et explicable par les mêmes raisons.

C'est seulement grâce aux évêques que les Francs purent devenir les maîtres de la partie de la Gaule située entre la

1. Tacite nous a conservé le souvenir du respect extraordinaire que les Germains témoignaient à leurs prêtres : « Il n'est permis à personne, dit-il, excepté aux prêtres, de réprimander, d'emprisonner, de frapper; et la punition qu'ils infligent est regardée non comme un châtiment ordonné par un chef, mais comme la volonté même du Dieu qui, dans leur croyance, préside aux batailles. Ils portent au combat des images et des étendards qu'ils retirent des bois sacrés. » Au sujet des assemblées où les chefs délibéraient sur les affaires importantes, Tacite dit encore : « Les prêtres qui, dans cette circonstance même, conservent le droit de punir, commandent le silence. » (Voyez *Mœurs des Germains*, VII, XI.)

Loire et le Rhin, malgré l'hostilité fort naturelle qu'ils rencontrèrent chez les populations gallo-romaines ; c'est aussi grâce aux évêques qu'ils purent, d'autre part, se débarrasser des Burgondes et des Visigoths qui occupaient déjà tout le midi de la Gaule.

Les évêques assistèrent d'autant plus volontiers Clovis et ses Francs contre les Visigoths et les Burgondes que ceux-ci étaient ariens et, par conséquent, haïs de tous les orthodoxes. Ce sont les évêques qui excitèrent Clovis à descendre jusque dans le Midi où il détruisit force Visigoths, d'où il revint chargé d'un riche butin, pour recevoir les félicitations de ceux qui l'avaient lancé dans cette fructueuse entreprise. C'est pour le glorifier d'avoir combattu l'hérésie, que le concile d'Orléans lui votait des remerciements et qu'Avitus, évêque de Vienne, l'un des plus violents ennemis des ariens, lui écrivait : « Ta félicité est la nôtre et quand tu combats, c'est nous qui gagnons la victoire. » Six siècles plus tard, le pape Innocent III devait appeler de nouveau les Francs du Nord contre les populations du Midi pour les châtier d'être retombées dans l'hérésie.

Ayant engagé la partie avec les Francs, les évêques étaient naturellement conduits à leur céder sur une foule de points. Non seulement ils excusaient tous les crimes dont Clovis se rendait coupable, mais encore, ils lui laissaient prendre, dans les questions religieuses elles-mêmes, une autorité considérable. « Il faut, disait saint Rémy à ceux qui blâmaient ces concessions, se conformer à la volonté d'un roi défenseur et propagateur de la foi catholique. Ses ordres n'étaient pas canoniques sans doute ; mais le chef des provinces, le gardien de la patrie, le triomphateur des nations l'avait commandé [1]. » Les évêques, d'ailleurs, n'oubliaient pas leurs ambitions : ils devaient être, pendant bien des siècles encore, les principaux bénéficiaires de la situation politique qu'ils avaient créée en favorisant la conquête de la Gaule par les barbares de la Germanie. Leurs richesses et leurs pouvoirs

1. Grégoire de Tours, Livre II, Chap. XL.

ne firent que s'accroître depuis le v^e^ jusqu'au x^e^ siècle, tandis que les chefs francs se débattaient au milieu de difficultés extérieures et intérieures de toutes sortes.

Le premier bénéfice que les évêques avaient retiré des dispositions bienveillantes prises en leur faveur par Constantin et les empereurs d'Orient, et dont ils obtinrent sans peine la confirmation par les rois francs, ce fut une augmentation rapide et très considérable de leur situation morale et de la fortune de leurs églises.

## MODIFICATION DANS LE RECRUTEMENT, LA SITUATION ET LA FORTUNE DES ÉVÊQUES

Tout d'abord, leur recrutement fut transformé. Tant que les communautés chrétiennes avaient vécu à l'écart des pouvoirs publics, tantôt ignorées, tantôt combattues et persécutées par eux et ne recrutant leurs adeptes que parmi les Juifs, les esclaves ou les femmes, les évêques n'étaient eux-mêmes que des individus de petite origine ou des personnages qui se plaçaient par goût, en dehors des classes dirigeantes. Il en alla tout autrement lorsque l'Église fut devenue la protégée et l'auxiliaire des empereurs. Dès qu'on vit les évêques pénétrer dans les conseils et dans les hauts emplois de l'Empire, beaucoup d'ambitieux aspirèrent à l'épiscopat et l'on vit entrer dans l'Église des hommes appartenant aux classes les plus élevées, aux familles les plus riches.

Les évêques recrutés de la sorte apportaient à leur église soit la totalité, soit une portion de leur fortune personnelle. Les plus attachés aux biens de ce monde n'étaient pas sans trouver des compensations à ce sacrifice, dans la libre disposition de toute la fortune de la communauté. Les conciles décidèrent que toutes les acquisitions faites par un évêque au cours de son épiscopat devaient être laissées par lui à son église. Cette obligation, toujours respectée, était, d'ordinaire, dépassée dans la pratique.

La fortune des évêques, qui était celle des églises, fut encore considérablement accrue, à partir du règne de l'empereur Théodose, par l'attribution qui leur fut faite des biens ayant appartenu aux temples païens, et dont les grands pontifes, dans chaque ville, avaient la gestion. Les évêques eux-mêmes furent souvent choisis, dès lors, dans les familles riches et puissantes qui, auparavant, fournissaient les pontifes.

Les legs et les donations des particuliers contribuèrent aussi puissamment à grossir les biens des églises. Depuis Constantin, les générosités y affluaient. La foi était vive ; on avait encore une vague crainte de la fin prochaine du monde ; on croyait à l'enfer et au paradis éternels ; on s'estimait fort heureux de pouvoir racheter ses fautes et éviter les peines éternelles moyennant le legs d'une fortune souvent mal acquise ; on ne perdait rien en ce monde et l'on s'assurait une éternité de bonheur dans l'autre. Les empereurs et, plus tard, les rois francs augmentaient aussi beaucoup, par leurs générosités, les propriétés foncières des églises. Étant les plus riches propriétaires du pays et les plus intéressés à bien traiter les chefs de l'Église, afin de s'en faire des auxiliaires politiques, les rois barbares furent les donateurs les plus généreux.

Les conciles se préoccupèrent de très bonne heure d'empêcher que les biens donnés et légués aux églises fussent aliénés par elles. En même temps que ces assemblées prescrivaient aux évêques de léguer aux églises les biens particuliers qu'ils avaient acquis pendant le cours de leurs fonctions, elles leur interdisaient de vendre ou d'aliéner de quelque façon que ce fût, une portion quelconque de ces biens. Une fois entrée dans le domaine ecclésiastique, la propriété foncière n'en pouvait plus sortir. La fortune des églises pouvait s'accroître ; elle ne pouvait pas être diminuée, car les évêques ne disposaient que des revenus.

L'emploi de ces derniers avait été fixé par les conciles : un quart était destiné aux pauvres ; un quart servait à l'entretien des clercs du diocèse ; un autre quart était consacré aux réparations et à l'entretien des immeubles nécessaires au culte ; le dernier quart était réservé aux évêques pour la satisfaction de leurs besoins personnels. Les évêques restaient, d'ailleurs, comme dans les débuts du christianisme, les seuls gestionnaires et dispensateurs des biens des églises; ils n'avaient aucun compte à en rendre à personne.

Il était impossible que l'absolue indépendance des évêques n'engendrât pas la perturbation des sentiments moraux chez une partie plus ou moins considérable de la petite oligarchie qui était appelée à bénéficier de la générosité engendrée par la foi de la masse. Aussi voit-on les mœurs du clergé se corrompre à mesure que les richesses des églises augmentent et que le recrutement des évêques se fait plus exclusivement dans les classes sociales habituées aux jouissances de la vie.

Dès l'époque des empereurs chrétiens, des mesures durent être prises pour mettre obstacle à la rapacité des clercs. Par un édit adressé à Damase, évêque de Rome, l'empereur Valentinien interdit aux moines et aux prêtres la faculté d'être légataires des fidèles auxquels ne les rattache aucun lien de parenté, et saint Jérôme ne peut que se plaindre d'une interdiction justifiée par des abus qu'il avoue : « Voici, écrit-il, une grande honte. Les prêtres des faux dieux, les bateleurs, les personnes les plus infâmes peuvent être légataires; les clercs seuls et les moines ne peuvent l'être, une loi le leur interdit, et une loi qui n'est pas faite par des empereurs ennemis de la religion, mais par des princes chrétiens. Cette loi même, je ne me plains pas qu'on l'ait faite, je me plains que nous l'ayons méritée[1]. » « A partir des apôtres, écrit-il encore, l'Église prospéra par les persécutions; le sang de nos martyrs fut la semence de la foi : sous les empereurs chrétiens, elle acquit des biens, mais elle

1. S. Hironymus, *Epist.* 34, *ad Nepot.* Saint Jérôme flétrit dans la même lettre, en termes virulents la conduite des clercs qui ont provoqué cet édit : « J'apprends que quelques-uns des nôtres rendent de vils services à des vieillards sans enfants. Ils apportent eux-mêmes le pot de chambre, ils reçoivent dans leurs mains le pus de l'estomac et les humeurs des poumons. A l'entrée du médecin ils tremblent; il lui demandent, pâles de frayeur, si le malade va mieux; pour peu que le moribond ait repris de forces, ils se croient en péril, ils feignent la joie, pendant que leur âme est torturée par l'avarice. » Voyez Laurent, *l'Église et l'État*, p. 131.

s'appauvrit en vertu[1]. » Après l'élection de Damase par l'Église de Rome, élection marquée par des combats qui avaient occasionné la mort de cent trente-sept personnes dans la basilique même, Ammien Marcelin écrivait : « En vérité, quand je considère l'état de la dignité épiscopale à Rome, je ne suis plus surpris de cet excès d'animosité entre les compétiteurs. Le concurrent qui l'obtient est sûr de s'enrichir des libérales oblations des matrones, de rouler dans le char le plus commode, d'éblouir tous les yeux par la splendeur de son costume, d'éclipser dans ses festins jusqu'aux profusions des tables royales[2]. »

### LES POUVOIRS POLITIQUES DES ÉVÊQUES.
### LEURS SUJETS.

En même temps que les églises s'enrichissaient, les évêques conquéraient des pouvoirs politiques et administratifs sans cesse croissants.

Sous le régime impérial, chaque ville de quelque importance possédait une *curie*, un *prince* ou *comte*, un défenseur et un *pontifex*, ou *sacerdos*. La curie était constituée par les habitants les plus riches, et désignés sous le nom de curiales ; elle représentait une sorte de corps municipal responsable du bon entretien de la ville et de la perception des impôts. Le prince ou comte était le représentant de l'empereur ; il administrait et rendait la justice en son nom. Le défenseur était un personnage rappelant assez bien le tribun du peuple de la cité romaine ; il était élu par le peuple et avait pour mission de le protéger contre les curiales et les officiers impériaux. Le pontifex ou sacerdos était le chef de la religion officielle de la cité, du culte de Rome et de l'Auguste.

Dès que le christianisme fut officiellement reconnu et protégé, il se produisit dans chaque cité une évolution qui lui fut éminemment favorable : d'abord, l'évêque fut choisi, en bien

1. S. Hieronymus, *Vita Malchi.*
2. Ammien Marcelin, XXVII, 1.

des cas, dans les familles qui fournissaient d'ordinaire les pontifes; en second lieu, il se substitua, petit à petit, au défenseur car c'est sur lui que se portait le choix de la population; enfin, grâce au pouvoir qu'il avait reçu des empereurs en ce qui concerne la justice, il ne tarda pas à être l'égal du prince, en attendant qu'il en prît la place. Cela lui fut d'autant plus facile, en fait, que sa clientèle s'était accrue non seulement en raison de l'extension du christianisme parmi les populations, mais encore à cause des privilèges qui avaient été concédés aux clercs par les empereurs chrétiens et des pouvoirs qui avaient été attribués aux évêques.

Dans chaque ville, les *clercs* formaient, au-dessous des prêtres, diacres et sous-diacres attachés à l'administration de l'église, une classe très nombreuse de gens qui, sans appartenir réellement à l'Église, lui étaient soumis et la servaient à certains jours. Ils étaient mariés, vivaient dans la société civile, se livraient à des commerces ou des métiers très divers, mais obéissaient aux évêques comme des sortes de gens de sacristie. Ils avaient été exemptés par l'empire des charges municipales, qui étaient fort lourdes, et se trouvaient ainsi fortement privilégiés par rapport aux autres marchands et artisans. La recherche des faveurs dont ils jouissaient, en faisait augmenter sans cesse le nombre. Ils formaient, avec le corps sacerdotal proprement dit, le premier élément et non le moins important, de la clientèle des évêques et ils n'étaient justiciables que de ces derniers. Ils étaient d'autant plus à la discrétion des évêques qu'ils étaient généralement pauvres, l'empire interdisant aux gens riches de se faire clercs, afin d'assurer le recrutement des curiales grâce auxquels était maintenue la source des revenus municipaux. Les clercs ne pouvaient pas renoncer d'eux-mêmes à leur qualité, tandis que les évêques pouvaient les exclure de la cléricature. On était donc clerc et sujet de l'évêque pour toute la vie.

A ce premier clan de sujets s'ajoutèrent tous les gens que l'église, c'est-à-dire l'évêque, entretenait de ses aumômes; ils formaient, dans les grandes villes surtout, une masse importante de peuple, groupée autour des églises, inscrite sur un registre spécial (la matricule) et vivant à peu près exclusivement des secours de l'évêque qui, du reste, les utilisait de diverses façons, tantôt en les faisant travailler et tantôt en les armant pour sa défense ou celle de la cité.

En tant que propriétaires fonciers, les évêques possédaient tous les esclaves et les serfs attachés à leurs terres. Quand un prince ou un particulier donne ou lègue à une église ses terres, il lui donne ou lègue, en même temps, tous les hommes qui sont sur cette terre et qui y sont liés de père en fils, à perpétuité. Esclaves ou serfs, les hommes fixés sur les terres de l'Église étaient soumis exactement aux mêmes conditions que ceux des propriétaires laïques. L'Église, en effet, ne supprima l'esclavage chez elle que quand il fut supprimé partout ailleurs, et par le même moyen, c'est-à-dire par l'affranchissement accompagné des droits que l'ancien propriétaire des esclaves conservait sur l'affranchi. L'Église relevait l'âme des esclaves, mais elle ne libérait pas leur corps ; elle leur enseignait qu'ils étaient égaux devant Dieu à leurs maîtres, mais elle leur recommandait la résignation et leur prescrivait l'obéissance, en leur promettant la récompense au ciel de cette résignation et de cette obéissance. A mesure que s'étendait la surface des terres possédées par les églises, c'est-à-dire par les évêques, le nombre des esclaves et des serfs soumis à l'autorité absolue de ces derniers allait donc sans cesse en augmentant.

Une autre catégorie des sujets des évêques était formée par ce que l'on appelait les « affranchis de l'Église ». Par un décret de 321 l'empereur Constantin avait autorisé les particuliers à affranchir leurs esclaves « par esprit religieux, dans le sein de l'Église », et il « avait attaché à ce mode de manumission les mêmes effets légaux qu'aux anciens modes « solennels ». Le maître conduisait donc son esclave devant l'autel, et, en présence de l'évêque ou de son représentant, il le faisait libre... Dans cet affranchissement pieux, il ne pouvait y avoir ni arrière-pensée, ni réserve. Affranchir son esclave en gardant sur lui l'autorité du patron n'eût été qu'à moitié agréable à Dieu. Aussi arriva-t-il par une pente naturelle que, dans cette sorte d'affranchissement, le maître renonça à ses droits de patronage. Ce fut l'Église qui les prit. Le maître écrivit dans la charte d'affranchissement que son ancien esclave n'aurait plus aucun devoir envers lui ni envers ses héritiers, et qu'il ne devrait obéir « qu'à Dieu et à la basilique du saint». Se mettre sous le patronage de cette église, c'était confier à l'église, c'est-à-dire à l'évêque le soin de défendre le nouvel homme libre en justice contre toute réclamation, mais c'était en même temps, le soumettre à l'autorité de cette église ; c'était transporter à l'évêque tous les pouvoirs dont l'ancien maître armait le patron... La loi franque elle-même reconnaît que cet affranchi « sera désormais sous la protection de cette église, qu'il lui devra la redevance annuelle et les services que lui doivent ses affranchis, que ses enfants seront à tout jamais dans la même situation vis-à-vis de la même église, qu'ils lui devront la même redevance annuelle ; et que tous enfin n'auront d'autre juge que cette même église où ils ont été affranchis ». Il est assez visible que tous les affranchis de cette catégorie, et ce fut certainement la plus nombreuse, devenaient les sujets de l'évêque, à perpétuité, de père en fils[1] ».

A ces diverses catégories de sujets, dont l'évêque disposait par le seul fait de leur condition sociale, il faut ajouter tous ceux qui, volontairement, se plaçaient sous sa dépendance afin de s'assurer une protection en raison de leur faiblesse, comme les veuves, les infirmes, les vieillards pauvres, les malades qui croyaient avoir été guéris par le saint de la basilique et qui « par reconnaissance, se donnaient corps et biens à ce saint, c'est-à-dire à l'évêque et devenaient, eux et leur postérité, ses serviteurs et ses tributaires », les malfaiteurs qui avaient été sauvés de la mort « par l'intercession de l'évêque ou par un miracle du saint et qui dès lors appartenaient à l'église, soit comme pénitents, soit comme serviteurs », les petites gens qui n'avaient pas

1. Fustel de Coulanges, *La Monarchie franque*, p. 500.

confiance dans les autorités civiles et se donnaient à l'Église pour leur échapper.

Les évêques étaient ainsi devenus, petit à petit, les chefs « d'innombrables sujets » soumis à une véritable « sujétion matérielle vers laquelle beaucoup venaient d'eux-mêmes ». Ils finirent par être de véritables souverains temporels « non pas encore sur un territoire entier, mais sur une foule d'hommes de chaque territoire... On en est à se demander si, dans une cité, il y avait plus d'hommes qui fussent des sujets du roi et de son fonctionnaire ou s'il y avait plus d'hommes qui fussent sujets de l'évêque [1] ». Finalement, au VIIe siècle, les évêques s'étaient substitués aux pouvoirs municipaux et royaux et ils détenaient entre leurs mains, dans les villes où se trouvaient leurs sièges, toute l'autorité. Or, il n'y avait pas de ville importante qui n'eût son évêque.

En dehors des villes, les évêques étaient les plus grands propriétaires fonciers du temps ; ils avaient été comblés par Clovis et ses successeurs de fiefs ruraux considérables et dont la concession était irrévocable, contrairement à celle des fiefs concédés aux chefs militaires ou leudes, qui pouvaient être repris par le roi selon sa fantaisie. Les évêques détenaient ainsi tous les pouvoirs dans les villes où les Francs ne pénétraient guère et ils étaient, dans les campagnes, placés sur le même pied que les chefs militaires francs. La puissance et la richesse commencèrent, cependant, au VIe siècle, à leur être disputées, dans les campagnes, par les moines qui représentèrent, dès lors, un nouvel élément de la concurrence sociale.

## LES MOINES ET LES MONASTÈRES

Pendant les cinq premiers siècles, les moines chrétiens ressemblèrent beaucoup aux corporations d'esséniens qui s'étaient jadis développées chez les Hébreux. On se faisait moine comme on aurait embrassé un métier quelconque, sans engagement d'aucune sorte, sans vœux et sans obliga-

1. FUSTEL DE COULANGES, *Loc. cit.*, p. 593.

tions. Pour vivre, les moines mendiaient ; pour se distraire, ils abusaient volontiers de la crédulité et de la faiblesse des fidèles. Leur licence avait pris une telle audace qu'ils étaient un objet de scandale pour la chrétienté. La réforme de leurs mœurs et leur organisation fut la première grande œuvre religieuse, politique et sociale de la papauté : œuvre religieuse, en ce sens que les moines réformés devinrent des agents de prosélytisme d'une extraordinaire activité parmi les populations encore étrangères au christianisme ; œuvre sociale, par le rôle considérable que jouèrent les abbayes dans le développement de l'agriculture et de l'industrie ; œuvre politique, parce que les ordres religieux jouèrent plus tard, entre les mains de la papauté, le rôle d'une véritable milice, toujours prête à marcher contre les princes qui tentaient de secouer le joug de l'autorité pontificale.

Après la réforme de saint Benoit, vers le milieu du VIe siècle[1], les nombreux monastères qui s'établirent en Gaule devinrent rapidement des centres de populations agricoles et industrielles très importants. Les paysans se groupaient autour d'eux comme les citadins autour des évêques, et pour les mêmes raisons : les uns pour se faire nourrir, les autres pour se faire protéger contre les détenteurs des fiefs militaires. Les rois firent aux monastères de très importantes concessions de terres, qui entraînaient aussi la concession des familles serves attachées au sol ; les particuliers leur firent des dons et leur léguèrent des héritages comme ils l'avaient fait jusqu'alors pour les évêques, et les abbés des monastères finirent par jouir d'une richesse et d'une puissance tout à fait comparables à celles de évêques.

Des agglomérations très considérables de populations se formèrent autour des principales abbayes et servirent de

1. La réforme de saint Benoit, qui impose des vœux et une règle rigide aux moines, paraît avoir été introduite en Gaule par son disciple saint Marc en 543. Après cette réforme, beaucoup de moines se firent prêtres mais n'en restèrent pas moins distincts du clergé des diocèses. Les règles spéciales auxquelles ils étaient soumis leur fit donner le nom de *réguliers*, tandis que les prêtres ordinaires prenaient celui de *séculiers*.

centres à des marchés et foires importants. « La piété et la superstition leur concéda des provinces entières ; et les donations devinrent une mode et une passion... Les monastères se gouvernaient eux-mêmes, avaient leur justice particulière, étaient exempts de toute tyrannie civile et pouvaient même lever des armées de serfs et de tributaires. Ils se remplirent également de Francs et de Romains, de riches et de pauvres, mais surtout d'opprimés de tout genre et même d'esclaves rachetés... Le monastère de Saint-Martin d'Autun possédait 100 000 manses ou familles de colons ; celui de Saint-Régnier possédait, au VIII^e^ siècle, outre la ville, comprenant 2 500 manses, soixante-trois autres villes ou villages, un nombre infini de métairies, terres, péages, revenus, etc. Les offrandes faites au tombeau de saint Régnier montaient à deux millions par an[1]. » Il ne faut pas oublier que tous les villages et villes bâtis sur des terres concédées aux monastères étaient la propriété de ces derniers.

Tandis qu'ils prenaient dans les campagnes de la Gaule cette situation considérable, les moines contribuaient puissamment à l'extension du christianisme dans les régions encore barbares qui entouraient notre pays. Ce sont eux qui convertirent les populations de la Grande-Bretagne et qui préparèrent la conquête de ce pays. C'est à eux que fut due la prise de possession de la Germanie par les rois Francs d'Austrasie.

Pendant toute la durée du règne de Charlemagne, la Germanie ne fut qu'un champ de conquêtes brutales, réalisées par les soldats et par les moines. Les premiers massacraient tous ceux qui tentaient de leur résister ; puis, ils distribuaient les terres avec leurs habitants aux moines, qui bâtissaient des monastères et forçaient les indigènes à travailler le sol pour leur profit. « On contraignait les Saxons à suivre les observations les plus minutieuses de l'Église sous les peines les plus sanguinaires ; la mort punissait une infraction au jeûne comme un indice de révolte ; quatre mille cinq cents

1. LAVALLÉE, *Histoire des Français*, I, p. 121.

des plus redoutables furent égorgés en un seul jour par ordre du roi... Charles fit enlever avec leurs femmes et leurs enfants, dix mille de ceux qui habitaient les bords de l'Elbe et les répartit çà et là dans la Gaule. Pour combler les vides, on envoya à leur place des moines, des serfs, des artisans qui effacèrent les traces de cette affreuse guerre. Alors, dit Eginhard, historien du temps, le pays étant ruiné, la moitié de la nation détruite, ses dieux regardés désormais comme impuissants, la guerre finit, à la condition que les Saxons embrasseraient le christianisme, se réuniraient aux Francs dont ils partageraient les droits, et ne feraient plus avec eux qu'un seul peuple[1]. »

### LA CONCURRENCE SOCIALE ENTRE LES DEUX OLIGARCHIES RELIGIEUSES

Durant les premiers siècles, les évêques avaient eu la juridiction des moines de leurs diocèses. Ils la perdirent lorsque les monastères furent devenus des établissements considérables, et qui possédaient souvent des terres dans plusieurs diocèses. Les abbés furent alors les rivaux des évêques ; une véritable concurrence sociale s'établit entre les deux aristocraties religieuses, et l'on vit souvent des batailles sanglantes s'engager entre les évêques et les abbés, de même qu'entre les évêques, les abbés et les seigneurs laïques.

Dans cette âpre et violente concurrence sociale entre deux oligarchies religieuses, qui étaient devenues deux aristocraties terriennes et quasi-militaires, les moines prenaient leur point d'appui sur la papauté au profit de laquelle ils travaillaient partout efficacement, tandis que les évêques, héritiers des idées du christianisme primitif et habitués à l'autonomie traditionnelle des églises repoussaient par tous les moyens imaginables la prétention qu'avait l'évêque de Rome de leur imposer une autorité non seulement morale, mais encore matérielle. Dès cette époque commença à se produire dans l'Église une distinction profonde, même au point de

1. Lavallée, *loc. cit.*, I, p. 164.

vue religieux, entre les moines réguliers et les prêtres séculiers : les premiers étant soumis de la manière la plus absolue à la papauté que, plus tard, ils devaient dominer en raison même des services rendus ; les seconds ayant une tendance persistante à se faire plus ou moins indépendants de Rome.

La concurrence des intérêts matériels qui provoquait les conflits entre évêques et abbés était encore avivée par la différence qui existait entre les deux oligarchies, au point de vue de l'origine sociale de leurs membres.

Les évêques, depuis longtemps déjà, sortaient presque tous de la classe riche des villes. Ils vivaient en famille, — car tous étaient mariés — entretenaient avec le monde des relations constantes, nécessitées par la diversité de leurs charges et qu'ils recherchaient en raison des multiples avantages honorifiques ou matériels qu'elles leur rapportaient ; ils étaient encore tout imprégnés de l'esprit romain et grec, leur éducation ayant été faite par les littératures de la Grèce et de Rome, et la plupart étaient plutôt des élèves de Platon que des disciples du judaïsme prophétique et apostolique. Ils avaient fini même, au v^e siècle, par être les seuls représentants de la philosophie, des lettres et de la science dans le monde occidental d'où tout ce qui est à proprement parler païen avait fini par disparaître, en même temps que l'autorité de l'empire romain. A cette époque, c'est bien réellement en eux qu'étaient concentrées toutes les forces vives de la classe riche : ils détenaient presque tous les pouvoirs administratifs et politiques, incarnaient la puissance religieuse et jouissaient de tout le prestige que donne la supériorité intellectuelle alliée à la richesse et à l'autorité.

Tout autres étaient les moines. Provenant de toutes les classes sociales et de toutes les races, soustraits à toute autorité religieuse et émancipés de tout pouvoir civil, ils se faisaient insaisissables par leur vagabondage perpétuel et ne connaissaient d'autre discipline que celle de leurs caprices. Ils exerçaient sur le peuple une influence considérable par leurs austérités, l'excès de leur zèle religieux, la guerre impitoyable qu'ils faisaient aux dieux et aux temples des anciennes religions, les persécutions qu'ils exerçaient, depuis le règne de Théodose et en vertu de ses décrets, contre tous les pauvres gens restés fidèles aux vieilles croyances et qu'ils traquaient jusque dans les campagnes les plus reculées. En Orient, ils avaient livré des batailles acharnées contre l'arianisme. En Occident, ils avaient d'abord été méprisés, ridiculisés en même temps que redoutés, parce que le milieu où ils opéraient était plus civilisé. Ils ne furent plus que redoutés à partir du jour où, s'étant soumis à des vœux et à des règles, et s'étant organisés en monastères riches et puissants, ils devinrent aux mains des princes des instruments de conversion et de conquête, d'une part, des éléments de résistance au pouvoir des évêques, d'autre part. N'étant retenus ni par aucune considération mondaine, car ils vivaient dans le célibat, ni par aucun intérêt social ou politique, car ils échappaient à tous les liens comme à tous les devoirs sociaux, ils étaient, par leur nature même, tout désignés pour servir à la fois les intérêts des princes et ceux de la papauté tant que ces intérêts seraient unis, ainsi qu'il arriva au plus haut degré pendant tout le règne de Charlemagne.

Grâce à ces conditions, ils étaient admirablement placés pour attirer autour de leurs monastères, les misérables, les criminels, les serfs mécontents du sort qui leur était fait sur les terres des seigneurs et des évêques. Pour tout ce qui était philosophie, science, littérature, ils eurent pendant longtemps une indifférence facilement explicable par l'ignorance dans laquelle le plus grand nombre d'entre eux étaient irrémédiablement confinés.

Dès qu'ils furent les plus forts, il n'y eut plus en Occident qu'un seul art, celui de l'Église, et qu'une seule littérature, celle de l'Église, dont le ridicule chef-d'œuvre est la *Légende dorée* où des centaines de moines entassèrent toutes les billevesées, toutes les horreurs, toutes les folies que la crédulité la plus enfantine put imaginer.

### LA CONCURRENCE SOCIALE ENTRE L'ARISTOCRATIE CIVILE ET LES OLIGARCHIES RELIGIEUSES

En somme, pendant plus de cinq cents ans, depuis le v^e^ jusqu'à la fin du x^e^ siècle, notre pays fut le théâtre d'une concurrence sociale effrénée, qui mit souvent aux prises les différents chefs barbares dont quelques-uns s'efforçaient de dominer les autres, et, d'autre part, les deux oligarchies catholiques, clergé séculier et moines, qui avaient entre elles des luttes incessantes et souvent sanglantes. L'aristocratie civile et les oligarchies religieuses contractent tour à tour des alliances diverses, dans lesquelles tantôt l'une des oligarchies religieuses s'unit à l'aristocratie civile pour combattre l'autre oligarchie religieuse, tantôt les deux oligarchies marchent d'accord contre l'aristocratie.

Au-dessous de ces trois classes supérieures, est une masse plébéienne tout entière soumise et, en grande partie, réduite à un servage plus ou moins absolu. En haut, on se concurrence pour conquérir le plus possible de richesses et de puissance ; en bas on obéit, on souffre et on se tait, car on n'a que des coups à recevoir de l'une ou l'autre des classes entre lesquelles se concentre toute la concurrence sociale.

Cependant, à la faveur des luttes incessantes de l'aristocratie civile et des oligarchies religieuses, quelques chefs plus habiles que les autres étaient parvenus à se faire, sur divers points du territoire, une situation prépondérante. On leur donnait le titre de rois quoique leurs territoires fussent souvent de peu d'importance et leur autorité effective bien minime ; mais les populations s'habituaient au titre et l'on pouvait prévoir qu'un temps viendrait où ceux qui s'en étaient emparé y joindraient des pouvoirs réels et durables. C'est ainsi que se développa peu à peu la situation des princes Francs auxquels on a donné plus tard le nom de rois de France. Ce n'étaient, en somme, que des chefs un peu plus riches et un peu plus habiles que les autres, et dont les territoires s'étendaient entre la Loire et le Rhin jusqu'au plateau central de la Gaule. Comme celle de Clovis, leur autorité résultait principalement de l'appui qu'ils recevaient des évêques en échange des générosités dont ils les comblaient.

Entre les princes et les évêques il s'était produit, d'ailleurs, dès le temps de Clovis, la même compétition d'ambitions qu'entre les évêques et les empereurs d'Orient. A peine Clovis fut-il devenu, grâce aux évêques, le maître de la Gaule septentrionale, qu'il prétendit imposer son autorité à ses auxiliaires, et, notamment, intervenir dans leur nomination. Ses successeurs l'imitèrent et ils réussirent sous les Mérovingiens et les Carlovingiens au point que la faveur des rois finit par être le meilleur marchepied vers l'épiscopat.

L'argent joua dès lors, fort souvent, dans les décisions princières un rôle considérable. « En vain, les papes se plaignaient-ils, dans leurs lettres aux princes Francs, que l'épiscopat fût donné à prix d'argent. La simonie, dit un hagiographe du VII^e^ siècle, pullule dans le royaume des Francs. Un autre, quand le roi nomme des évêques, le représente « infecté du poison de la cupidité et se portant toujours du côté de la plus grosse somme d'argent[1] ». Le favoritisme jouait aussi tout naturellement son rôle dans les décisions des princes : ils plaçaient « dans les évêchés leurs amis, leurs courtisans, leurs fonctionnaires » si bien que, dès le temps de Chilpéric, le nombre des clercs parvenant à l'épiscopat était beaucoup moins grand que celui des laïques. Il en fut de même pour les monastères : ils devinrent de simples fiefs donnés par les rois à leurs favoris pour les enrichir ; c'est ce que l'on appela plus tard la *commende*.

Ce n'est, du reste, point seulement par la nomination des évêques et des abbés que les princes intervenaient dans les affaires de l'Église. Clovis avait obtenu que l'on ne pût consacrer un homme libre prêtre qu'avec l'assentiment du roi, mettant ainsi un frein à l'envahissement du monde laïque par l'Église. La plupart de ses successeurs prirent place dans les conciles et y dictèrent leurs volontés. Quant à Charlemagne,

1. Voy. FUSTEL DE COULANGES. *La Monarchie française*, p. 561.

s'il fut pendant tout son règne le protecteur zélé et extrêmement généreux des évêques et des abbés, s'il augmenta considérablement l'autorité morale de l'Église en attribuant aux prêtres la rédaction des contrats de mariage et des testaments, et s'il accrut le nombre des fidèles par la conversion forcée des Saxons, il fut, en fait, le maître absolu de la religion, en Gaule et en Germanie, pendant une partie de son règne. « Il nomma directement aux évêchés et abbayes, empiéta sur le pouvoir spirituel, prescrivit aux prêtres ce qu'ils devaient enseigner, dire, prêcher, convoqua et présida seul les conciles, publia les canons ecclésiastiques, jugea et décida lui-même non seulement les questions de discipline, mais les articles de foi[1]. »

Après l'élection de Léon III, sa créature, à la papauté, il lui écrivait. « Nous nous réjouissons de l'unanimité de votre élection et de l'humilité de votre obéissance envers nous » ; enfin, pour appuyer son absolutisme sur le dieu des chrétiens, il se faisait sacrer empereur à Rome même. Le chef de la chrétienté, après lui avoir posé une couronne d'or sur la tête, « se prosterna devant lui, dit le moine Eginhard, et l'adora à la façon des anciens princes ». Pendant ce temps, le peuple criait : « Charles Auguste, couronné par Dieu, grand et pacifique empereur des chrétiens, vie et victoire ! »

En raison de la foi intense qui régnait à cette époque, Charles accomplissait, sans contredit, à son point de vue personnel, un acte d'une certaine habileté, en se faisant sacrer empereur par le pape, comme Pépin le Bref s'était fait sacrer roi de France; mais l'empereur et le roi reconnaissaient aux papes, par cet acte, le caractère quasi divin que ceux-ci ambitionnaient par-dessus tout et qui devait les conduire avec Nicolas II, Grégoire VII et Innocent III à l'hégémonie de tous les princes, rois et empereurs de l'Occident. En fondant leur autorité personnelle sur la religion, Pépin et Charlemagne faisaient œuvre d'ambitieux habiles, mais ils préparaient la soumission de leurs successeurs à la puissance pontificale

1. Lavallée, *Hist. des Franç.*, I, p. 171.

exaltée par eux-mêmes, proclamée par eux-mêmes supérieure à toutes les puissances terrestres puisqu'elle faisait les rois et les empereurs.

Humbles et dociles devant Charlemagne comme ils l'avaient été devant Clovis et Constantin, comme ils le devaient être, plus tard, devant tous les rois ou empereurs assez forts pour leur en imposer, les évêques et les moines résistèrent cependant à ses volontés sur un point essentiel : ils refusèrent de dépouiller le caractère militaire qu'ils avaient revêtu pendant les siècles précédents et qu'ils devaient conserver jusqu'à la fin de la période médiévale. Bien leur en prit, du reste, car c'est grâce seulement aux forces de guerre dont ils disposaient, aux forteresses qui entouraient les villes épiscopales et les monastères, aux fortifications dont furent pourvues un grand nombre d'églises, qu'ils purent résister aux ambitions guerrières et cupides des seigneurs féodaux.

Depuis la fin du règne de Charlemagne jusqu'à la Révolution, les évêques et les abbés ne devaient plus se distinguer des seigneurs féodaux que grâce au prestige exercé par leur caractère religieux sur des populations dont la foi restait vivace, parce que rois, seigneurs et évêques avaient le même intérêt à les maintenir dans l'ignorance.

Pendant ces neuf siècles de notre histoire, il n'existe, au point de vue social, aucune différence entre le rôle des seigneurs et celui des évêques. Les deux classes sont souvent en concurrence pour la conquête de divers avantages matériels ou moraux, mais l'une et l'autre s'attachent avec le même soin à maintenir la masse du peuple dans l'état d'infériorité où elle se trouvait à l'avènement du christianisme. Si, de temps à autre, l'Église ou l'aristocratie civile promettent ou accordent quelques faveurs à la masse plébéienne, c'est toujours à contre-cœur et seulement en vue d'un profit immédiat. Quand celui-ci est acquis, elles reprennent leur arrogance et redeviennent indifférentes aux misères qui avaient paru éveiller leur commisération.

La concurrence sociale aurait pu se prolonger indéfiniment

entre ces deux classes supérieures sans que le peuple pût se relever de sa sujétion et de sa misère, si d'autres éléments n'étaient intervenus.

Le premier fut constitué par les individus et les familles qui cherchèrent dans le commerce et l'industrie, un moyen de se relever.

Lorsque le christianisme eut détruit la vieille société romaine, la plèbe d'hommes libres qui vivait jadis de la générosité des familles riches et de l'État se trouva réduite à la nécessité de travailler. Les plus intelligents se mirent à faire concurrence aux esclaves dans les métiers et les arts qui avaient été jusqu'alors considérés comme indignes des hommes libres. Une classe sociale nouvelle se forma de la sorte, constituée par les individus et les familles qui cherchaient la fortune dans le commerce, l'industrie, les cent professions diverses que l'aristocratie politique et les oligarchies religieuses dédaignaient. Ce sont ces familles qui, en travaillant et s'instruisant, devaient former un jour la bourgeoisie, ce que l'on appela le tiers État aux approches de la Révolution.

Le second élément de concurrence sociale fut représenté par les rois dont la puissance ne pouvait se développer que par la diminution de celle des aristocraties.

Dès le IXe siècle, on voit ces deux éléments s'associer, se prêter un concours mutuel, s'élever l'un et l'autre, aux dépens de l'aristocratie civile et des oligarchies religieuses, de la première surtout. Royauté et bourgeoisie grandiront ainsi de pair jusqu'à la Révolution, tandis que l'aristocratie féodale s'effondrera, se transformera en une simple caste courtisanesque, et que les oligarchies religieuses seront dépouillées de l'autorité morale due à une religion dont les fidèles perdent peu à peu leur zèle primitif en même temps leur crédulité.

A la fin du XVIIIe siècle, la royauté avait commencé de décroître, tandis que la bourgeoisie atteignait son apogée et faisait la révolution d'où devait sortir sa suprématie.

J'ai tracé dans un autre ouvrage[1] le tableau de la concurrence sociale qui a désolé notre pays pendant toute la suite de son histoire, avant, pendant et après la Révolution ; je ne reviendrai pas ici sur ce sujet. Je veux seulement ajouter quelques considérations générales sur le rôle social et moral joué par le christianisme dans les nations occidentales.

### DÉCROISSANCE DE L'INFLUENCE SOCIALE ET POLITIQUE DU CHRISTIANISME. RETOUR A LA PHILOSOPHIE ET A LA CIVILISATION.

Le premier fait qui frappe dans l'histoire du christianisme, c'est que s'il n'avait pas trouvé l'appui des Barbares contre l'Empire romain, il se serait effondré devant le progrès de la civilisation comme toutes les autres sectes asiatiques au milieu desquelles il fit ses premiers pas et dont il rallia peu à peu les adhérents à ses communautés.

Un autre fait ressort de l'histoire des luttes politiques et sociales dont les nations ont été le théâtre depuis l'avènement du christianisme : c'est seulement à partir du jour où celui-ci commença de s'affaiblir, où son autorité diminua, où son influence morale décrut et où sa puissance matérielle fut battue en brèche par le pouvoir civil, que l'on vit un progrès moral s'accomplir dans les masses plébéiennes, à la suite du progrès matériel que les princes étaient contraints de leur faire réaliser pour acquérir leurs sympathies. Supposez un instant que les rois de France n'eussent pas désiré substituer leur autorité à celle des seigneurs, des évêques, des abbés, et vous vous convaincrez sans peine que nous en serions encore aux mœurs sauvages du moyen âge, à l'immoralité monstrueuse qui s'étalait alors sans vergogne dans les châteaux comme dans les monastères, dans les églises comme dans les palais épiscopaux.

L'histoire nous montre, au contraire, les rois faisant, pour vaincre leurs rivaux de la féodalité, des efforts inouïs, et ne

1. Voy. De Lanessan, *La lutte pour l'existence et l'évolution des sociétés*.

réussissant dans leurs entreprises que par le concours des peuples. Pour gagner ce concours, ils relèvent l'instruction et créent des universités où la philosophie et les sciences antiques sont enseignées. Puis, avec les jurisconsultes créés par cet enseignement, ils instituent des tribunaux où trouvent une place éminemment honorable, les hommes les plus remarquables de leur temps. Devant ces cours on appelle les causes que les seigneurs et les évêques s'étaient jusqu'alors réservées, et l'on apprend au peuple qu'il y a une justice plus indépendante, plus équitable, plus haute que celle de l'Église. Le progrès de l'instruction et de la justice est suivi bientôt de celui du commerce et de l'industrie, auxquels une certaine science et une très grande équité sont indispensables. L'ordre aussi s'en ressent. Évêques, seigneurs et abbés sont plus ou moins bridés dans leurs fantaisies despotiques, et la moralité générale augmente au fur et à mesure que la méchanceté individuelle trouve moins de facilités à se produire.

Dès que, dans la masse du peuple, eurent pénétré de la sorte les idées nouvelles, nées de la restauration des sciences, des lettres et du droit antique, si violemment interrompus par le christianisme et les Barbares, il y eut une aspiration vers la vérité, vers la liberté, vers la justice, vers la jouissance des droits naturels que l'on n'avait encore jamais vu se produire dans l'humanité. Et il en fut ainsi non seulement chez les peuples qui, en adoptant la Réforme, condamnèrent les vices et l'absolutisme du christianisme romain, mais encore et à un plus haut degré peut-être, chez ceux qui gardèrent, dans la pratique courante, la forme romaine de la religion du Christ. Il semblait que ces derniers, ayant conservé leur paganisme intime sous les formes extérieures du catholicisme, se trouvaient plus aptes à revenir à la civilisation romaine. Je dirais volontiers que la France était restée trop païenne pour devenir luthérienne ou calviniste aisément. Elle tenait trop au sensualisme catholique pour s'accoutumer à des temples sans images et à un culte sans pompes. Ce ne sont pas ses moines ou ses évêques qui se seraient scandalisés du luxe et des plaisirs de la cour pontificale d'un Léon X. Aussi la France fut-elle la première nation du monde où l'antique civilisation païenne réapparut et la seule dont on puisse dire qu'elle comprit toute la signification politique, sociale et même religieuse de la « Renaissance ».

En somme, si l'on veut traduire exactement les faits dont l'Occident fut le théâtre au XVI^e siècle, on peut dire que la Réforme, limitée partout ailleurs à une révolution religieuse et morale, se traduisit en France par une révolution sociale et politique. A partir de la « Renaissance », qui fut véritablement la « Réforme française », toutes les classes du peuple de France se mettent en marche vers la conquête des libertés publiques et privées et elles y parviendront longtemps avant toutes les autres grandes nations.

A partir de la Renaissance française, il se fait aussi, dans notre pays, une évolution remarquable de la morale individuelle, en ce sens que, du plus petit au plus grand, chacun commence à avoir conscience de ses droits à la liberté et au bonheur.

Il était impossible que tôt ou tard cette évolution n'aboutît pas à une émancipation plus ou moins prononcée de la masse sociale. La Révolution fut la première grande étape de cette évolution du peuple vers la liberté et le bonheur.

J'ai montré dans un autre ouvrage[1] que les résultats de la Révolution furent loin de correspondre aux aspirations de la philosophie nouvelle qui était née de la Renaissance. Les philosophes du XVIII^e siècle, qui furent véritablement les pères de notre grande révolution populaire, comme les philosophes stoïciens avaient été ceux de la transformation opérée dans l'Empire romain au II^e siècle, les philosophes du XVIII^e siècle, dis-je, avaient certainement rêvé d'un progrès autre que celui réalisé de 1789 à 1795. Comme leurs ancêtres romains, ils voyaient plus loin que la masse, ils aspiraient plus haut qu'elle parce qu'ils savaient davantage ; cependant, s'ils avaient pu contempler, à la fin de leur siècle, l'œuvre accomplie par la

1. *Ibid.*, p. 163 et suiv.

Constituante et la Convention, ils auraient pensé n'avoir perdu ni leur temps ni leur peine, quoique leurs aspirations n'eussent pas toutes été réalisées.

Si la Révolution n'avait pas assuré à la masse sociale tous les avantages, tous les droits, toute la liberté et tout le bonheur que la philosophie du XVIIIe siècle lui avait promis, son œuvre était du moins assez grande pour que l'on pût considérer l'avenir comme ouvert à une ère nouvelle de l'humanité : celle où la morale gouvernementale s'étant élevée au même niveau que la morale individuelle, les pouvoirs publics, mettraient autant de zèle à remplir leurs devoirs sociaux que chaque citoyen en apporterait dans l'accomplissement de ses devoirs envers soi-même, sa famille, sa patrie et l'humanité.

L'honneur de la troisième République sera d'avoir repris l'œuvre de la Révolution, avec une intelligence et une ardeur si remarquables qu'il a été fait plus de réformes depuis vingt ans, dans le domaine social, qu'il n'en avait été réalisé pendant les trois premiers quarts du XIXe siècle.

De la troisième République, on peut dire qu'elle a compris ses devoirs sociaux. On s'en assurera sans peine dans la seconde partie de ce livre.

---

# LIVRE II

## LES DEVOIRS SOCIAUX

---

## CHAPITRE PREMIER

### DE LA MORALE GOUVERNEMENTALE

L'étude des sociétés humaines démontre que la morale, c'est-à-dire l'ensemble des moyens que chaque individu s'attribue le droit de mettre en usage pour satisfaire ses besoins, varie avec les diverses phases de l'évolution de la race et de la classe à laquelle il appartient et avec les étapes de sa propre évolution. Pour employer le langage habituel des naturalistes, on peut dire de l'évolution de la morale ce que l'on dit de l'évolution des êtres vivants : l'ontogénie, c'est-à-dire le développement individuel, rappelle toujours la phylogénie ou développement de la race.

Parmi les hommes il n'en est pas un seul qui n'aspire à la liberté et au bonheur ; mais les moyens que chacun met en usage pour atteindre ce double but varient avec son intelligence, son éducation, sa conception particulière de ses droits et de ses devoirs, cette conception étant elle-même, d'ordinaire, la résultante des pensées de la majorité des membres de la société dont il fait partie.

Comme les sentiments altruistes se développent d'autant plus, dans chaque individu, qu'il est plus intelligent, plus instruit, et qu'il entretient des relations plus étroites avec ses semblables, on doit s'attendre à ce que chez les peuples les plus civilisés (j'entends civilisés jusque dans la profondeur de la masse sociale, et non dans quelques classes supérieures seulement) la morale individuelle soit beaucoup plus altruiste que chez les peuples primitifs, ignorants et inéduqués.

L'observation directe témoigne, en effet, que les hommes primitifs sont égoïstes comme les enfants, et que chez eux, comme chez les enfants, l'altruisme ne se développe qu'avec l'intelligence et comme conséquence des relations que les individus ont les uns avec les autres, des dangers auxquels ils sont exposés ensemble, des plaisirs qu'ils partagent, des services qu'ils sont appelés à se rendre réciproquement.

Quant aux gouvernements, l'histoire nous montre qu'ils sont d'autant plus despotiques, c'est-à-dire égoïstes, que les peuples dont ils ont la direction sont eux-mêmes moins civilisés et ont une morale moins altruiste.

Portés par l'égoïsme naturel et par le besoin de domination, qui est non moins naturel, à ne se préoccuper que de la satisfaction de leurs besoins et de leurs intérêts personnels, les individus dans lesquels se personnifie le gouvernement ne peuvent perdre cet égoïsme que sous l'influence de leurs relations avec les membres de la société qu'ils dirigent.

Dans les sociétés patriarcales, où l'affection et l'intérêt nés du contact quotidien, lient tous les membres les uns aux autres, le besoin de domination du chef est, pour ainsi dire, satisfait avant de s'être développé ; les relations qu'il entretient avec les différents membres du groupe social sont d'autant plus faciles qu'elles sont dominées par l'affection familiale dont tous sont animés. Dans cette société, le gouvernement — si je puis employer ce mot — est essentiellement libéral et très respecté. Il ne s'attribue pas plus de droits que de devoirs, et l'on peut dire que sa morale est bonne parce que, sans effort, elle tient également compte des intérêts généraux de la société et des intérêts particuliers de chacun des individus qui la composent.

Dans les sociétés plus étendues, dont les chefs forment une famille distincte des autres, entourée souvent elle-même d'autres familles qui, par la sélection et la ségrégation, sont parvenues à constituer de véritables classes supérieures, il existe toujours une plèbe maintenue dans l'ignorance et la misère par les familles aristocratiques. Comme, en raison de son ignorance, cette plèbe se laisse toujours diriger par l'égoïsme, elle augmente sa misère par l'âpreté de la concurrence individuelle à laquelle ses membres se livrent les uns contre les autres.

Dans une pareille société, le chef ou les chefs, suivant qu'il s'agit d'une monarchie ou d'une oligarchie, ne songent qu'à leurs propres intérêts, ne s'occupent que de leurs propres personnes et, pour la satisfaction du besoin de domination qui est au fond de leur être, que l'éducation entretient, que les flatteurs aiguisent sans cesse, ils sont prêts à sacrifier, à la fois, les intérêts généraux de la société et les intérêts particuliers de chacun de ses membres. La seule limite que leur despotisme puisse rencontrer se trouve dans le degré de développement intellectuel et moral auquel les individus et les classes sont parvenus.

Il importe de noter, en effet, que l'évolution de la morale individuelle est toujours en avance sur celle de la morale sociale et gouvernementale. Ce fait est dû à ce que les relations des individus d'un même groupe social les uns avec les autres sont plus fréquentes, plus nécessaires, que celles des classes sociales entre elles. Les individus ressentent le besoin de s'assister réciproquement, d'autant plus qu'ils sont plus misérables. Les classes éprouvent surtout celui de tirer profit les unes des autres. Il y a souvent échange de services désintéressés entre individus d'une même classe; entre les classes, les échanges sont toujours intéressés, chacune s'efforçant de donner le moins possible, en exigeant le plus possible. Le développement de la morale individuelle, c'est-à-dire la diminution de l'égoïsme et l'accroissement corrélatif de l'altruisme dans chaque individu, précède donc toujours celui de la morale sociale.

Je crois même pouvoir dire que la morale sociale n'est qu'une conséquence nécessaire de la morale individuelle. Si un homme se croit tenu, en vertu des idées qui règnent autour de lui, de respecter la femme, le bien ou la vie de ses semblables, il croit en même temps que ceux-ci ont le devoir de respecter sa femme, son bien ou sa vie. Lorsque tous les individus d'une même classe sociale sont pénétrés de ces pensées, ils ne tardent pas à en faire l'application aux relations qu'ils sont tenus d'avoir avec les autres classes. Si un paysan ne se reconnaît pas le droit de s'emparer de la récolte de son voisin, comment reconnaîtrait-il au seigneur le droit de s'emparer de tout ou partie de sa propre récolte? Pourquoi la nation elle-même en prélèverait-elle une portion quelconque, si elle ne donne pas à ce paysan, en échange de ce qu'elle lui prend, quelque chose qui lui puisse être utile? En retour de l'impôt il exigera la protection de son champ, de sa famille, il réclamera les routes qui lui sont nécessaires pour transporter son blé au moulin, son vin, ses volailles au marché, etc.

A partir du jour où de pareilles idées se sont dessinées dans le cerveau d'un certain nombre d'individus d'une classe sociale leur propagation se fait rapidement, et l'on peut dire que les bases de la morale sociale sont posées. Dès ce moment, en effet, chacun se sent blessé dans son amour de la liberté et dans sa recherche du bonheur par tout acte gouvernemental qui porte atteinte à la liberté ou au bonheur de l'un de ses semblables, parce qu'il craint que le même acte ne soit bientôt dirigé contre lui-même.

Placés, dès lors, entre le besoin irrésistible de domination qui les anime et la nécessité de respecter la conception morale des membres de la société, les gouvernants sont contraints, pour conserver le pouvoir dont ils jouissent, d'adopter les principes de morale qui règnent dans la masse sociale.

Lorsque, dans un pays, la morale gouvernementale et la morale individuelle évoluent parallèlement, il y a entente parfaite entre les gouvernants et les gouvernés, la paix publique est assurée sans effort et le progrès est rapide.

Lorsque, au contraire, l'évolution de la morale gouvernementale est en retard sur celle de la morale individuelle, le progrès général et le progrès particulier sont simultanément retardés. Il y a, en outre, lutte entre les membres de la société et les gouvernants : les premiers se plaignent de ne pas recevoir une satisfaction suffisante à leurs aspirations vers le juste et le bien, et ils accusent les gouvernants de ne réaliser ni leurs idées morales, ni leurs conceptions politiques, administratives ou économiques. Il arrive alors, nécessairement, une heure où les gouvernés se soulèvent contre les gouvernants et où l'évolution normale de la société fait place à une révolution qui n'est, en réalité, qu'une phase brusque, violente et passagère de cette évolution.

La morale gouvernementale atteindrait son apogée, le jour où les gouvernements, ayant acquis la connaissance parfaite de tous les besoins, matériels et moraux, des sociétés dont ils ont la charge, appliqueraient dans leur plénitude les moyens les meilleurs de procurer à chaque citoyen en particulier, et à la masse sociale en général, la satisfaction de tous ces besoins.

Ce jour-là, une harmonie parfaite existerait entre les gouvernants et les gouvernés, le progrès individuel et social atteindrait le maximum de rapidité dans son évolution ascendante et l'on pourrait considérer la société comme parvenue à sa forme idéale, car tous les actes des pouvoirs publics seraient profitables, en même temps, à chaque citoyen et à la société tout entière.

C'est pour atteindre cet idéal que les peuples les plus civilisés tendent à remettre l'exercice des pouvoirs publics aux mains des citoyens eux-mêmes, de tous les citoyens sans exception, et qu'ils ont d'abord institué le suffrage universel, comme un premier pas vers le gouvernement direct. La réalisation de cette dernière forme gouvernementale étant empêchée par de nombreux obstacles, les peuples les plus sages se contentent du gouvernement représentatif. Avec le suffrage universel convenablement organisé, celui-ci donne à chaque individu le moyen de faire connaître ses besoins et ses volontés, et celui d'en obtenir satisfaction s'il est d'accord avec un nombre suffisant de ses concitoyens.

Malheureusement, s'il est difficile de rencontrer des gouvernements ayant la notion exacte de leurs devoirs, et assez honnêtes pour les remplir exactement, il a été jusqu'à ce jour impossible de trouver un peuple dont tous les individus fussent assez instruits, assez sages et assez habiles pour se faire une idée très juste de leurs besoins réels et de leurs véritables intérêts.

Elle est encore plongée dans les ténèbres mystérieuses de l'avenir, la nation dont chaque membre pourra, sans péril pour lui-même et pour la sociéte tout entière, revendiquer l'exercice intégral de cette « souveraineté » que l'Assemblée Constituante déclarait, en 1789, appartenir, inaliénable, à chaque citoyen.

Si difficile qu'il soit aux hommes de notre temps et aux citoyens de notre République, d'atteindre l'idéal de la morale gouvernementale, cet idéal ne doit pas moins être le but de tous les penseurs, de tous les sociologues, de tous les hommes d'État. Tous doivent étudier d'abord, avec soin, l'évolution des sociétés et celle de leurs besoins, car c'est seulement de là qu'on peut déduire les devoirs des gouvernements et la manière de les remplir.

Un progrès considérable s'est effectué incontestablement, depuis un siècle, dans la morale gouvernementale en même temps que dans la morale individuelle. Les citoyens ont acquis, petit à petit, une notion plus exacte de leurs devoirs réciproques et de leurs droits. Les gouvernements ont été contraints, de leur côté, de s'incliner devant les réclamations de la masse sociale, de lui concéder plus d'influence sur la gestion des affaires publiques, de lui distribuer l'instruction, de diminuer ses charges, d'augmenter l'assistance aux faibles, aux petits, aux misérables, d'accroître la puissance légale des travailleurs, etc.

C'est surtout depuis l'avènement de la troisième République que ces faits ont pris une réelle importance, que le gouvernement a témoigné par des actes de la connaissance de ses devoirs et de la volonté de les accomplir.

Ces devoirs sont indiqués par les besoins physiques, intellectuels, moraux et sociaux des travailleurs. Dans les sociétés humaines parvenues à un certain degré de développement, la plupart, sinon la totalité des individus aspirent à la satisfaction de deux grands besoins : celui de la liberté et celui du bonheur.

De ces deux sortes de besoins découlent pour les gouvernements de ces sociétés deux catégories de devoirs : 1° Ceux qui ont pour objet d'assurer à tous les citoyens l'exercice intégral de toutes les libertés individuelles (*devoirs politiques*) ; 2° ceux qui ont pour objet de les mettre en mesure de se procurer le plus de bonheur possible (*devoirs sociaux*).

J'ai étudié la première catégorie de ces devoirs dans ma *République démocratique*[1]; les seconds vont être examinés dans la suite de ce volume.

1. Un vol. in-18, édité par Colin et Cie.

# CHAPITRE II

## DEVOIRS RELATIFS A LA SALUBRITÉ PUBLIQUE

Dans tous les pays, chez tous les peuples et dès l'antiquité la plus reculée, tantôt par les prêtres, comme dans l'Inde, en Égypte et dans les tribus d'Israël, tantôt par les législateurs, comme en Grèce et à Rome, et plus tard en France, tantôt par les prescriptions religieuses et les règles de police diversement combinées, la société s'est arrogé le droit d'intervenir, au nom de l'intérêt public, dans les conditions d'existence des particuliers, et d'édicter certaines mesures jugées utiles au maintien de la santé générale et à la protection de la race contre les diverses causes de destruction qui la menacent.

### LES RELIGIONS ET LA SALUBRITÉ PUBLIQUE

Dans le but de protéger son peuple contre la contagion des maladies, Moïse prescrit de tenir les malades en dehors des camps et des villes; il confie aux prêtres le soin de découvrir les lépreux, de les isoler tant qu'ils sont malades, de les purifier et de les réintégrer dans la société, lorsqu'ils sont guéris. Il ordonne également de séparer de la société les hommes atteints de maladies vénériennes et les femmes pendant la période des menstrues. Il interdit certains aliments, tels que le porc, le lapin, le lièvre, soit à cause des maladies parasitaires dont ils sont très souvent atteints, soit afin de diminuer la proportion de la viande dans l'alimentation; il indique minutieusement les moyens à employer pour purifier les maisons des individus atteints de maladies contagieuses; il ne dédaigne même pas d'entrer dans les détails les plus précis relativement aux ordures humaines. « Tu auras hors du camp, dit-il, un lieu pour les besoins de la nature et tu porteras avec toi une pique suspendue à ta ceinture et quand tu seras accroupi, tu creuseras avec cette pique la terre d'alentour, et tu recouvriras les matières dont tu te seras soulagé. »

Des prescriptions analogues se trouvent dans les livres rituels de l'Inde, de la Perse, dans ceux de l'islamisme, etc. Chez les Égyptiens, la religion ordonnait l'embaumement des cadavres, autant dans un but d'hygiène publique que par un sentiment de respect pour les morts. L'incinération pratiquée, depuis les époques préhistoriques, par certaines populations asiatiques, prescrite par leurs religions et transportée en France à l'époque néolithique par les brachycéphales sémitoïdes des plateaux de l'Asie, a été, sans aucun doute, inspirée par le désir de soustraire les vivants à l'infection produite par la putréfaction des cadavres que nos premiers ancêtres abandonnaient sans sépulture. La pratique religieuse des Parsis de l'Inde, qui livre les cadavres humains aux vautours, celle des Siamois qui les abandonne aux chiens, l'inhumation elle-même n'ont été inspirées que par le souci de se débarrasser des restes humains ; elles sont devenues traditionnelles, dans chaque peuple, par la religion qui fut de tout temps la grande légiférante en matière d'hygiène.

De toutes les religions, le catholicisme est, sans contredit, celle qui a le plus dérogé à cette règle historique. Œuvre de réaction contre l'esprit matérialiste ou tout au moins sensualiste du paganisme, la religion du Christ se préoccupe beaucoup plus de l'âme que de la matière ; elle a même un dédain non déguisé pour les soins à donner au corps ; ses jeûnes et ses carêmes sont moins des prescriptions d'hygiène que des mesures de mortification. Ils ont surtout pour but de faire souffrir le corps, de l'affaiblir, de diminuer sa vitalité, comme si les forces de l'âme devaient en être augmentées d'autant.

Aussi ne faut-il pas s'étonner que pendant le moyen âge, époque où le catholicisme atteint l'apogée de son autorité morale et de sa puissance gouvernementale, les nations européennes n'aient pris à peu près aucune mesure d'hygiène publique. Les cimetières sont placés autour des églises, c'est-à-dire dans le milieu même des villes et des villages, dont ils infestent l'atmosphère et les eaux; on enterre jusque dans les sanctuaires et les nefs, sous les pieds des fidèles. On ne se préoccupe que fort peu de l'élimination des ordures, du nettoyage des rues et des habitations, du curage des canaux et des rivières, du dessèchement des mares, etc. L'hygiène publique, en un mot, est au dernier degré de l'abandon.

Certaines maladies contagieuses, comme la lèpre et la syphilis, ou épidémiques comme la peste, ont seules le don d'émouvoir les autorités publiques, à cause de la terreur qu'elles inspirent; c'est avec la plus odieuse barbarie que l'on traite ceux qui en sont atteints.

### PRESCRIPTIONS GOUVERNEMENTALES RELATIVES A LA SALUBRITÉ PUBLIQUE EN FRANCE

En France, c'est seulement à partir du XIVe siècle qu'apparaissent des ordonnances relatives à la salubrité des voies publiques. Le nettoiement des rues est prescrit par une ordonnance de 1348. Des ordonnances de Charles IX (1563) et de Henri III (1577) prescrivent aux propriétaires et locataires des maisons qui bordent les rues de Paris d'y jeter de l'eau et de réunir les ordures dans des paniers qui seront eux-mêmes vidés dans les tombereaux du nettoyage. Ces ordonnances n'étaient, d'ailleurs, que très imparfaitement exécutées et, jusqu'à la fin du XVIIIe siècle, la plupart des rues de la grande ville se maintinrent dans un état de saleté repoussante. Personne, d'ailleurs, n'en paraissait ni choqué ni étonné; les couloirs des maisons, même dans les rues les plus fréquentées, étaient les réceptacles de toutes sortes d'ordures déposées par les passants; on satisfaisait certains besoins jusque sur les paliers des étages, ou dans les entrées des appartements. A Versailles, les plus hauts personnages de la cour ne respectaient même pas l'escalier de marbre.

Le premier acte législatif d'ensemble sur la salubrité des rues est dû à la Révolution. La loi du 16 août 1790 désigne parmi « les objets de police confiés à la vigilance et à l'autorité des corps municipaux », tout « ce qui comprend le nettoiement, l'illumination, l'enlèvement des encombrements, la démolition ou la réparation des bâtiments menaçant ruine, l'interdiction de rien exposer aux fenêtres ou autres parties des bâtiments qui puisse nuire par sa chute, et celle de rien jeter qui puisse blesser ou endommager les passants, ou causer des exhalaisons nuisibles ».

La loi du 16 août 1790 fait figurer aussi parmi « les objets de police confiés à la vigilance et à l'autorité des corps municipaux », « l'inspection sur la fidélité du débit des denrées qui se vendent au poids, à l'aune ou à la mesure, et sur la *salubrité* des comestibles exposés en vente publique ». C'est de ce principe qu'est sorti l'article 475 du Code pénal qui punit d'une amende « ceux qui exposent en vente des comestibles gâtés, corrompus ou nuisibles », et la loi du 27 mars 1851 qui poursuit « ceux qui falsifieront des substances ou denrées alimentaires ou médicamenteuses destinées à être vendues; ceux qui vendront ou mettront en vente des substances ou denrées alimentaires ou médicamenteuses qu'ils sauront être falsifiées ou corrompues ».

Plus tard, la loi du 5 mai 1855 applique aux boissons les mesures et pénalités de la loi de 1851.

Du moment que les pouvoirs publics se décidaient à intervenir dans l'hygiène publique, il était naturel qu'ils cherchassent parmi les hommes compétents, des lumières et des conseils. En 1667, le chef de la police de Paris, La Reynie, ayant jugé nécessaire une enquête sur la fabrication du pain, désigna à cet effet une commission de médecins et de notables commerçants. Ce fut le premier essai de constitution d'un conseil d'hygiène. A la fin du XVIIIe siècle, la Société royale de médecine de Paris donne son avis sur un grand nombre de problèmes d'hygiène et sur les maladies contagieuses ou épidémiques. En 1802, le préfet de police Dubois crée un « conseil de salubrité » composé de quatre membres et qui est consulté sur les questions relatives à la santé et à la salubrité publiques. Par ordonnance du 7 août 1832, il est créé un « conseil supérieur de santé » pour la ville de Paris. Des conseils analogues furent institués ultérieurement dans quelques grandes villes, mais c'est à la seconde République que revient l'honneur d'avoir décrété la première organisation rationnelle des services relatifs à l'hygiène publique.

Par décret du 18 décembre 1848, « un conseil d'hygiène publique et de salubrité » fut créé « dans chaque arrondissement » de France. Des « commissions d'hygiène publique » pouvaient être instituées dans les chefs-lieux de canton. Il devait y avoir au chef-lieu du département « un conseil d'hygiène publique et de salubrité du département ». Les membres de tous ces conseils étaient nommés par le préfet[1]. Une organisation spéciale était attribuée à la ville de Paris; elle fut établie par un décret du 15 décembre 1851.

Le décret du 18 décembre 1848 avait été précédé par un autre du 10 août 1848 instituant, auprès du ministre du commerce et de l'agriculture, un « comité consultatif d'hygiène publique » qui devait être consulté sur toutes les questions intéressant la santé et l'hygiène.

L'œuvre de la seconde République était donc tout à fait complète et très rationnelle. Elle permettait à l'État de pénétrer par les conseils locaux jusque dans les plus petits détails intéressant la salubrité publique et de centraliser, d'autre part, tous ces détails, de manière à préparer les mesures les plus utiles soit à la France entière, soit à chaque département, arrondissement ou canton.

L'organisation du comité consultatif d'hygiène a été modifiée par des décrets du 23 octobre 1856, 5 novembre 1869,

1. D'après l'article 9 du décret, « les conseils d'hygiène d'arrondissement sont chargés des questions relatives à l'hygiène publique de l'arrondissement, qui leur seront renvoyées par le préfet ou le sous-préfet ». Ils peuvent être spécialement consultés sur l'assainissement des localités et des habitations ; les mesures à prendre pour prévenir et combattre les maladies endémiques, épidémiques et transmissibles ; les épizooties et les maladies des animaux ; la propagation de la vaccine ; la salubrité des prisons, écoles, hôpitaux, etc. ; la qualité des aliments, etc.

10 mars 1872. Le régime institué par la seconde République est encore en vigueur. Il est complété par divers actes relatifs à la falsification des aliments, aux logements insalubres, aux établissements industriels et insalubres, aux épidémies et aux épizooties, etc.

### LÉGISLATION SUR LES LOGEMENTS INSALUBRES

La loi sur les logements insalubres encore en vigueur est du 13 avril 1850. Elle fut inspirée par la pensée d'armer les pouvoirs publics d'une autorité suffisante pour qu'ils pussent intervenir jusque dans les logements des citoyens. Par l'article 1er de cette loi, « dans toute commune où le conseil municipal l'aura déclaré nécessaire par une délibération spéciale, il nommera une commission chargée de rechercher et indiquer les mesures indispensables d'assainissement des logements et dépendances insalubres mis en location ou occupés par d'autres que le propriétaire, l'usufruitier ou l'usager ». La commission est présidée par le maire ou un adjoint. Elle visite les lieux « *signalés* comme insalubres » et détermine les modifications qui doivent être apportées. Elle signale « les habitations qui ne sont pas susceptibles d'assainissement ». Le conseil municipal enjoint l'exécution des travaux nécessaires.

La loi *n'oblige pas* les communes à instituer la commission qu'elle prévoit. Aussi la plupart d'entre elles n'en sont-elles point pourvues. D'un autre côté, les conseils municipaux hésitent souvent à prescrire des mesures qui, étant onéreuses, mécontentent nécessairement leurs électeurs. Pour ces motifs, la loi du 13 avril 1850 est loin de produire les effets qu'on en pourrait attendre.

La loi du 5 avril 1884 sur l'organisation municipale attribua à tous les maires, par son article 97, le droit de prescrire les mesures nécessaires au maintien de la salubrité des rues, des cimetières, des denrées comestibles et de prévenir par des précautions convenables les maladies épidémiques ou contagieuses, les épizooties, en provoquant, s'il y a lieu, l'intervention de l'administration supérieure.

Une loi du 19 février 1902 sur « la protection de la santé publique » a étendu, en les précisant, les pouvoirs des maires. « Dans toute commune, d'après l'article premier, le maire est tenu, afin de protéger la santé publique, de déterminer, après avis du conseil municipal et sous forme d'arrêtés municipaux portant règlement sanitaire : les précautions à prendre pour faire cesser ou prévenir les maladies transmissibles, spécialement les mesures de désinfection, ou même de destruction des objets à l'usage des malades ou qui ont été souillés par eux, et généralement des objets quelconques pouvant servir de véhicule à la contagion; les prescriptions destinées à assurer la salubrité des maisons et de leurs dépendances, des voies privées, des logements loués ou garnis, et des autres agglomérations, quelle qu'en soit la nature, notamment les prescriptions relatives à l'alimentation en eau potable ou à l'évacuation des matières usées. » Les médecins sont tenus de déclarer à la mairie les malades atteints d'affections contagieuses auxquelles ils donnent leurs soins. La vaccination est rendue obligatoire pendant la première année de la vie, ainsi qu'au cours de la onzième et de la vingt et unième année. Les mesures de désinfection sont prises par les soins de la municipalité dans les villes ayant plus de 20 000 âmes, et par ceux du département dans les communes d'une moindre importance. Lorsque, pendant trois années consécutives, le nombre des décès dépassera, dans une commune, la moyenne de la mortalité de la France, il sera procédé à une enquête sur les causes et la commune sera tenue de faire les travaux d'assainissement jugés nécessaires. Aucun immeuble ne peut être construit sans que les conditions de salubrité jugées indispensables soient satisfaites. Les conseils d'hygiène départementaux sont réorganisés et il est créé des commissions sanitaires, etc.[1]

1. C'est surtout dans les grandes villes que la législation sur les logements insalubres doit être appliquée avec sévérité, parce qu'à l'insalubrité du local s'ajoute très souvent l'encombrement. A Paris, on

## LÉGISLATION SUR LES ÉTABLISSEMENTS INSALUBRES ET LES ATELIERS

C'est seulement par la loi du 12 juin 1893 que la législation est intervenue dans la surveillance des locaux où l'on travaille. « Les manufactures, fabriques, usines, chantiers, ateliers de tout genre et leurs dépendances... doivent être tenus dans un état constant de propreté et présenter les conditions d'hygiène et de salubrité nécessaires à la santé du personnel. » Un décret du 10 mars 1894 a complété la loi par des prescriptions de détail très minutieuses. L'application de ces actes est confiée aux inspecteurs du travail qui, malheureusement, sont bien peu nombreux pour les attributions multiples dont ils sont chargés.

Une loi du 23 juillet 1903 a augmenté beaucoup le nombre des établissements auxquels devront être appliquées désormais les prescriptions de la loi de 1893. Les laboratoires, caves, cuisines, chais, magasins, boutiques, bureaux faisant partie de l'industrie de l'alimentation ou de l'industrie des transports; les théâtres, cirques, music-halls qui emploient des appareils mécaniques, etc., sont soumis à la visite des inspecteurs du travail. Il en est de même des refuges et des ouvroirs religieux.

Quant à la législation sur les *établissements insalubres*, elle a été inspirée beaucoup plus par le désir de protéger les propriétés et les individus voisins des industries insalubres que les ouvriers occupés par ces dernières. Le décret du 15 octobre 1810, qui en forme la base, ne laisse aucun doute sur la pensée du législateur : « A partir de la publication du présent décret, dit l'article premier, les manufactures et ateliers qui *répandent* une odeur insalubre ou incommode ne pourront être formés sans une permission de l'autorité administrative. »

L'ordonnance du 14 janvier 1815 qui complète ce décret,

compte plus de 72000 ménages logés trop à l'étroit, c'est-à-dire à raison de plus de deux personnes par pièce.

tous les actes ultérieurs, y compris le décret du 31 décembre 1866 et les décrets du 31 janvier 1872, du 7 mai 1878 et du 22 avril 1879 n'ont fait que modifier les règles à suivre dans l'autorisation, la surveillance, etc., des établissements insalubres.

En ajoutant aux lois rappelées ci-dessus quelques instructions relatives à des industries spéciales, telles que celles où l'on manipule le plomb et ses composés, le mercure et les sels de mercure, l'arsenic et ses composés, le phosphore, le sulfure de carbone, nous avons un tableau de la législation actuelle sur l'hygiène publique en France, et nous pouvons nous faire une idée assez exacte des mesures qui ont été prescrites par les pouvoirs publics dans l'intérêt de la santé des populations de la France en général et des travailleurs en particulier.

L'œuvre serait suffisante si les prescriptions légales étaient fidèlement obéies; mais il n'en est rien, à cause du trop faible nombre des inspecteurs[1].

1. Il serait injuste de ne pas constater que toutes les grandes sociétés industrielles ont opéré des réformes considérables dans l'organisation de leurs ateliers et dans les logements que quelques-unes offrent à leurs ouvriers. La plupart des grands ateliers sont aujourd'hui bien tenus, aérés et organisés en vue de mettre l'ouvrier à l'abri des accidents. Cependant, les progrès sont relativement minimes en comparaison de ceux qui ont été accomplis par certaines industries similaires américaines. On cite volontiers à cet égard la ville bâtie par Pullman, près de Chicago pour ses ouvriers et qui comporte un véritable luxe. Aussi la mortalité y est-elle moitié moindre que dans les villes voisines.

# CHAPITRE III

## DEVOIRS RELATIFS A LA SÉCURITÉ DES OUVRIERS PENDANT LE TRAVAIL

Le souci de la vie des ouvriers pendant leur travail s'est d'abord manifesté dans les règlements relatifs aux machines à vapeur, et, en particulier, dans l'ordonnance du 22 mai 1843, dans le décret du 25 janvier 1865 et enfin dans le décret du 30 avril 1880 qui est encore en vigueur.

### LÉGISLATION SUR LES APPAREILS A VAPEUR

Ce dernier décret prescrit avec détail les essais à faire subir aux appareils évaporatoires avant de les mettre en service courant et après qu'ils ont servi pendant un certain temps, de manière à mettre, autant que possible, les ouvriers à l'abri des accidents.

Le décret de 1880 prescrit aussi les mesures à prendre pour que les machines fixes ne portent aucune atteinte aux droits des propriétés voisines des ateliers où elles fonctionnent. Quant aux contraventions commises, elles sont constatées et punies conformément aux prescriptions d'une loi du 21 juillet 1856 qui confie la surveillance aux ingénieurs des mines, conducteurs et autres employés des ponts et chaussées et des mines, commissionnés à cet effet, maires et adjoints, commissaires de police, et, en outre, pour les bateaux à vapeur, les officiers de port, les inspecteurs et gardes de la navigation, etc.

Les ouvriers se plaignent, en général, de ce que tous ces agents se montrent plus soucieux de ne pas mécontenter les industriels que d'exercer avec rigueur la surveillance dont ils sont chargés par la loi.

La législation relative aux machines ne s'occupe que des chaudières et des récipients à vapeur qui sont, il est vrai, les parties les plus dangereuses en raison des explosions qu'elles peuvent déterminer; elle ne fait aucune allusion aux autres organes tels que les volants, les courroies de transmission, etc., qui cependant occasionnent de nombreux accidents.

La nécessité d'étendre dans cette direction la portée de la loi de 1880 s'est fait jour presque aussitôt après son apparition, mais c'est seulement en 1893 qu'il y a été donné satisfaction.

Sont soumis aux dispositions de la loi du 12 juin 1893, les manufactures, fabriques, usines, chantiers, ateliers de tous genres et leurs dépendances. Sont seuls exceptés, les établissements où ne sont employés que les membres de la famille sous l'autorité soit du père, soit de la mère, soit du tuteur. Néanmoins, si le travail s'y fait à l'aide de chaudières à vapeur ou de moteurs mécaniques, ou si l'industrie exercée est classée au nombre des établissements dangereux ou insalubres, l'inspecteur aura le droit de prescrire les mesures de sécurité et de salubrité à prendre. L'article 2 prescrit : « Dans tout établissement fonctionnant par des appareils mécaniques, les roues, les courroies, les engrenages ou tout autre organe pouvant offrir une cause de danger, seront séparés des ouvriers, de telle manière que l'approche n'en soit possible que pour les besoins du service. Les puits, trappes et ouvertures doivent être clôturés. Les machines, mécanismes, appareils de transmission, outils et engins, doivent être installés et tenus dans les meilleures conditions possibles de sécurité. » Ces dispositions sont applicables « aux théâtres, cirques, magasins et autres établissements similaires où il est fait emploi d'appareils mécaniques. »

Les commissaires de police, les médecins du service sanitaire, les maires et adjoints, etc., sont tout désignés pour attirer l'attention des inspecteurs du travail sur les établissements ne remplissant pas les conditions de la loi.

## LÉGISLATION RELATIVE AUX MINES

Les mines et carrières ont été depuis longtemps l'objet de mesures particulières, dictées par le soin de protéger la vie et la santé des ouvriers qui sont, si souvent, victimes d'accidents d'une extrême gravité. La loi du 21 avril 1810, qui forme la base de notre législation minière, chargea les ingénieurs des mines d'exercer « sous les ordres du ministre de l'intérieur et des préfets une surveillance de police pour la conservation des édifices et la sûreté du sol... Si l'exploitation compromet la sécurité publique, la conservation des puits, la solidité des travaux, la sûreté des ouvriers mineurs ou des habitants de la surface, il y sera pourvu par le préfet, ainsi qu'il est pratiqué en matière de grande voirie et selon les lois ».

Les accidents survenus dans diverses mines provoquèrent un décret du 3 janvier 1813, dont les dispositions forment le point de départ de toutes les mesures prises ultérieurement dans l'intérêt des ouvriers.

L'État assumait la responsabilité de la sécurité des mineurs, mais il se montrait respectueux des droits des propriétaires, et il assurait à ces derniers tous les moyens de défendre leurs intérêts. Cependant, dès le lendemain de la publication du décret de 1813, la lutte fut ouverte entre les ingénieurs de l'État et les chefs des exploitations qui résistaient aux injonctions des premiers. La loi du 26 avril 1838 n'eut pas d'autre objet que de les contraindre à s'y soumettre en les autorisant à s'associer, notamment au point de vue de la défense des mines contre les inondations.

La loi de 1810 avait déjà prévu un certain nombre de cas dans lesquels la concession pouvait être annulée ; la loi de 1838 en augmente considérablement le nombre et témoigne par là des résistances que l'administration rencontrait de la part des propriétaires des mines, toutes les fois qu'elle prescrivait, dans l'intérêt des propriétaires du sol ou même de la sécurité des ouvriers, des mesures et des travaux entraînant des dépenses.

La loi de 1838 ne fit pas cesser les résistances. Une ordonnance royale du 26 mars 1843 est obligée de rappeler les lois précédentes et de prescrire des mesures nouvelles en vue de leur application. Cette ordonnance fait intervenir dans la police des usines un élément nouveau : le maire de la commune, autorité considérée par le gouvernement comme plus directement intéressée que le préfet et les ingénieurs au maintien de la sécurité des ouvriers et des propriétés.

En 1873, une enquête fut ordonnée sur la situation de l'industrie minière et sur les modifications à introduire dans la législation y relative. Elle se termina par la loi du 27 juillet 1880 qui modifiait certaines dispositions de celle de 1810 et surtout étendait les limites de l'intervention des préfets, dont l'autorité était considérée comme insuffisante.

Vers cette époque, une idée nouvelle se répandit dans le monde des travailleurs des mines. Les accidents étaient attribués par les mineurs, non seulement à la négligence et à la cupidité des concessionnaires, mais encore à l'incurie ou à la complicité des ingénieurs de l'État chargés de la surveillance. Les intéressés demandaient la création de conseils de prud'hommes ouvriers, devant lesquels seraient portées toutes les questions intéressant le travail des mines et la sécurité des mineurs. Il est sorti de ce mouvement la loi du 8 juillet 1890, en vertu de laquelle « des délégués à la sécurité des ouvriers mineurs sont institués... pour visiter les travaux souterrains des mines, minières ou carrières, dans le but exclusif d'en examiner les conditions de sécurité pour le personnel qui y est occupé, et, d'autre part, en cas d'accident, les conditions dans lesquelles cet accident se serait produit ». Les délégués et leurs suppléants sont élus pour trois ans par les ouvriers. Le délégué doit visiter deux fois par mois tous les puits, galeries et chantiers de sa circonscription. Il visite également les appareils servant à la circulation et au transport des ouvriers. Il doit, en outre, procéder sans délai à la visite des lieux où est survenu un accident ayant occasionné la mort ou des blessures graves à un ou plusieurs ouvriers, ou pouvant compromettre la sécurité des ouvriers. Avis de l'accident doit être donné sur le champ au délégué par l'exploitant. Afin que les visites du délégué ne servent pas de prétexte à des manifestations intempestives, l'article 2 ajoute : « Le délégué, dans ses visites, est tenu de se conformer à toutes les mesures prescrites par les règlements en vue d'assurer l'ordre et la sécurité dans les travaux. » Dans le même but, l'article 5 décide : « Tout délégué ou délégué suppléant peut, pour négligence grave ou abus dans l'exercice de ses fonctions, ou à la suite de condamnations prononcées en vertu des articles 414 et 415 du Code pénal, être suspendu pendant trois mois au plus par arrêté du préfet, pris après enquête, sur avis motivé des ingénieurs des mines, et le délégué entendu. »

Les délégués peuvent aussi être révoqués par le ministre et, dans ce cas, ils « ne peuvent être réélus avant un délai de trois ans ». Cet article fait des délégués de véritables fonctionnaires élus. Ce caractère est souligné par l'article 16 qui institue un paiement pour les visites des délégués, lequel est effectué par le Trésor et remboursé par l'exploitant de la mine.

D'après l'article 3 : « Les observations relevées par le délégué dans chacune de ses visites doivent être, le jour même ou au plus tard le lendemain, consignées par lui sur un registre spécial fourni par l'exploitant et constamment tenu sur le carreau de l'exploitation à la disposition des ouvriers... L'exploitant peut consigner ses observations et dires, sur le même registre, en regard de ceux du délégué. Des copies des unes et des autres sont immédiatement et respectivement envoyées par les auteurs au préfet, qui les communique aux ingénieurs des mines. Lors de leurs tournées, les ingénieurs des mines et les contrôleurs des mines doivent viser le registre de chaque circonscription. Ils peuvent toujours se faire accompagner dans leurs visites par le délégué de la circonscription. » L'article 17 prescrit : « Seront poursuivis et punis conformément à la loi du 21 avril 1810, tous ceux qui apporteraient une entrave aux visites et constatations. »

La loi de 1890 a donné aux ouvriers mineurs une très grande satisfaction morale. Elle les a mis en mesure de connaître certaines difficultés qui avaient pu leur échapper ; elle leur attribue une part des responsabilités que l'État et les concessionnaires avaient jusqu'alors été seuls à assumer. A tous ces titres, elle est une bonne œuvre démocratique et sociale.

## LÉGISLATION RELATIVE AUX ACCIDENTS DU TRAVAIL

Par les lois que je viens d'analyser, le gouvernement de la République s'est efforcé de diminuer, autant que possible, les chances d'accidents auxquels les travailleurs sont exposés. Il lui incombait un autre devoir, celui de sauvegarder les ouvriers contre la misère que les accidents éprouvés dans le travail sont susceptibles de déterminer. C'est dans le but de remplir ce nouveau devoir qu'ont été faites les lois du 9 avril et du 21 avril 1898, la première visant les ouvriers de l'industrie en général, et la seconde spéciale aux marins.

D'après l'article premier de la loi du 9 avril 1898 « les accidents survenus par le fait du travail, ou à l'occasion du travail aux ouvriers et employés occupés dans l'industrie du bâtiment, les usines, manufactures, chantiers, les entreprises de transport par terre et par eau, de chargement et de déchargement, les magasins publics, mines, minières, carrières, et, en outre, dans toute exploitation ou partie d'exploitation dans laquelle sont fabriquées ou mises en œuvre des matières explosibles, ou dans laquelle il est fait usage d'une machine mue par une force autre que celle de l'homme ou des animaux, donnent droit *au profit de la victime ou de ses représentants,* à une indemnité à la charge du *chef d'entreprise*, à la condition que l'interruption du travail ait duré plus de quatre jours ».

Lorsque l'accident est suivi de mort, une pension est servie à la veuve ou aux enfants, ou ascendants de l'ouvrier dans des conditions et à des taux déterminés par la loi. « Le chef d'entreprise supporte en outre les frais médicaux et pharmaceutiques et les frais funéraires. » Un régime spécial est institué pour les ouvriers étrangers.

La loi contient des dispositions ayant pour but d'encourager les chefs d'industrie à faire entrer leurs ouvriers dans des sociétés de secours mutuels. Elle contient aussi des dispositions ayant pour objet de garantir aux ouvriers les indemnités auxquelles ils ont droit à la suite des accidents.

On a reproché, non sans raison, à la loi du 9 avril 1898 de laisser de côté un nombre extrêmement considérable d'accidents, dont les victimes ne sont pas moins intéressantes que celles visées dans l'article premier, notamment les ouvriers d'agriculture. Un mécanicien blessé ou tué par sa machine bénéficiera de la loi; un charretier tué ou blessé par le cheval vicieux que son patron lui impose n'en bénéficiera pas. En second lieu, elle risque de favoriser les ouvriers célibataires au détriment de ceux qui ont une femme et des enfants, les orphelins au détriment de ceux qui nourrissent leurs parents, les étrangers qui ont leur famille hors de France, au détriment des Français, car elle impose aux industriels des charges moindres pour les ouvriers célibataires ou étrangers que pour les ouvriers mariés et ayant des enfants[1].

Malgré ces défauts, la portée de cette loi est considérable. Elle ne peut manquer d'avoir pour conséquence une diminution très marquée du nombre des accidents, car les chefs d'entreprise sont intéressés à surveiller les outils, engins, machines, etc., susceptibles de blesser ou de tuer les ouvriers. Elle est profondément humaine, car elle garantit les ouvriers et leurs familles contre la misère qui succède si souvent aux accidents du travail.

[1] Il est juste de reconnaître que ces inconvénients disparaissent quand le patron est assuré, parce que les compagnies d'assurance ne tiennent pas compte de la situation familiale des ouvriers dans la fixation du taux de la prime; mais les gros patrons seuls sont assurés; la plupart des petits patrons reculent devant les frais de l'assurance; or, ils sont les plus nombreux.

Les accidents dont les marins sont victimes, soit par le seul fait de la navigation, soit au cours des travaux, ont fait l'objet d'une autre loi, du 21 avril 1898, dont le caractère est spécial comme est spéciale la profession des marins. Il est institué une caisse dite de prévoyance, alimentée par les armateurs et par les hommes, et sur laquelle sont prélevés toutes les indemnités et secours alloués aux marins victimes d'accidents ou à leurs familles.

---

# CHAPITRE IV

## DEVOIRS RELATIFS A L'ASSISTANCE PUBLIQUE

### ORIGINE DE L'IDÉE DU DEVOIR D'ASSISTANCE

La source naturelle des devoirs d'assistance est dans les sentiments d'affection sociale, de « sociabilité », qui animent les hommes civilisés et pourvus d'une éducation morale suffisante. De la famille, les sentiments affectueux se répandent autour d'elle : l'homme n'aime pas seulement sa mère, son père, ses frères, ses sœurs, auxquels le rattachent les liens du sang, les habitudes quotidiennes et des intérêts de toute sorte ; il en vient aussi, à mesure qu'il avance dans la vie, à aimer les camarades de son enfance, les compagnons de ses jeux, ceux qui partagent ses plaisirs et ses travaux, ses joies et ses peines. Il n'avait d'abord que des parents, il a maintenant des amis. A mesure que ses relations s'étendent, que le besoin de ses semblables lui est rendu plus évident par les douloureuses expériences de la vie, le cercle où ses sentiments affectifs rayonnent s'étend encore davantage. Il reporte sur tous les vieillards le respect qu'il a pour ses vieux parents; il étend à toutes les femmes une portion de l'amour qu'il a pour sa mère, ses sœurs et son épouse ; il se considère volontiers comme le frère aîné ou le père de tous les enfants qu'il trouve sur sa route, en qui se reflètent l'insouciance, les caprices ou les faiblesses de sa propre enfance. Pour tous les hommes de sa tribu, de sa nation, pour tous ceux qui parlent sa langue, portent le même costume, pratiquent la même religion, obéissent aux mêmes lois et aux mêmes autorités politiques ou administratives, il éprouve des sentiments affectifs dont l'intensité s'accroît d'autant plus que son intelligence se développe davantage et qu'il comprend mieux la nature physique et morale des mille liens par lesquels il leur est attaché.

Ces sentiments se précisent par les guerres que la nation soutient contre les peuples voisins pour protéger ses terres, ses troupeaux, ses villages, ses habitants. L'obligation où il est de défendre, dans ces circonstances, son propre bien et sa propre liberté, en même temps que ceux de ses compatriotes, lui font mesurer, mieux encore que tous les événements antérieurs, le besoin qu'il a de ses semblables, et lui inspirent, avec la reconnaissance des services qu'il en a reçus, un sentiment d'affection assez vif pour qu'il n'hésite pas à donner son sang et sa vie chaque fois que l'exigent la défense de sa terre natale et le salut de ses habitants. Comme l'amour familial, comme l'amitié, le patriotisme est formé dans le cœur et le cerveau de cet homme d'un mélange d'affection sociale et d'intérêt individuel. Il aime ses compatriotes parce qu'il se sent aimé par eux ; il se sacrifie pour ses compatriotes parce que ses compatriotes se sacrifient pour lui. Enfin, il aimera davantage encore sa patrie, si elle est dotée d'institutions lui permettant d'user en toute liberté de ses droits individuels et d'atteindre le bonheur auquel tous les hommes aspirent. « La patrie n'est point un être abstrait, disait avec raison Portalis, dans un discours sur le Concordat; la patrie n'est quelque chose de réel qu'autant qu'elle se compose de toutes les institutions qui peuvent nous la rendre chère; il faut que les citoyens l'aiment ; mais pour cela il faut qu'ils puissent croire en être aimés. »

Quant au sentiment d'*humanité*, il ne peut apparaître que dans une société parvenue à son plus haut degré de développement, dans cette phase de l'évolution où l'intelligence de l'homme est assez vaste pour embrasser les rapports multiples qui existent entre les individus, les familles, les nations et les races qui forment notre espèce, et où l'altruisme est assez développé pour déborder notre égoïsme individuel ou national.

Y a-t-il une nation, même parmi les plus civilisées, qui puisse se vanter d'être parvenue à cette phase suprême de l'évolution de la morale sociale? L'humanité, c'est-à-dire l'amour de tous les hommes, sans distinction de races, de peuples, de religions, n'est-elle pas le privilège, dans tous les pays, d'une élite intellectuelle et morale encore impuissante à lutter contre les préjugés, les passions et les haines qui obscurcissent le cerveau des hommes et qui rétrécissent leur cœur?

Cependant, à mesure que l'instruction pénètre dans les couches profondes des peuples, que les religions s'épurent, que les philosophies deviennent moins métaphysiques et plus expérimentales, que les sciences se forment et que la morale se dégage des formules vicieuses où l'ont enfermée, pendant des centaines de siècles, l'ignorance et la passion, à mesure aussi que les relations deviennent plus étroites entre les membres d'une même société et entre les diverses sociétés humaines, chaque homme acquiert davantage la conscience des liens qui l'unissent à tous les autres hommes, la connaissance du besoin qu'il a de tous les autres et de l'impossibilité où il est de vivre isolé. Et les cœurs s'ouvrent en même temps que la science pénètre dans les cerveaux. Au-dessus de toutes les religions, de toutes les métaphysiques, de toutes les philosophies et de toutes les sciences, s'élève, chaque jour plus haute et plus visible à tous les observateurs clairvoyants, cette morale sublime qui constitue, depuis des milliers d'années, le fonds commun de tous les fondateurs de religion, de tous les philosophes, de tous les penseurs et de tous les savants et qui se résume en un seul mot : fraternité. La science nous montre que ce mot n'est pas une simple formule religieuse ou métaphysique, qu'il répond à des faits, qu'il est la traduction d'un sentiment réel, né dans le cœur des hommes à la suite de leurs rapports, et engendré par la certitude qu'ils ne peuvent se passer les uns des autres, que le progrès de l'ensemble du corps social est fait du progrès de chacun de ses membres.

De la connaissance de ces faits et du sentiment qu'elle

provoque naît l'idée du devoir que la société est tenue de remplir à l'égard de ceux de ses membres qui souffrent ou sont dans la misère.

Dans quelle mesure avons-nous rempli ce devoir[1]? C'est ce que nous permettra d'apprécier un rapide examen des dispositions prescrites par notre législation pour donner assistance aux miséreux, aux malades, aux infirmes.

## HISTORIQUE DE L'ASSISTANCE EN FRANCE

L'histoire de l'assistance publique dans notre pays est remarquable par une lutte incessante entre l'Église et l'État, pour savoir à qui des deux reviendra le soin de secourir les pauvres et les infirmes, l'un et l'autre se rendant compte de l'influence que l'assistance donne, sur la masse de la population, à ceux qui l'exercent. Pendant tout le moyen âge, c'est à peu près exclusivement au clergé qu'incombe le soin des pauvres, des infirmes, des vieillards et des malades[2]. A

1. Je ne m'occuperai dans ce chapitre que de l'assistance publique, envisagée comme un devoir social dont l'accomplissement incombe aux pouvoirs publics, laissant à l'assistance privée le caractère de « vertu », c'est-à-dire d'acte volontaire, que chacun peut faire ou ne pas faire. Toutefois, je tiens à souligner l'importance qu'a dans notre pays, surtout depuis quelques années, la bienfaisance privée. On compte difficilement les œuvres de bienfaisance qui s'occupent de soulager les différentes sortes de misères et de maladies, de venir en aide aux femmes en couches, aux enfants pauvres, aux orphelins, aux enfants moralement abandonnés, etc., et c'est par millions que se chiffrent les sommes dépensées par ces œuvres. Quant à l'importance de la bienfaisance individuelle, on ne la peut apprécier que par le nombre considérable de vieillards et d'incurables qui en vivent, soit dans les campagnes, soit surtout dans les grandes villes. Ce qu'il importe de noter, c'est que les libéralités faites à l'assistance publique par les particuliers vont sans cesse en augmentant. De 1800 à 1878, près de 416 millions de francs avaient été versés par des particuliers aux établissements de l'Assistance publique, soit en moyenne, 5 400 000 francs par an. De 1878, époque de l'arrivée des républicains au pouvoir, jusqu'en 1888, la moyenne annuelle fut de 14 millions et demi; elle s'est élevée, de 1889 à 1899, à 16 millions de francs.

2. Sous l'ancien régime, la plupart des hôpitaux étaient fondés par des particuliers et surtout par des prêtres ou des congrégations religieuses. D'après Tollet (*De l'assistance publique et des hôpitaux*), sur 1560 hôpitaux, 340 ont été fondés par des membres du clergé, 110 par des congrégations, 760 par des particuliers ou des princes, seigneurs, etc. Tous avaient, autrefois, l'aspect d'établissements religieux, tant à l'ex-

mesure que le pouvoir des rois augmente, l'assistance publique entre dans la voie de la sécularisation, par suite de l'intervention des autorités civiles dans la gestion des biens abandonnés au clergé par l'État, les communes ou les particuliers, en vue des secours à donner aux malheureux. Les édits rendus par François Ier, en 1543 et 1545, et par Henri III, en 1579, sont les préludes par lesquels la monarchie devait tenter de faire de l'assistance une œuvre gouvernementale.

Lorsque l'Assemblée constituante s'empara des biens ecclésiastiques, elle eut soin de décider, par son décret du 9 novembre 1789, que la Nation devrait « pourvoir d'une manière convenable aux frais du culte, à l'entretien de ses ministres et au *soulagement des pauvres* ». Plus tard, le décret du 10 septembre 1790 mit l'assistance publique à la charge des communes et des départements.

La constitution du 3 septembre 1791 consacre le principe de l'obligation de l'assistance publique : « Il sera créé et organisé un établissement général de secours publics pour élever les enfants abandonnés, soulager les pauvres infirmes et fournir du travail aux pauvres valides qui n'auraient pas pu s'en procurer. »

térieur qu'à l'intérieur. Il fut presque toujours interdit aux protestants de fonder des hôpitaux; quand on découvrait un établissement de ce genre on en confisquait les lits. A l'origine, chaque hôpital était desservi par une congrégation spéciale. Plus tard, il se créa quelques grands ordres hospitaliers qui accaparèrent, en quelque sorte, le service de la majeure partie de ces établissements. Les revenus des hôpitaux étaient constitués par des donations et des legs; quelques-uns étaient fort riches. C'est seulement dans les hôpitaux que les malades pauvres étaient alors soignés. En général, les hôpitaux étaient fort mal tenus : à l'Hôtel-Dieu, on plaçait souvent trois ou quatre malades dans un même lit, sans se préoccuper de la nature de la maladie de chacun. A Bicêtre, il n'y avait qu'un seul infirmier pour 2 000 malades vénériens et 20 lits pour 200 personnes. Il semble qu'une partie notable des ressources de certaines congrégations hospitalières fussent consacrées à toute autre chose qu'à l'assistance; on cite comme exemple de ce fait les sœurs hospitalières de Sainte-Catherine qui à 10, assistées par 8 filles de service, et jouissant d'un revenu de 87 000 livres, donnaient à souper et à coucher, dans une salle basse à 25 ou 30 filles sans asile.

En 1861, une enquête officielle constatait que sur 17 776 congréganistes hommes, 12 845 s'occupaient d'enseignement; il en était de même pour 58 000 religieuses sur 90 000. Aujourd'hui, il n'y a guère que des congrégations de femmes qui s'occupent d'assistance, et un tiers seulement des religieuses s'y adonne.

En face de l'obligation de secourir les indigents, la Constituante plaçait l'interdiction de la mendicité. Son décret du 19 juillet 1791, relatif à l'organisation d'une police municipale et correctionnelle, décide (art. 22) : « Les mendiants valides pourront être saisis et conduits devant le juge de paix pour être statué à leur égard conformément aux lois sur la répression de la mendicité. »

La Convention, dans son décret du 19 mars 1794 (art. 5), pose de nouveau le principe que « l'assistance du pauvre est une dette nationale[1] ». Elle ordonne la vente des « biens des hôpitaux, fondations et dotations en faveur des pauvres » et elle met les frais de l'assistance publique à la charge de l'État : « Il sera, dit l'article premier, attribué par chaque législature une somme annuelle à chaque département de la République, laquelle sera employée en secours en faveur

1. Ce principe est, depuis longtemps, appliqué dans tous les pays protestants de l'Europe. En Angleterre, les lois reconnaissent au pauvre *non valide* un droit absolu à l'assistance. Les pauvres valides y ont un droit conditionnel, c'est-à-dire qu'on leur doit assistance si on ne peut pas leur procurer du travail. C'est de ce principe que sont nés les *work-houses*, ou maisons de travail que toutes les communes doivent tenir ouvertes, et dans lesquelles on admet non seulement les individus accidentellement dépourvus de travail, mais aussi des vieillards et des incurables. L'assistance des indigents non valides est pratiquée à domicile. Le principe de l'obligation se manifeste encore par la *taxe des pauvres*, véritable impôt direct, établi sur toutes les propriétés rapportant des revenus, sur les ponts, les chemins de fer, etc., et perçu, dans chaque paroisse, par le comité de l'assistance publique.

En Allemagne, l'État impose aux communes l'obligation d'assister les indigents et il accorde à ceux-ci le droit de se plaindre à l'administration centrale quand ils jugent que les communes ne remplissent pas convenablement leurs devoirs. La loi autorise les communes à recevoir des dons et legs, à faire des collectes, à encaisser certaines amendes et à frapper des taxes spéciales sur les objets de luxe, les théâtres, les jardins publics, etc.

En Autriche, où l'obligation à l'égard des indigents est très formelle, les communes peuvent établir un « impôt direct des pauvres ». Il en est de même en Danemark.

En Italie, en Espagne et dans tous les pays catholiques, l'assistance est considérée même quand elle est instituée à l'état de service public, comme une œuvre de charité. C'est également ainsi qu'elle a été considérée en France jusqu'à la Révolution et, depuis la Révolution, jusqu'à ces dernières années. En 1850, Adolphe Thiers écrivait dans un rapport à l'assemblée législative : « Il importe que cette vertu de la bienfaisance, quand elle devient de vertu privée vertu publique, conserve son caractère de vertu, c'est-à-dire reste volontaire, spontanée, libre de faire ou de ne pas faire. »

de l'indigence, dans la proportion et de la manière qui vont être déterminées. » Suivent les prescriptions relatives à la répartition de cette subvention entre les départements ; puis un article 3 d'après lequel « la répartition sera faite sur les mêmes bases des départements aux districts et des districts aux cantons ». Ce sont ces derniers qui doivent distribuer les secours. Ce décret prévoyait encore l'établissement « d'officiers de santé pour les pauvres secourus à domicile, pour les enfants abandonnés et pour les enfants inscrits sur les états des pauvres ». D'après l'article 12 : « Les accoucheurs et accoucheuses établis dans les villes et dans les campagnes, et dont la capacité sera reconnue, seront chargés des accouchements des femmes inscrites sur les états des pauvres. »

La prévoyance n'était pas non plus oubliée. D'après l'article 13, « pour aider aux vues de prévoyance des citoyens qui voudraient se préparer des ressources à quelque époque que ce soit, il sera fait un établissement public sous le nom de *caisse nationale de prévoyance* sur le plan et d'après l'organisation qui seront déterminés ».

Enfin la mendicité était interdite. L'article 14 ordonnait : « La mendicité sera réprimée ; en conséquence, il sera établi dans chaque département, des maisons de répression où le travail sera introduit et où les mendiants seront conduits dans les cas et pour le temps qui seront fixés. Les comités de législation et de secours publics se concerteront pour proposer une peine qui prévienne tout retour au vagabondage, dans le cas de double ou tierce récidive. » Comme conséquence, l'article 15 interdisait « toutes distributions de pain et d'argent aux portes des maisons publiques ou particulières ou dans les rues ». La charité publique était remplacée par des « souscriptions volontaires dont le produit sera versé dans la caisse de secours du canton ».

Par un second décret du 24 vendémiaire an II (15 octobre 1793) la Convention prescrit l'établissement par chaque commune d'une liste de ses indigents; elle s'efforce d'organiser les secours et elle réglemente la punition de la mendicité dans des termes qui font prévoir nos lois actuelles sur la relégation. « Les mendiants mis dans les maisons de répression, et qui ne pourront justifier d'aucun domicile après un an de détention, seront condamnés à la transportation. » L'article 7 décide que « la peine de la transportation ne pourra être moindre de huit années; elle n'aura lieu que pour les mendiants au-dessus de dix-huit ans, et au-dessous de soixante. Elle pourra être prolongée, si la mauvaise conduite du transporté le mérite, comme elle pourra être abrégée dans le cas seulement d'un service distingué rendu à la colonie. »

Le décret est complété par des clauses relatives au *domicile de secours des indigents*, qui ont servi de point de départ à la législation actuelle sur cette matière.

Un décret non moins considérable, du 22 floréal an II (16 mai 1794), ordonne : « Il sera ouvert dans chaque département, un registre qui aura pour dénomination : *Livre de la bienfaisance nationale*. Le titre I$^{er}$ sera intitulé : Cultivateurs malades ou infirmes; le II$^{e}$, artisans vieillards ou infirmes; le III$^{e}$ sera consacré aux mères et aux veuves ayant des enfants dans les campagnes. » Il instituait une fête de « la bienfaisance nationale » qu'il est possible de trouver un peu puérile mais qui n'en témoignait pas moins des hauts sentiments d'humanité dont nos pères de la première République étaient animés.

Le trouble des temps ne permit pas à la Convention d'aborder l'application de ses décrets, dont la caractéristique était la transformation de l'assistance publique en devoir national, avec la suppression de la mendicité et de la charité privée.

Avec le Directoire, on revint, d'une part, au système de l'assistance communale inauguré par la Constituante, et, d'autre part, au régime des établissements hospitaliers indépendants.

Depuis cette époque, dans notre pays, l'assistance publique s'est toujours exercée sous deux formes distinctes : 1° la *bienfaisance*, consistant dans la délivrance plus ou moins prolongée de secours en nature ou en argent, à des gens qui vivent chez eux : 2° *l'hospitalisation* ou admission des infirmes et des malades dans des établissements qui subviennent à toutes leurs nécessités pendant la durée du séjour qu'ils y font. La première forme d'assistance est représentée essentiellement, aujourd'hui, par les bureaux de bienfaisance, la seconde par les hôpitaux et hospices. A Paris, seulement, les deux services sont réunis sous une direction commune; partout ailleurs ils sont entièrement séparés.

## BUREAUX DE BIENFAISANCE

Les bureaux de bienfaisance ont été institués sous le Directoire, par la loi du 7 frimaire an V (27 novembre 1796). « Dans le mois qui suivra la publication de la présente, dit l'article 3, le bureau central, dans les communes où il y a plusieurs municipalités, et l'administration municipale dans les autres, formeront, par une nomination au scrutin, un bureau de bienfaisance, ou plusieurs, s'ils le croient convenable : chacun de ces bureaux sera composé de cinq membres. » D'après l'article 4 « les fonctions des bureaux de bienfaisance seront de diriger les travaux qui seront prescrits par lesdites administrations, et de faire la répartition des secours à domicile ». L'article 10 déclare : « Les secours à domicile seront donnés en nature, autant qu'il sera possible. » Les fonctions des membres des bureaux de bienfaisance sont gratuites ; aucun fonds ne doit être manié par eux ; « ils nommeront, dit l'article 5, un membre qui fera toutes les perceptions. » Les recettes étaient constituées, en premier lieu, par un prélèvement sur les billets des théâtres, concerts, bals, etc., en second lieu, par « les dons qui seront offerts ».

Prélever les fonds des bureaux de bienfaisance sur les dépenses du plaisir, reporter à la commune le centre actif de l'assistance publique, instituer les secours à domicile et les faire donner, autant que possible, en nature, supprimer la mendicité, tels sont les caractères essentiels de cette loi. Ils ont persisté dans toute la législation relative aux bureaux de bienfaisance jusqu'à notre époque.

Un arrêté du 5 prairial an XI, modifié par des décrets du 12 septembre 1806 et 30 décembre 1809, autorise les bureaux de bienfaisance à se procurer des recettes par des collectes à domicile, et la pose de troncs dans les églises, après entente avec le clergé. Le décret du 12 juillet 1803 mit à la disposition des bureaux de bienfaisance les biens et revenus des *caisses de secours*, de *charité* ou d'*épargne*, à la charge de se conformer, dans l'emploi des fonds, au but de ces institutions. L'ordonnance du 6 décembre 1843 leur attribua une partie du produit des concessions dans les cimetières. Les recettes des bureaux de bienfaisance peuvent encore être constituées par des subventions municipales, départementales ou de l'État, ou par des dons et legs des particuliers.

La loi du 7 frimaire an V faisait nommer les membres des bureaux de bienfaisance par les administrations municipales. L'ordonnance royale du 6 février 1818 attribue leur nomination aux préfets dans les villes et communes où les maires n'étaient pas nommés par le ministre de l'intérieur, et, à ce dernier, sur l'avis des préfets, dans celles où le ministre avait déjà la nomination des maires.

Une autre ordonnance du 31 octobre 1821 institua auprès des bureaux de bienfaisance, sous le nom de « conseils de charité » des organes de contrôle dont faisaient partie de droit « les archevêques et évêques, les premiers présidents et procureurs généraux des cours royales, et, à défaut de ceux-ci, les présidents et procureurs du roi des tribunaux de première instance, les présidents des tribunaux de commerce, les recteurs des académies, les plus anciens des curés, les présidents des consistoires, les vice-présidents des Chambres de commerce et le plus ancien des juges de paix ».

La monarchie de juillet, par une ordonnance du 2 avril 1831, supprime les « Conseils de charité », concentre entre les mains des préfets et du ministre de l'intérieur toute l'autorité du contrôle sur les bureaux de bienfaisance et sur les commissions des hospices.

La loi du 7 août 1851 et les décrets du 23 mars et 17 juin 1852 augmentent encore l'autorité des préfets en leur donnant la nomination directe des membres des bureaux de bienfaisance et des commissions des hospices.

La loi du 21 mai 1873, encore en vigueur, a introduit un esprit plus libéral dans la nomination des commissions : elle y fait entrer de droit le maire comme président.

Pour économiser leurs ressources et ne pas favoriser la mendicité ambulante, les bureaux de bienfaisance appliquent, d'ordinaire, assez rigoureusement, l'article 4 du titre V de la loi du 24 vendémiaire an II qui impose « le séjour d'un an dans une commune pour y acquérir le domicile de secours ».

Les ressources des bureaux de bienfaisance sont relativement minimes. Le nombre des bureaux est lui-même très inférieur à ce qu'il devrait être. La loi du 7 frimaire an V avait prescrit la création d'un bureau par commune; « or, actuellement, sur 36.170 communes, 17.059 seulement ont un bureau de bienfaisance et quelques-uns de ces bureaux n'ont que de minimes ressources[1]. »

## HÔPITAUX ET HOSPICES

Les hôpitaux sont destinés aux malades susceptibles de guérison ; les hospices sont réservés aux vieillards, enfants abandonnés, incurables et aliénés.

Lorsque la Constituante, par son décret du 9 novembre 1789, ordonna la mise en vente des biens ecclésiastiques parmi lesquels figuraient ceux des hôpitaux, elle stipula l'obligation par l'État de subvenir « au soulagement des pauvres ». Cette décision fut confirmée par la loi de la Convention du 19 mars 1793.

Pour des raisons diverses, une partie seulement des biens

1. On lit dans une circulaire du ministre de l'intérieur du 1er août 1888 : « Dix neuf mille cent onze communes sont dépourvues de bureaux de bienfaisance. Là où il en existe, la moyenne des secours accordés par eux n'étant que de 19 fr. 50 par an et par indigent, leur action est insuffisante pour venir en aide aux pauvres que la vieillesse ou les infirmités mettent dans l'impossibilité de subvenir à leurs besoins. » C'est dans le but de remédier à cette insuffisance des bureaux de bienfaisance, qu'a été instituée l'assistance à domicile pour les malades, les vieillards et les incurables indigents.

des hôpitaux fut mise en vente. Celle qui n'avait pas été aliénée leur fut restituée, sous le Directoire, par les lois du 15 vendémiaire an V (7 octobre 1796) et du 20 ventôse an V (10 mars 1797). Les biens qui avaient été vendus furent remplacés par d'autres appartenant au domaine.

Plus tard, les congrégations rentrèrent dans les hôpitaux et hospices. Un arrêté du gouvernement consulaire du 24 vendémiaire an XI, autorisa d'abord les filles de Saint-Vincent de Paul à se vouer comme par le passé au soulagement des pauvres ; puis un décret du 18 février 1809 rétablit toutes les congrégations hospitalières de femmes. L'Église remettait, dans la mesure où les mœurs le permettaient, la main sur les hôpitaux et hospices ; mais si elle y entrait par ses congréganistes, elle n'avait plus la gestion de leurs biens.

Par la loi du 16 vendémiaire an V, article premier : « Les administrations municipales auront la surveillance immédiate des hospices civils établis dans leur arrondissement. Elles nommeront une commission composée de cinq citoyens résidant dans le canton. » D'après l'article 3 « chaque commission nommera, hors de son sein, un conseil qui lui rendra compte tous les trois mois ; elle remettra ce compte à l'administration municipale, qui l'adressera, dans la décade, avec son avis, à l'administration centrale du département, pour être approuvé s'il y a lieu ». L'administration centrale se bornait à exercer un simple contrôle sur les commissions des hospices et hôpitaux ; la véritable autorité était aux mains des municipalités.

La loi du 16 messidor an XII (4 juillet 1799) fit faire un premier pas à la centralisation en prescrivant par son article 3 : « La nomination des commissions administratives, faite par les administrations municipales, sera soumise à l'approbation de l'administration centrale. » Les commissions devaient rendre compte de leur gestion à l'administration départementale, tous les trois mois.

L'ordonnance royale du 6 février 1818 fait nommer les membres des commissions des hôpitaux et hospices, comme ceux des bureaux de bienfaisance, par les préfets ou par le ministre de l'intérieur, suivant les communes. L'ordonnance du 31 octobre 1812 règle les attributions des commissions. L'ordonnance du 2 avril 1831 et les décrets du 17 juin 1852 augmentent l'autorité des préfets et du ministre de l'intérieur sur les commissions. Enfin, la loi du 21 mai 1873, encore en vigueur, remet entièrement aux préfets et au ministre de l'intérieur la nomination des membres des commissions des hôpitaux et hospices.

Ces commissions sont chargées de toute l'administration ; elles règlent les questions qui s'y rapportent, soit définitivement et sans appel, soit avec l'obligation de soumettre leurs délibérations aux conseils municipaux. Les médecins, chirurgiens et pharmaciens des hôpitaux, ainsi que les élèves internes ou externes sont nommés par les commissions, d'après des conditions déterminées d'avance.

La loi du 21 mai 1873 accorde aux commissions administratives des hospices le droit de participer à la distribution des secours à domicile, jusqu'alors réservé aux bureaux de bienfaisance. « A cet effet elles sont autorisées, par extension de la faculté ouverte par l'article 17 de la loi du 7 août 1851, à disposer des revenus hospitaliers jusqu'à concurrence du quart, pour les affecter au traitement des malades à domicile et à l'allocation de secours annuels en faveur des vieillards ou infirmes placés dans leurs familles. La portion des revenus ainsi employés pourra être portée au tiers avec l'assentiment du conseil général. »

Les malades indigents sont admis gratuitement dans les hopitaux, sans condition de domicile s'il y a de la place ; d'autres malades y peuvent être reçus moyennant une rétribution quoditienne. Les incurables ne doivent y être conservés et même admis que s'il y a une salle réservée à cette spécialité de malades. Les personnes atteintes de maladies chroniques n'y sont admises que pendant les périodes où l'affection revêt un certain caractère d'acuité. Cette catégorie de malades est celle qui soulève le plus de difficultés : si on les conserve pendant les périodes de calme, on leur rend un indéniable service, car la plupart sont incapables de travailler même pendant ces périodes ; mais, d'autre part, on enlève une place aux maladies aiguës pour lesquelles les hôpitaux sont plus particulièrement institués, et l'on expose parfois les malades à certaines contagions. Il en résulte la nécessité de créer des asiles spéciaux pour les indigents atteints de maladies chroniques et particulièrement pour ceux dont les maladies sont contagieuses comme la tuberculose.

Les hospices pour incurables, vieillards, enfants abandonnés, aliénés, sont soumis, au point de vue de l'administration et de la garde des malades, à des conditions particulières. En général, les vieillards et les incurables habitant une localité pourvue d'un hospice ne sont admis dans celui-ci qu'en faisant la preuve d'un certain temps de séjour dans la localité. Les incurables et les vieillards qui habitent des communes dépourvues d'hospice sont admis dans les établissements désignés à cet effet par le conseil général et auxquels une redevance est assignée dans ce but. Si les établissements ne peuvent être remboursés de la totalité de leurs dépenses ni par les communes, ni par les départements, ils s'adressent au ministère de l'intérieur qui les indemnise à l'aide du crédit qui figure à son budget sous le titre : « Remboursements de frais occasionnés par les individus sans domicile de secours. »

Ces dispositions, bonnes en elles-mêmes, sont très insuffisantes, parce que les hospices n'ont pas assez de places pour donner asile à tous les vieillards indigents et incapables de travail et à tous les incurables indigents. Aussi un très grand nombre de ces malheureux sont-ils condamnés à vivre de mendicité. Dans un rapport officiel, le président du conseil général des hospices de Lyon, M. Sabran, écrivait, en 1889 : « Sur différents points du territoire, des vieillards, des incurables incapables de gagner leur vie, souffrent et meurent faute d'assistance [1]. »

1. Voy. *L'assistance publique en France, en 1899 et en 1900*, par M. Henri Monod, directeur de l'assistance et de l'hygiène publique, p. 45. M. Monod, ajoute à cette citation : « Un des rapporteurs du pré-

Bâtir des hôpitaux pour ces pauvres gens serait évidemment trop coûteux ; il serait préférable de les secourir à domicile. En 1895 (27 décembre), la Chambre invita le gouvernement à préparer un projet de loi dans ce sens. Dans la loi de finances de 1897, un article fut inséré qui contraignait l'État à contribuer aux secours que les départements ou les communes alloueraient à leurs vieillards et incurables, et un crédit de 600 000 francs fut inscrit à cet effet dans le budget. Mais les communes et les départements firent la sourde oreille au point que le crédit fut à peine effleuré. En 1899, l'État n'avait contribué aux secours de ce genre que pour une somme de 100 000 francs.

Dans les premiers mois de 1903, la Chambre a voté une loi qui a pour objet de remédier à tous les vices de notre assistance publique, en imposant aux communes, aux départements et à l'État l'obligation de venir en aide à tous les vieillards et infirmes qui ne peuvent pas travailler et qui sont sans ressources. D'après une estimation de l'Office du travail, il y aurait en France environ 600 000 personnes susceptibles de bénéficier de cette loi, dont 213 000 vieillards, 160 000 infirmes et 226 000 incurables.

Les pratiques hospitalières sont à peu près les mêmes pour les aliénés et pour les enfants assistés que pour les incurables et les vieillards, mais pour les aliénés, c'est la commune du domicile de secours qui est tenue de faire face à la dépense d'hospitalisation. Pour les enfants assistés, le domicile de secours est le lieu où réside habituellement la mère, et, lorsque cette constatation est impossible, celui où l'enfant est né. Pour les aliénés, le domicile de secours est la commune où est né l'individu hospitalisé. Les dépenses pour les aliénés et les enfants assistés sont rangées parmi les dépenses obligatoires des communes. Le contingent de chaque commune est fixé

sent congrès, M. Louis Redière, constate que pour hospitaliser un vieillard sans appui, des préfets ont été réduits à lui faire infliger une condamnation pour mendicité, afin de pouvoir le maintenir ensuite au dépôt départemental. A la fin d'une vie sans tache, il faut imposer au pauvre vieux la tare préalable du casier judiciaire pour l'empêcher de mourir de faim. »

par le conseil général du département (loi du 5 avril 1884).

On voit que, d'une façon générale, notre législation actuelle est conforme à celle de la Constituante, qui attribuait aux communes l'assistance publique, le département et l'État ne faisant que venir à leur secours : mais les communes elles-mêmes ne sont pas les maîtresses des hôpitaux et des hospices. Ces établissements sont doués d'une existence propre, ils sont administrés par des commissions relativement indépendantes et ils jouissent de ressources en quelque sorte personnelles.

En 1896, les dépenses qu'ils ont payées sur leurs revenus propres se sont élevées à 66 millions de francs, sans compter Paris.

Les revenus des hôpitaux et hospices sont formés : 1° par les biens qui leur furent institués sous le Directoire et ultérieurement, ou par les rentes foncières qui représentent ces biens ; 2° par les capitaux, rentes ou immeubles provenant des dons et legs qui leur sont faits ; 3° par les subventions de l'État, des départements et des communes ; 4° par la portion qui leur est allouée sur certaines amendes ; 5° par le produit des droits perçus sur les théâtres, bals, concerts, etc. ; 6° par les dons accidentels, quêtes, collectes, etc. ; 7° par le produit du travail des indigents et des enfants admis dans les hospices ; 8° par les revenus des biens des enfants trouvés ou assistés, et par les biens de ces enfants qui meurent sans héritiers, ainsi que par les effets mobiliers des individus hospitalisés gratuitement et décédés ; 9° par le produit des hospitalisés payants, etc.

## ASSISTANCE MÉDICALE OBLIGATOIRE

La loi du 15 juillet 1893 a introduit dans notre législation un principe nouveau, en rendant l'assistance médicale obligatoire pour les indigents. D'après l'article premier de cette loi, « tout Français malade, privé de ressources, reçoit gratuitement de la commune, du département ou de l'État, suivant son domicile de secours, l'assistance médicale à domicile ou, s'il y a impossibilité de le soigner utilement à domicile, dans un établissement hospitalier. Les femmes en couches sont assimilées à des malades. Les étrangers malades, privés de ressources, sont assimilés aux Français toutes les fois que le gouvernement a passé un traité d'assistance réciproque avec leur nation d'origine. » L'article 12 décide : « Dans chaque commune, un bureau d'assistance assure le service de l'assistance médicale. »

La commission administrative du bureau d'assistance « dresse un mois avant la première session du conseil municipal la liste des personnes qui, ayant dans la commune un domicile de secours, doivent être, en cas de maladie, admises à l'assistance médicale, et elle procède à la revision de cette liste un mois avant chacune des trois autres sessions ». Cette liste est « arrêtée par le conseil municipal qui délibère en comité secret; elle est déposée au secrétariat de la mairie ». D'après l'article 16 : « Pendant un délai de vingt jours à compter du dépôt, les réclamations en inscription ou radiation peuvent être faites par tout habitant contribuable de la commune. » Article 17 : « Il est statué souverainement sur les réclamations, le maire entendu ou dûment appelé, par une commission cantonale composée du sous-préfet de l'arrondissement, du conseiller général, d'un conseiller dans l'ordre de nomination et du juge de paix du canton. Le sous-préfet ou, à son défaut, le juge de paix préside la commission. » Dans les cas d'urgence, la commission et même le maire de la commune peuvent accorder l'assistance médicale à un indigent non inscrit sur la liste.

Les dépenses de l'assistance médicale sont mises, en principe, par la loi de 1893, à la charge des communes, qui ont le droit de voter à cet effet des *centimes additionnels,* mais les communes elles-mêmes peuvent être assistées par les départements et l'État dans des conditions que la loi précise[1].

1. M. Monod disait, en 1900, au sujet des résultats fournis par la loi de 1893 : « Beaucoup plus rapidement, beaucoup plus facilement que nous n'osions l'espérer, son application s'est généralisée. Les statistiques officielles constataient que, dès 1895, le nombre des malades pauvres soignés en exécution de cette loi s'est élevé à près de 360 000.

Ce qui est important dans cette loi, c'est le caractère obligatoire qu'elle donne à l'assistance médicale et le droit de réclamation qu'elle attribue à l'indigent.

Très combattue par les personnes qui ne veulent pas considérer l'assistance comme un devoir social, qui voudraient lui conserver le caractère de vertu, c'est-à-dire d'un acte que les gouvernements pourraient n'accomplir qu'à leur guise et dans la mesure où il leur conviendrait de le faire, la loi de 1893 n'a eu aucune des conséquences fâcheuses que ses adversaires avaient annoncées. On prédisait, par exemple, qu'elle déterminerait une décroissance des sociétés de secours mutuels ; or, depuis qu'on l'applique, ces sociétés n'ont fait que se développer[1]. On disait aussi qu'elle provoquerait à la paresse et à l'indigence simulée ; or, c'est à peine si on atteint le chiffre de dépenses qui avait été prévu, soit pour le compte des communes, soit pour celui de l'État[2]. Cela n'a,

Ce nombre est monté à 438 000 en 1896, à environ 500 000 en 1899. » Il ajoute que ces chiffres « démontrent l'utilité, la nécessité de la loi. C'est par centaines de mille que se comptaient les Français pauvres qui, en cas de maladie, n'étaient pas soignés ; les enquêtes poursuivies préalablement à la loi ont mis ce fait hors de conteste. Ce spectacle est dorénavant épargné grâce à la loi de 1893, grâce à l'empressement généreux avec lequel les assemblées départementales l'ont appliquée ». (*L'assistance publique en France en* 1899 *et en* 1900, par Henri Monod, directeur de l'Assistance publique.)

1. Répondant à M. Leroy-Beaulieu qui avait lancé ce pronostic, M. Henri Monod écrit : « Les mutualistes avaient été méjugés. Ils ne sont nullement disposés à abandonner la prévoyance, qui fait leur dignité, pour passer à l'assistance publique... C'est en 1895 qu'a commencé l'application de la loi de 1893... Au 31 décembre 1895, il y avait en France 10 588 sociétés de secours mutuels, comptant 1 354 439 membres participants ; au 31 décembre 1899, le nombre des sociétés était de 13 013 et le nombre des participants avait passé à 1 759 000. » M. Monod aurait pu ajouter que les membres des sociétés de secours mutuels se recrutent, non parmi les besoigneux, ni même parmi les salariés à faibles salaires, mais plutôt parmi les employés et les ouvriers à salaires élevés, c'est-à-dire dans une classe d'individus qui ne voudraient à aucun prix être inscrits, dans leurs communes, comme indigents et qui, d'ailleurs, ne le pourraient pas. (Voy. Henri Monod, *loc. cit.*, p. 41.)

2. M. Henri Monod (*loc. cit.*), dit à ce sujet : « On répète volontiers, sans y avoir, je crois, regardé de bien près, que cette loi est ruineuse. Les dépenses nouvelles qu'elle cause aux départements et aux communes ne s'élèvent pas pour l'ensemble de la France à quatre millions de francs, et les deux millions que nous avons prévus comme devant

d'ailleurs, rien qui puisse étonner, car les municipalités qui sont chargées de l'application de la loi sont les premières intéressées à écarter les demandes non justifiées, et elles sont admirablement placées pour apprécier la situation des individus qui sollicitent l'assistance.

La loi de 1893 n'a fait qu'entr'ouvrir la porte par laquelle devra passer toute notre législation sur l'assistance publique : elle témoigne que dans la pensée des républicains de notre temps, comme dans celle des républicains de la Révolution, l'assistance publique est un devoir social et non une vertu, devoir dont l'accomplissement peut être réclamé par tous ceux qui souffrent, par tous ceux qui sont misérables, par tous ceux qui sont incapables de gagner leur vie, à la condition bien entendu que leur *misère soit réelle* et que leur incapacité de travailler ne soit pas simulée. Dans un rapport soumis à l'Assemblée nationale au nom du premier comité d'assistance qui ait fonctionné sous la Révolution, Laroche-foucault-Liancourt a formulé en des termes excellents la règle de l'assistance : « Insuffisance de secours c'est cruauté, barbarie, manque aux devoirs les plus essentiels; — assistance superflue, c'est destruction des mœurs, de l'amour du travail, c'est désordre, c'est injustice enfin, puisque c'est emploi des fonds publics par delà l'exacte nécessité. »

représenter la part annuelle de l'État sont encore loin d'être dépensés. » Il dit que la loi ayant prévu la contribution de l'État aux dépenses occasionnées par les constructions et agrandissements d'hôpitaux, il en résultera incontestablement une charge nouvelle; mais jusqu'en 1900 aucun crédit n'avait encore été demandé pour cet objet ; on avait fait face aux dépenses à l'aide des fonds du pari mutuel, c'est-à-dire aux frais des joueurs des courses.

# CHAPITRE V

## DEVOIRS RELATIFS A LA PRÉVOYANCE

### ORIGINE DE L'IDÉE DE PRÉVOYANCE

Prévoir les besoins que l'on éprouvera dans l'avenir et s'assurer d'avance les moyens de les satisfaire constituent les deux actes essentiels de la prévoyance. Ils se présentent à des degrés très divers parmi les animaux et dans les diverses races ou classes des sociétés humaines.

Les animaux sont, en général, très peu prévoyants en ce qui concerne l'alimentation. Cependant, quelques mammifères hibernants font, avant de s'engourdir à l'approche du froid, des approvisionnements de fruits secs dont ils se nourrissent au réveil, en attendant que les champs ou les bois leur en fournissent de frais. Les fourmis accumulent dans les galeries de leurs habitations souterraines, des aliments dont elles se nourrissent pendant les périodes où le froid, la neige, la pluie les empêchent de sortir ; on affirme même qu'elles useraient de certains pucerons comme de vaches à lait, les transportant dans leurs fourmilières et les y conservant pour sucer le liquide sucré que sécrètent leurs glandes abdominales. On a encore découvert récemment que les fourmis coupeuses de feuilles se nourrissent d'un mycélium dont elles provoquent elles-mêmes la formation et le développement sur les feuilles qu'elles portent dans leurs nids. Le mycélium se nourrit des feuilles triturées par les fourmis et celles-ci se nourrissent du mycélium. Elles sont, à la fois, prévoyantes et cultivatrices.

Les abeilles déposent le miel qu'elles sécrètent dans les alvéoles de leur ruche, en prévision de l'alimentation des jeunes larves et de leur propre nourriture pendant l'hiver. La prévoyance dont elles font preuve par ces actes est d'autant plus remarquable que les œufs d'où sortiront les larves ne sont pas pondus par elles-mêmes, mais par la seule reine de la ruche.

Parmi les animaux domestiques, le chien cache volontiers dans des coins reculés, ou bien enfouit dans la terre les os et les morceaux de pain dont il ne veut pas sur l'heure, mais qu'il ira reprendre lorsque la faim se fera de nouveau sentir.

Ces faits sont exceptionnels : aussi voit-on la plupart des animaux succomber en masse dès qu'une perturbation de la température ou des saisons dérange les conditions normales de leur existence.

La prévoyance en vue de la perpétuation des espèces est plus généralement répandue. Les oiseaux savent réunir les conditions les plus favorables à la conservation de leurs œufs et de leurs petits, et ils modifient ces conditions suivant les nécessités de chaque climat et les autres conditions dans lesquelles ils vivent. Les mammifères dont les petits naissent faibles, aveugles, incapables de se nourrir eux-mêmes et exposés à souffrir des intempéries du climat, prévoient, d'ordinaire, les besoins de leur progéniture et prennent, en vue de leur satisfaction, des précautions souvent fort ingénieuses.

La prévoyance ayant pour but la protection contre les attaques des ennemis traditionnels de la race ou de l'espèce, contre la pluie, le froid, les inondations, etc., atteint chez quelques animaux un remarquable degré de développement. Faut-il rappeler les terriers que les lapins creusent pour s'y mettre à l'abri des intempéries des saisons, des bêtes carnassières et des chasseurs, les digues que les castors construisent pour préserver leurs habitations souterraines contre les inondations ? Bornons-nous à noter les sociétés que forment un grand nombre d'animaux dans le but de se mettre plus facilement à l'abri de leurs ennemis, et les associations que certaines espèces font avec d'autres tout à fait distinctes, mais qui les aident dans leur lutte pour l'existence, soit contre la nature, soit contre leurs ennemis naturels. Ces associations sont d'autant plus remarquables qu'il nous est permis d'y voir l'esquisse rudimentaire de celles que les hommes sont contraints de former pour se protéger contre les rigueurs du destin, et où se montrent à nous les manifestations les plus élevées de l'idée de prévoyance.

Parmi les singes, les anthropoïdes, les races humaines préhistoriques et même les races inférieures actuelles, il semble que la prévoyance soit moins développée que dans certaines espèces animales moins élevées dans l'ordre zoologique. C'est seulement à une époque proche de la nôtre, que les hommes préhistoriques commencent à prévoir les intempéries des saisons, accumulent des vivres pour plusieurs jours, se font des vêtements avec les peaux des bêtes, se logent dans des cavernes ou construisent des habitations au-dessus des lacs pour se préserver des animaux féroces, en un mot, font preuve de prévoyance.

A mesure que l'intelligence humaine se développe, que la famille se constitue, que la notion de la propriété se forme et que les sociétés s'étendent, l'idée de la prévoyance apparaît plus nette et plus vive ; elle pousse l'homme à multiplier et à perfectionner les moyens d'assurer dans l'avenir, non seulement la satisfaction de ses besoins personnels, mais encore celle des besoins de ses enfants, de sa femme, de ses parents et du groupement humain plus ou moins étendu dont il fait partie.

Au point de vue de la prévoyance comme à tous les autres, l'évolution de chaque homme résume celle de l'espèce entière. L'enfant est aussi imprévoyant que le sauvage ; il n'a pas plus que ce dernier la notion du temps, ni celle des besoins de la nature humaine, ni celle des moyens à employer pour assurer, dans l'avenir, la satisfaction de ces besoins. Pour résumer ma pensée d'un mot qui la peigne matériellement, il mange sur l'heure tout ce qu'on lui donne sans aucun souci du lendemain. Cependant, s'il appartient à une famille suffisamment instruite et aisée, il ne tarde pas à recevoir des leçons d'économie. Autant par l'exemple que par la parole, on lui fait connaître les difficultés de la vie et l'utilité de la prévoyance en vue des accidents ou des malheurs auxquels il sera exposé, dont ses parents eux-mêmes ont été victimes ou qu'ils craignent d'éprouver. Il a sous les yeux le spectacle des privations que son père, sa mère et leurs amis s'imposent, afin de réaliser la dot d'une fille, les moyens d'instruction ou d'établissement d'un fils et d'amasser les ressources qui seront nécessaires aux vieux parents. L'expérience de la vie achève cette éducation.

Il en est rarement de même parmi les prolétaires. Semblable à l'enfant, est l'ouvrier dont une instruction méthodique n'a pas développé suffisamment l'intelligence et qui n'a jamais rien possédé en dehors de ce que réclament ses besoins immédiats. Il ne songe ni aux nécessités éventuelles de l'avenir, ni à ce qu'exigera leur satisfaction. Comme l'enfant, il vit au jour le jour, mesurant ses dépenses à son gain, incapable de résister aux fantaisies qui lui viennent et gaspillant parfois dans une fête, si ce n'est pas dans une orgie, dès les premières heures de la semaine qui commence, tout le produit du travail de la semaine qui finit.

La femme est, d'ordinaire, moins insouciante que l'homme. Plus directement attachée aux enfants, elle est prévoyante parce qu'elle est mère.

L'un et l'autre sexe devraient dès le début de la vie, à l'école, être instruits des avantages de la prévoyance. Il serait facile de prélever, chaque semaine, quelques heures que le maître consacrerait aux problèmes qu'elle soulève. Il expliquerait aux enfants le mécanisme de la caisse d'épargne, de la caisse des retraites pour la vieillesse, des institutions privées de retraites et de secours mutuels ; il leur ferait faire sur ces questions des devoirs qui leur inspireraient le goût de l'épargne en leur démontrant les multiples avantages. Il me semble que l'imagination des enfants ne pourrait manquer d'être frappée, par exemple, de ce fait qu'une économie de 10 centimes par jour commencée à seize ans donnerait, au taux de 4,5 p. 100 une retraite de 799 francs par an à partir de soixante ans, si l'on sacrifiait le capital, et une retraite de 588 francs, si l'on tenait à conserver le droit de transmettre le capital accumulé à ses héritiers. On démontrerait encore qu'un simple prix de 50 francs accordé à un enfant de dix ans, sous la forme d'un livret de la caisse des retraites pour la vieillesse, lui assurerait, à soixante ans, une retraite de près de 100 francs par an. Imbus de ces idées, encouragés par les livrets de caisse d'épargne et de caisse de retraite qui leur seraient délivrés en prix, les enfants entreraient dans la vie avec la connaissance exacte des périls qu'elle comporte et la notion des moyens à employer pour les éviter. Il y a plus de quarante ans que Dumas, l'illustre chimiste, alors ministre de l'agriculture et du commerce, écrivait dans un rapport sur la caisse d'épargne : « Toutes les fois que des dons ont été faits par des patrons généreux, pour un premier dépôt, ces dépôts se sont toujours accrus ; l'économie est devenue la suite du bienfait ; l'épargne a suivi le don. » Depuis cette époque, l'expérience n'a pas cessé de confirmer l'observation de Dumas.

Les *mutualités scolaires* qui furent créées il y a une quinzaine d'années, à Paris, par M. Cavé, donnent des résultats tout à fait remarquables. En 1895-96, les « Petites Cavé » ne comprenaient que 20 groupements. En 1902-1903, on en compte 3 000 dans lesquels figurent 13 000 écoles et plus de 550 000 enfants. Trois millions et demi de francs avaient été versés, à la fin de 1902, à titre de cotisations, et 800 000 francs avaient été attribués aux dépenses pour les journées de maladie. Une mention spéciale doit être réservée à la « grande mutualité scolaire landaise » qui englobait, à la fin de 1902, 316 communes sur 331 que compte le département des Landes, et 700 classes sur 800, avec 13 000 écoliers participants, soit 40 p. 100 environ de l'effectif scolaire total. Plus de 3 000 membres honoraires font également partie de cette société. On n'admettait autrefois dans les mutualités scolaires que les élèves des écoles ; on les y conserve souvent aujourd'hui jusqu'à l'âge de seize ou dix-huit ans c'est-à-dire jusqu'à ce qu'ils puissent passer dans les mutualités d'adultes en conservant les titres acquis [1].

D'autres sociétés dites « *Petites A* » formées entre les élèves et les anciens élèves des écoles laïques, ont pour objet aussi, en dehors des relations d'amitié, une certaine assistance mutuelle. On aide les apprentis des deux sexes par de petites avances d'argent; on cherche des places pour ceux qui sortent de l'école; on donne des vêtements à ceux qui y entrent, etc. [2].

Faire connaître les institutions de prévoyance et mettre le plus possible à la portée de tous les citoyens les moyens d'en faire usage sont, en cette matière, les deux premiers devoirs qui incombent aux pouvoirs publics. Ils en ont un autre non moins important : celui de favoriser les institutions de prévoyance, dont les objets principaux sont : 1° l'*épargne*, ou constitution de petits capitaux constamment tenus à la disposition de leurs propriétaires ; 2° la création de *fonds de secours* pour les travailleurs que la maladie prive momentanément de leurs salaires ; 3° la constitution de *retraites* pour les infirmes ou les vieillards.

## INSTITUTIONS D'ÉPARGNE

Les institutions auxquelles on a donné le nom de *caisses d'épargne* ne remontent qu'à la fin du siècle dernier pour l'Angleterre, et au commencement du XIXe siècle pour la France. Dans notre pays, la première caisse d'épargne fut créée par les administrateurs de la Compagnie Royale d'assurances maritimes de Paris. Son ouverture fut autorisée par une ordonnance royale du 29 juillet 1818. Dans les principales villes de France il se forma bientôt des caisses privées analogues; puis, certains conseils municipaux organisèrent des caisses communales, et quelques monts-de-piété s'adjoignirent des caisses de même nature. Les caisses d'épargne

1. Voy. sur les mutualités scolaires le *Rapport* de M. Édouard Petit pour 1902-1903, dans le *Journal officiel* du 9 juillet 1903. »

2. Voy. *Revue philanthropique*, n° 4, p. 481.

municipales prirent un grand développement; ce sont les seules qui existent aujourd'hui avec la caisse d'épargne postale.

Le principe qui domine le fonctionnement des caisses d'épargne est très simple : Toute personne peut déposer à la caisse les sommes qu'il lui convient, depuis un franc jusqu'à 300 francs par semaine. Chaque versement est inscrit sur un livret personnel que le déposant conserve par devant lui. Toutes les sommes déposées produisent intérêt. A la fin de chaque année, les intérêts sont capitalisés et rapportent eux-mêmes intérêt. Le déposant a le droit, à un moment quelconque, de retirer la totalité ou une partie de son dépôt; il est fait mention sur son livret de toutes les sommes qu'il retire. Lorsqu'un compte dépasse 1 000 francs, si le titulaire ne retire pas le surplus de cette somme, la caisse lui achète, d'office, un titre de rente pour la valeur des 1 000 francs, sans aucun frais.

Les sociétés de secours mutuels jouissent, en vertu d'un décret du 25 mars 1852, de la faveur de pouvoir élever leur crédit dans les caisses d'épargne jusqu'à 8000 francs, y compris les intérêts capitalisés. Les marins portés sur les contrôles de l'inscription maritime jouissent aussi d'un privilège spécial : au moment de leur embarquement ou de leur débarquement, ils peuvent déposer une somme quelconque, mais si elle dépasse 1 000 francs, l'excédent est employé en achat de rentes sur l'État.

Les caisses d'épargne sont tenues de verser toutes les sommes que le public leur confie à la Caisse des dépôts et consignation qui leur sert un intérêt déterminé par la loi. L'intérêt payé au public par les caisses d'épargne est le même que celui reçu par elles de la Caisse des dépôts et consignations, avec réduction d'un tant pour cent déterminé par la loi et destiné à faire face à leurs dépenses administratives. Les caisses d'épargne peuvent, en outre, avoir des ressources propres, provenant soit de subventions des communes ou des départements, soit de dons ou de legs, etc.

Les caisses d'épargne sont placées sous le contrôle et la

surveillance du ministre des finances. Chaque caisse principale peut avoir un nombre variable de succursales.

La création de toute caisse doit être demandée au conseil municipal qui en approuve les statuts. L'autorisation est accordée par décret, après avis du conseil d'État. Les caisses sont administrées par un conseil composé du maire de la commune et de quinze directeurs (25 pour Paris) désignés par le conseil municipal, comprenant cinq conseillers municipaux et des citoyens notables, ordinairement souscripteurs de la caisse.

A côté des caisses d'épargne municipales et en dehors d'elles, la loi du 9 avril 1881, a institué une *caisse d'épargne postale* placée sous la garantie de l'État, soumise à l'autorité du ministre des postes et télégraphes, et recevant les dépôts du public dans les bureaux de poste français désignés à cet effet. « Tout déposant muni d'un livret de la caisse d'épargne peut continuer ses versements et opérer ses retraits dans tous les bureaux de poste français dûment organisés en agences de cette caisse. » Grâce à cette disposition, le porteur d'un livret de la caisse d'épargne postale peut voyager dans toutes les parties de la France avec la certitude de retirer les fonds dont il a besoin, où et quand il lui convient. D'un autre côté, grâce au grand nombre des bureaux de poste, tout le monde a le moyen de placer ses économies sans frais et sans déplacement.

Pour faciliter encore la petite épargne, l'article 6 autorise les mineurs et les femmes mariées à se faire ouvrir un compte et remettre un livret.

Le succès des caisses d'épargne est tellement considérable que leurs dépôts atteignent aujourd'hui plus de quatre milliards de francs.

## INSTITUTION DE SECOURS MUTUELS

La précarité des ressources dont disposent les travailleurs, le risque auquel ils sont exposés d'être tout à coup privés par la maladie de tout moyen de s'entretenir et de se faire soigner, les ont amenés à s'associer pour s'assurer mutuellement contre ces éventualités. C'est de ce sentiment que sont nées les Sociétés de secours mutuels.

Le rôle légal des sociétés de secours mutuels est défini de la manière suivante par l'article premier de la dernière loi qui les concerne, celle du 1er avril 1898 : « Les sociétés de secours mutuels sont des associations de prévoyance qui se proposent d'atteindre un ou plusieurs des buts suivants : assurer à leurs membres participants et à leurs familles des secours en cas de maladie, blessures ou infirmités ; leur constituer des pensions de retraite, contracter à leur profit des assurances individuelles ou collectives en cas de vie, de décès ou d'accidents ; pourvoir aux frais des funérailles et allouer des secours aux ascendants, aux veufs, veuves ou orphelins des membres participants décédés. Elles peuvent, en outre, accessoirement, créer au profit de leurs membres des cours professionnels, des offices gratuits de placement et accorder des allocations en cas de chômage, à la condition qu'il soit pourvu à ces trois ordres de dépenses au moyen de cotisations ou de recettes spéciales [1]. » Ne sont pas considérées comme sociétés de secours mutuels « les associations qui, tout en organisant, sous un titre quelconque, tout ou partie des services prévus à l'article précédent, créent, au profit de telle ou telle catégorie de leurs membres et au détriment des autres, des avantages particuliers. Les sociétés de secours mutuels sont tenues de garantir à tous les membres participants les mêmes avantages, sans autre distinction que celle qui résulte des cotisations fournies et des risques supportés [2] ».

1. Dans le projet voté par la Chambre, le chômage était inscrit parmi les objets des sociétés de secours mutuels. On l'en fit disparaître comme trop dangereux pour la caisse de ces sociétés.

2. Dans cette définition des sociétés de secours mutuels, je ne vois pas figurer le « prêt gratuit » auquel paraissent songer certaines de ces sociétés et qui serait de nature à rendre de précieux services à un grand nombre de petites gens. La société qui paraît en avoir eu l'idée la première est *La Couturière* de Paris, qui comptait au 31 décembre 1896, près de 1 200 membres et disposait d'un capital de près de 120 000 francs. Elle accorde à ses sociétaires non seulement des

Jusqu'en 1852, les sociétés de secours mutuels ont vécu sous le régime de l'article 291 du Code pénal et de la loi du 10 avril 1834 sur les associations, c'est-à-dire qu'elles étaient simplement tolérées et toujours exposées à la suppression. Néanmoins, conformément à la loi du 15 juillet 1850, complétée par le décret du 14 juin 1851, elles pouvaient être reconnues par le gouvernement comme établissements d'utilité publique; en vertu de la loi du 31 juin 1851, elles pouvaient demander l'autorisation, et, après l'avoir reçue du préfet elles jouissaient, comme il a été dit plus haut, de la faculté de verser en leur nom aux caisses d'épargne jusqu'à concurrence de 8000 francs, y compris l'accumulation des intérêts.

On ne considérait alors les sociétés de secours mutuels que comme devant faire face aux dépenses, accidentelles et minimes, qu'occasionnerait la maladie des sociétaires, et l'on se préoccupait seulement de permettre aux sociétés de placer dans des conditions avantageuses les capitaux non employés. Plus tard, quand les sociétés de secours mutuels firent appel soit aux membres honoraires, soit à l'État, soit à des dons et legs pour se constituer un capital en vue des retraites, on distingua dans leur avoir deux parties : l'une formant un fond de roulement sur lequel étaient prélevés les secours pour maladie, services funéraires, etc., l'autre qui fut mis en réserve, sous le nom de *fonds commun* et qui fut déclaré inaliénable. C'est à l'aide de ce fonds commun que furent constituées les retraites des sociétaires; le capital destiné à faire face à chaque retraite revenait au fonds commun après la mort du retraité. Cette distinction entre les deux parties de l'avoir des sociétés a été consacrée par toutes les lois ultérieures.

Une loi du 26 mars 1852 fit des sociétés de secours mutuels des institutions quasi officielles : « Une société de secours

secours quotidiens en cas de maladie, mais encore des frais spéciaux d'accouchement; lorsque la mère nourrit elle-même son enfant, on y ajoute une prime de 50 francs. Dans la réunion générale de 1897, son président a annoncé la formation d'une caisse de prêts gratuits qui ne pourraient pas dépasser 200 francs (voy. *Revue philanthropique*, n° 1, p. 107. Voy. aussi n° 5, p. 749; n° 6, p. 934).

mutuels sera créée, disait l'article premier, par les soins du maire et du curé, dans chacune des communes où l'utilité en aura été reconnue. » Leurs présidents devaient être nommés par les préfets. Leur but, était exclusivement « d'assurer des secours temporaires aux sociétaires malades, blessés ou infirmes, et de pourvoir à leurs frais funéraires ». Elles ne pouvaient promettre des pensions de retraite qu'à la condition de compter « un nombre suffisant de membres honoraires ».

En vertu de cette loi, les sociétés de secours mutuels pouvaient, sur leur demande, être « approuvées », ce qui leur donnait le droit de prendre des immeubles à bail, de posséder des objets mobiliers; de recevoir des dons, legs et subventions de l'État, etc.

Une loi du 23 mai 1853 autorisa les sociétés de secours mutuels à verser à la Caisse nationale des retraites telles sommes qu'elles jugeraient utiles, même en un seul versement, en vue de la constitution des retraites de leurs membres. Une autre loi du 11 juillet 1858 leur accorda le droit de contracter, près la Caisse des dépôts et consignations, des assurances collectives en cas de décès, soit pour solder les frais funéraires de leurs membres, soit pour allouer des secours à leurs veuves et orphelins.

En 1870, un décret du Gouvernement de la Défense nationale leur octroya le droit de nommer leurs présidents, et, depuis lors, une très grande tolérance leur permit de se développer.

En 1872, il n'y avait que 4 237 sociétés de secours mutuels comprenant 798 000 sociétaires et possédant un avoir de 57 millions; au 31 décembre 1896, il y avait 10 588 sociétés composées de 1 354 439 membres; au 31 décembre 1899 il y avait plus de 13 000 sociétés, comprenant 1 759 000 membres participants[1]. En 1900 et en 1901 le nombre de ces sociétés s'est accru dans des proportions jusqu'alors inconnues, car au début de 1902, on en comptait 15 000 avec 2 500 000 mem-

1. Henri Monod, *L'assistance publique en 1889 et en 1900*, p. 43.

bres et un avoir de 400 millions de francs, dont 150 millions affectés aux pensions de retraite [1].

Malgré les progrès réalisés par les sociétés de secours mutuels [2] sous la troisième République, on ne peut manquer d'être frappé de l'énorme différence qui existe entre le nombre de leurs membres et les 9 millions et demi d'ouvriers, employés, domestiques des deux sexes, etc., qui gagnent moins de trois mille francs par an et qui, par conséquent, peuvent être considérés comme vivant à peu près au jour le jour. En déduisant les quinze cent mille domestiques des deux sexes attachés à la personne et qui, pour la plupart, peuvent être soignés par leurs maîtres pendant leurs maladies, il existe encore 8 millions de salariés à qui les sociétés de secours mutuels rendraient les plus grands services. Or, en admettant que tous les membres des sociétés de secours mutuels rentrent dans la catégorie de salariés dont nous parlons, il n'y en a pas plus de 2 millions et demi qui profitent de ces utiles institutions. Rien ne montre mieux que ce sont les salariés qui gagnent le moins qui sont les moins prévoyants.

Les sociétés de secours mutuels, définies comme il a été dit plus haut, peuvent d'après l'article 3 de la loi du 1er avril 1898 « se composer de membres participants et de membres

1. *L'action républicaine*, trois années de législature. Voy. pour les sociétés mutualistes : *La Mutualité*, par F. Lépine.

2. Parmi ces sociétés, l'Association fraternelle des Employés et Ouvriers des chemins de fer français mérite une mention spéciale. Le nombre de ses membres est de 80 000. Au 31 décembre 1896, son actif social s'élevait à plus de 18 millions et demi de francs, et le chiffre de ses recettes pour 1896 était de plus d'un million et demi. Dans la même année, elle avait payé 67 124 francs pour la liquidation de la retraite de 1 036 sociétaires. De plus, 125 veuves de sociétaires décédés avant l'âge de la retraite avaient été remboursées de la moitié des versements faits par leurs maris. En 1896, le nombre total des retraités des deux sexes était de 8 910 ; ils avaient reçu de l'association à titre de pensions, une somme totale de 1 163 732 francs. Fondée en 1881, l'Association a distribué depuis cette époque plus de 2 millions de francs de secours et 1 million et demi de francs de retraites. La cotisation pour la retraite est variable, ainsi que cette dernière. La pension de retraite est exigible à 50 ans, ceux qui la réclament à cet âge touchent en moyenne 14 à 16 p. 100 de leur capital ; plus tard ils touchent jusqu'à 18 p. 100.

honoraires ; les membres honoraires paient la cotisation fixée ou font des dons à l'association, sans prendre part aux avantages dont jouissent les membres participants ».

« Les femmes peuvent faire partie des sociétés et en créer ; les femmes exercent ce droit sans l'assistance de leurs maris et les mineurs sans l'intervention de leur représentant légal. » Ce sont des mesures aussi sages que libérales et fort utiles pour la dispersion des idées relatives à la prévoyance en général.

La loi de 1898 (art. 14) distingue trois catégories de ces sociétés :

1° *Les sociétés libres* ou *unions de sociétés libres*[1]. — Désireuses de garder leur indépendance, elles se bornent à déposer leurs statuts et la liste des personnes qui composent leurs conseils. Les droits qui lui sont accordés sont très réduits. Elles « peuvent recevoir et employer les sommes provenant des cotisations des membres honoraires et participants, et généralement faire des actes de simple administration ; elles peuvent posséder des objets mobiliers, prendre des immeubles à bail pour l'installation de leurs divers services ». Elles peuvent aussi, avec l'autorisation du préfet et dans des conditions déterminées, « recevoir des dons et legs *mobiliers* » ; mais elles « ne peuvent acquérir des immeubles, sous quelque forme que ce soit, à peine de nullité, sauf les immeubles exclusivement affectés à leur service. Elles ne peuvent, à peine de nullité, recevoir des dons ou legs *immobiliers* qu'à la condition de les aliéner. » En résumé, l'État ne leur demande à peu près rien, mais il ne leur accorde pas davantage.

2° *Les sociétés approuvées* et *unions de sociétés approuvées*. — Ce sont celles « qui auront fait approuver leurs statuts par arrêté ministériel. » Elles ont tous les droits accordés aux sociétés libres ou unions de sociétés libres avec, en plus,

1. L'article 8 autorise des *unions entre sociétés de secours mutuels* et précise les objets que ces unions peuvent avoir, tels que la création de pharmacies, l'organisation d'assurances mutuelles, la création de caisses de retraites et d'assurances communes, etc.

des droits et avantages considérables. Elles « pourront, sous réserve de l'autorisation du conseil d'État, recevoir des dons et legs immobiliers..., acquérir les immeubles nécessaires soit à leurs services d'administration, soit à leurs services d'hospitalisation ». Elles peuvent exiger des communes, gratuitement, « les locaux nécessaires à leurs réunions, ainsi que les livrets et registres nécessaires à l'administration et à la comptabilité ». Elles sont exemptes des deux tiers de la taxe municipale « sur les convois dont elles peuvent avoir à supporter les frais, aux termes de leurs statuts ». Tous leurs actes sont exempts du droit de timbre et d'enregistrement. Elles peuvent « posséder et acquérir des immeubles jusqu'à concurrence des trois quarts de leur avoir, les vendre et les échanger ». Elles sont autorisées par l'article 21 à « verser des capitaux à la Caisse des dépôts et consignations : 1° en compte courant disponible ; 2° en compte affecté, pour toute la durée de la société, à la formation et à l'accroissement d'un fonds commun inaliénable ». Le compte courant et le fonds commun portent intérêt à un taux égal à celui de la Caisse nationale des retraites pour la vieillesse. Comme ce taux n'est actuellement que de 3 1/2 p. 100 et que les sociétés de secours mutuels jouissaient, avant le vote de la loi de 1898, d'un taux de faveur de 4 1/2 p. 100, l'article 21 décide que l'intérêt des fonds déposés par elles à la Caisse des dépôts et consignations sera bonifié jusqu'à 4 1/2 p. 100. Actuellement, le taux de la caisse des retraites étant 3 1/2 p. 100, les sociétés de secours mutuels reçoivent de l'État une bonification de 1 p. 100. Comme les fonds des sociétés déposés à la Caisse des dépôts et consignations s'élevaient, en 1898, à une centaine de millions, c'était un sacrifice immédiat d'un million que l'article 21 imposait à l'État.

Dans le but de préserver les membres des sociétés de secours mutuels contre les placements aventureux, l'article 21 prescrit que tous leurs fonds devront être placés soit dans les caisses d'épargnes, soit à la Caisse des dépôts et consignations, ou bien « en rentes sur l'État, bons du trésor ou autres valeurs créées ou garanties par l'État, en obligations des départements et des communes, du Crédit foncier de France ou des Compagnies françaises de chemins de fer qui ont une garantie d'intérêts de l'État ».

Les retraites sont constituées, tantôt seulement à l'aide des fonds communs des sociétés, sur lesquels on prélève la somme nécessaire pour former le capital de la retraite, tantôt à l'aide d'une cotisation spéciale et avec les versements des membres honoraires.

Les sociétés de secours mutuels peuvent encore, en vertu de l'article 25, accorder des allocations annuelles, prises sur les ressources disponibles, à ceux de leurs membres ayant plus de cinquante ans et ayant acquitté la cotisation sociale au moins pendant quinze ans, ou bien à ceux qui sont devenus infirmes ou incurables avant l'âge fixé pour la retraite.

D'après l'article 28 « les sociétés de secours mutuels qui accordent à leurs membres ou à quelques-uns seulement des indemnités moyennes ou supérieures à 5 francs par jour, des allocations annuelles ou des pensions supérieures à 360 francs et des capitaux en cas de vie ou de décès supérieurs à 3 000 francs, ne participent pas aux subventions de l'État et ne bénéficient ni du taux spécial d'intérêt fixé par les décrets des 26 mars 1852 et 26 avril 1856, ni des avantages accordés par la loi sous forme de remise de droits d'enregistrement et de frais de justice ». Afin que cette disposition ne puisse pas être tournée par l'affiliation à plusieurs sociétés, l'article 28 ajoute : « Des sociétaires qui s'affilieront à plusieurs sociétés en vue de se constituer une pension supérieure à 360 francs ou des capitaux en cas de vie ou de décès supérieurs à 3 000 francs, seront exclus des sociétés de secours mutuels dont ils font partie, sous peine, pour la société, de perdre les avantages concédés par la présente loi. »

3° *Sociétés* et *unions de sociétés reconnues d'utilité publique.* — Leur situation est réglée par l'article 33. « Les sociétés reconnues comme établissements d'utilité publique jouissent des avantages accordés aux sociétés approuvées.

Elles peuvent, en outre, posséder et acquérir, vendre et échanger des immeubles, dans les conditions déterminées par le décret déclarant l'utilité publique ».

Les derniers articles de la loi de 1898 ont pour objet d'instituer auprès du ministère de l'intérieur, un conseil de trente-six membres dont dix-huit nommés à l'élection par les sociétés elles-mêmes, à raison de six membres pour les sociétés libres et douze pour les sociétés approuvées ou déclarées d'utilité publique. Sept membres de ce conseil, désignés par le ministre de l'intérieur, dont quatre pris parmi ceux qui proviennent de l'élection, constituent une section permanente qui a pour fonction « de donner son avis sur toutes les questions qui lui sont renvoyées, soit par le conseil supérieur, soit par le ministre ». Quant au ministre de l'intérieur, il « soumet, chaque année, au Président de la République, un rapport qui est présenté au Sénat et à la Chambre des députés, sur les opérations des sociétés de secours mutuels et sur les travaux du conseil supérieur.

En résumé, la loi de 1898 est à la fois très libérale, en raison des facultés qu'elle accorde aux sociétés de secours mutuels, et très généreuse par les encouragements pécuniaires qu'elle assure aux sociétés approuvées ou reconnues d'utilité publique [1]. Certains mutualistes se plaignent de ce qu'on y sent trop la main de l'État, de ce qu'on y met trop d'obligations à la charge des sociétés, de ce qu'on exige d'elles trop de paperasses, de statistiques, de renseignements. On trouve l'État bien indiscret, par exemple, d'exiger des indications sur les maladies dont les mutualistes sont affectés ; on se plaint des règles étroites imposées aux sociétés dans le maniement de leurs fonds, etc. Certains mutualistes auraient voulu que la loi ne connût qu'une seule catégorie de sociétés, celle des sociétés libres, à laquelle auraient été attribués tous les avantages alloués aux sociétés approuvées et

1. Dans son Rapport au Sénat sur le budget de 1903, M. Antonin Dubost estime à 2 350 000 francs les dépenses faites par l'État en 1902 au profit des sociétés de secours mutuels, dont 1 500 000 francs pour la bonification des intérêts.

aux sociétés reconnues d'utilité publique. Ces critiques ne manquent pas de justesse, mais on peut y répondre qu'en accordant aux sociétés de secours mutuels les avantages rappelés plus haut, l'État acquiert le droit de contrôler leur fonctionnement. Il reste à déterminer si son contrôle n'est pas trop minutieux. Dans tous les cas, il profite aux sociétés en faisant disparaître les défiances que certaines personnes pourraient avoir à leur égard.

Les résultats donnés par la loi de 1898 ayant prouvé qu'elle est bonne, il faut la faire connaître, l'enseigner dès l'école, la commenter et la répandre dans les familles des travailleurs par les brochures, les conférences, la distribution de livrets de caisses de retraites, etc. Il faut que tous les amis de la mutualité aient constamment à l'esprit cette vérité inspirée par l'expérience : Pour prévoir, il faut savoir.

## INSTITUTIONS RELATIVES AUX RETRAITES POUR LA VIEILLESSE

La constitution de Caisses de retraites pour la vieillesse ne remonte pas, dans notre pays, au delà de la fin du XVIIIe siècle ; elle est plus récente encore en Angleterre. Le cardinal Mazarin fut le premier qui autorisa la création de sociétés de ce genre. On leur donna le nom de *tontines*, pour rappeler le premier qui en eut l'idée, le napolitain Tonti, dont le projet fut exposé à Mazarin en 1653. A la veille de la Révolution, il existait en France deux ou trois tontines autorisées par le roi, dont une faillit être reconnue d'utilité publique en 1791, sur la proposition de Mirabeau : « Faites, disait-il, que la substance même du pauvre ne se consomme pas tout entière, obtenez de lui qu'il dérobe une très petite portion de son travail pour la confier à la reproduction du temps, et, par cela seul, vous doublerez les ressources de l'espèce humaine. » La pensée de Mirabeau était de faire intervenir l'État dans la création des caisses de retraites. C'est elle qui revit aujourd'hui dans notre démocratie et qui a inspiré tous les projets et les fondations de la seconde et de la troisième République.

Pendant le demi-siècle qui sépara la Révolution de 1789 de celle de 1848, des sociétés d'assurances sur la vie s'étaient formées, mais leur organisation n'avait en vue que les fortunes moyennes ; elles n'acceptaient que des versements d'une importance telle qu'aucun travailleur ne pouvait les faire[1].

Les premiers promoteurs de la Caisse nationale des retraites pour la vieillesse avaient, dans l'Assemblée nationale de 1848, posé quelques principes qui furent suivis avec plus ou moins de fidélité : 1° Les avantages particuliers offerts à ses déposants par la Caisse nationale des retraites devaient être réservés aux travailleurs ; 2° les pensions servies par cette Caisse ne devaient pas être supérieures au chiffre de la pension alimentaire d'un vieillard pauvre ; 3° les déposants devaient être admis à verser à la Caisse des sommes aussi minimes que possible, et aussi fréquemment qu'il leur conviendrait ; 4° le service financier de la Caisse des retraites serait fait par la Caisse des dépôts et consignations qui transformerait les dépôts en rentes sur l'État ; 5° les pensions de retraites devaient être payées mensuellement, afin de répondre aux besoins et aux coutumes des ouvriers.

La loi du 18 juin 1850, qui codifia pour la première fois ces principes généraux, fixait à 5 p. 100 par an l'intérêt du capital versé par les déposants. Cet avantage était alors minime, car les rentes françaises rapportaient à peu près 5 p. 100, mais il était appelé à le devenir dès le jour où le revenu de la rente s'abaisserait.

Dans le but de bien établir la nature de la clientèle à

1. Les sociétés de cette nature n'ont pas cessé de se développer. Elles sont aujourd'hui très nombreuses et revêtent diverses formes, mais elles n'entrent pas dans le cadre de cet ouvrage. Je dois me borner à rappeler qu'elles sont régies par les articles 66 et 67 de la loi du 24 juillet 1867 sur les sociétés. D'après l'article 66 « les associations de la nature des tontines et les sociétés d'assurances sur la vie, mutuelles ou à primes, restent soumises à l'autorisation et à la surveillance du gouvernement. Les autres sociétés d'assurances (c'est-à-dire les associations contre l'incendie, les épizooties, la grêle, les risques maritimes, etc.) pourront se former sans autorisation, un règlement d'administration publique déterminera les conditions sous lesquelles elles pourront être constituées ».

laquelle la Caisse était destinée, l'article 2 stipulait la possibilité d'y déposer des sommes de 5 francs ou multiples de 5 francs, et elle prévoyait des versements inférieurs qui seraient « recueillis dans les caisses intermédiaires », telles que « les caisses d'épargne et les sociétés de secours mutuels ».

Le chiffre de la pension maximum de retraite était fixé à 600 francs, mais, d'après l'article 5, les rentes ne « sont incessibles et insaisissables que jusqu'à concurrence seulement de 360 francs ». L'entrée en jouissance de la pension sera, d'après l'article 6, « fixée, au choix des déposants, de cinquante à soixante ans. Dans le cas cependant de blessures graves ou d'infirmités prématurées, régulièrement constatées, entraînant incapacité absolue de travail, la pension pourra être liquidée même avant cinquante ans, et en proportion des versements faits avant cette époque ».

Les retraites pouvaient être constituées soit avec des *capitaux aliénés*, c'est-à-dire destinés à rester la propriété de la caisse après la mort du déposant, soit avec des *capitaux réservés*, c'est-à-dire restant la propriété du déposant et transmis à ses héritiers après sa mort. La loi autorise les déposants à transformer, quand ils le veulent, un capital réservé en capital aliéné, ou réciproquement.

Par une nouvelle loi du 28 mai 1853, l'intérêt était abaissé à 4 1/2 p. 100 ; le maximum de la retraite était limité à 750 francs ; les sommes versées chaque année au compte de la même personne ne pouvaient pas excéder 2 000 francs. Par cette dernière clause, la loi de 1853 se proposait de faire cesser un abus très préjudiciable à l'État et qui n'avait pas été prévu par le législateur de 1850. Attirés par l'intérêt de 5 p. 100, beaucoup de particuliers riches versaient à la caisse, à la veille de l'âge de la retraite, le capital nécessaire pour s'assurer la rente viagère de 600 francs prévue par la loi. C'était pour eux un placement de premier ordre. En interdisant le dépôt de plus de 2 000 francs par an, la nouvelle loi devait, sinon faire disparaître cet abus, du moins en atténuer la gravité. Toutefois, une exception fut faite en faveur des sociétés de secours mutuels qu'une loi de 1852 venait d'organiser ;

elles furent autorisées à faire des versements sans limites.

Par une troisième loi, du 7 juillet 1856, la même faculté fut accordée aux sociétés privées anonymes, pour les versements effectués « au profit de leurs employés, agents et ouvriers ». Ce furent surtout les Compagnies de chemins de fer qui bénéficièrent de cette disposition.

Une loi du 12 juin 1861 éleva le chiffre maximum des pensions à 1000 francs et porta de 2 000 à 3 000 francs la limite des versements annuels. Enfin, une autre loi du 4 mai 1864 a porté le chiffre des pensions à 1 500 francs et la limite des versements annuels à 4 000 francs.

Malgré les avantages qu'elle présente, la Caisse nationale des retraites ne compte qu'un nombre infime de clients et ces derniers sont presque tous des petits bourgeois, des employés aisés, des gens modestes pour la plupart, mais qui ont une éducation sociale suffisante pour comprendre tous les avantages de la prévoyance.

Ceux qui doivent préoccuper le législateur, ce sont les ouvriers qui gagnent peu et qui ne sont pas assez instruits pour comprendre la nécessité de l'effort qu'exige la prévoyance. Pour ceux-là, il est à peu près certain que la loi doit créer une obligation d'épargne. Celle-ci ne serait pas, du reste, une nouveauté, car elle existe à la base de toutes les retraites des militaires, des fonctionnaires de l'État, des employés, agents et ouvriers des Compagnies de chemins de fer, des ouvriers des mines, etc.

La plupart des projets ou propositions de loi déposés depuis vingt ans sur le bureau des Chambres en vue de la constitution de retraites pour les ouvriers ont également adopté le principe de l'obligation.

Le projet de loi déposé par le ministère Waldeck-Rousseau, et qui a été l'objet d'importantes discussions devant la Chambre en 1901, imposait à tous les travailleurs et employés gagnant moins de 4 000 francs par an, une retenue sur leurs salaires en vue de la constitution de leurs retraites. La retenue était de 5 centimes par journée de travail, si le travailleur n'avait pas dix-huit ans ou si son salaire n'était pas supérieur à 2 francs par jour; elle était de 10 centimes par journée de travail si, ayant au moins dix-huit ans, le travailleur gagnait un salaire égal ou supérieur à 2 francs par jour et inférieur à 5 francs; elle était, enfin, de 15 centimes par journée de travail si le salaire était égal ou supérieur à 5 francs par jour. Les employeurs étaient tenus à des versements égaux à ceux de leurs employés et ouvriers. L'État intervenait de diverses façons et dans des proportions considérables.

Bien des raisons peuvent être invoquées en faveur de l'obligation, raisons d'ordre moral et d'ordre matériel; mais il en est une de fait qui domine toutes les autres : c'est que les idées de prévoyance ne sont pas encore assez développées dans notre société, pour que, en dehors de rares exceptions, les individus abandonnés à eux-mêmes songent à réaliser des économies en vue de leur vieillesse. Cela est vrai, même pour les gens de fortune moyenne. Quant aux ouvriers et aux petits employés, ils gagnent si peu, ils vivent dans une telle insouciance de l'avenir, que l'idée de se constituer une retraite par des économies sur leur maigre salaire quotidien ne peut même pas leur venir.

Il reste la question de savoir si l'État a le droit d'imposer des charges à l'ensemble des contribuables pour constituer des recettes aux ouvriers. Elle est résolue par la conduite que tient la société à l'égard des fonctionnaires de l'État et des militaires. On sait que les retenues opérées sur les traitements de ces deux catégories de personnes sont insuffisantes pour faire face aux 280 millions de retraites qui leur sont payées chaque année. Une portion notable de cette somme est prélevée sur le produit des impôts. Les sacrifices que l'État fait pour cette catégorie de citoyens, aux dépens de la masse des contribuables, alors que lui-même a fourni à ces citoyens le moyen de réaliser des économies, il aurait mauvaise grâce à ne pas le faire pour d'autres qui, en général, sont dans l'impossibilité de mettre de côté de quoi vivre pendant leur vieillesse et ne rendent pas moins des services à la société que les fonctionnaires ou les militaires.

# CHAPITRE VI

## DEVOIRS RELATIFS AU MAINTIEN DE LA PAIX SOCIALE

Pour maintenir la paix sociale dans une nation civilisée, il ne suffit ni d'une police vigilante ni d'une justice zélée. La police n'est efficace que pour assurer l'ordre matériel ; la justice n'intervient qu'après le fait accompli, pour réparer les torts que les citoyens se font réciproquement. L'une et l'autre sont impuissantes à faire naître le désir de l'ordre et de la paix ; elles peuvent imposer silence aux haines sociales, elles ne les empêchent ni de se former, ni de grandir ; elles ne peuvent même pas prévenir leurs manifestations.

La misère, la souffrance, la jalousie et l'envie qui naissent de l'inégalité des conditions, l'orgueil et l'égoïsme inhérents à notre espèce, engendrent ces haines. Les passions politiques et religieuses les aiguisent ; les lois elles-mêmes ne font trop souvent que leur fournir des aliments ou des armes. Et, au fond de tout cela, il y a la concurrence sociale entre deux catégories de citoyens dont le plus grand malheur est de ne se point connaître.

L'invention de la vapeur, la construction des chemins de fer, l'édification des grandes filatures mécaniques, des tissages, des fonderies immenses qu'exigent la fabrication des rails, des machines, etc., ont bouleversé l'état social de fond en comble. Autour des mines de charbon de terre et des usines, des milliers d'individus ont été entassés dans des lieux où la veille il n'existait ni maisons, ni habitants, et où l'on dut tout créer : les demeures des patrons et les logements des ouvriers, les usines et les ateliers, tout un monde nouveau n'ayant rien de commun avec celui où les hommes avaient vécu jusqu'alors.

Dans ces grandes agglomérations industrielles, l'ouvrier n'est qu'un numéro, le patron n'est qu'un maître. Tous les deux ont conscience du mal qu'ils se peuvent faire réciproquement et chacun tremble sans cesse que l'envie n'en prenne à l'autre. Cependant il leur est fort difficile de se séparer. D'un côté, le patron ne pourrait que difficilement remplacer ses ouvriers, car plus les industries progressent et plus elles se spécialisent, au point que chaque usine a son caractère propre et exige des ouvriers adaptés à ses habitudes, à ses besoins particuliers. D'un autre côté, les diverses industries s'étant localisées en des points déterminés du pays, les ouvriers qui abandonnent un chantier sont souvent contraints, pour en retrouver un autre analogue, de changer de ville, de département ou de province; s'ils ont une famille, ces déplacements sont trop coûteux pour qu'ils y puissent songer. Dans la grande industrie, les ouvriers sont donc attachés à l'usine, comme l'usine est liée à ses ouvriers.

Dans ces conditions, il peut y avoir conflit entre le patron et les ouvriers; il ne peut que très difficilement y avoir divorce. Or, les conflits sont d'autant plus fréquents que les intérêts des deux parties sont moins connus de chacune d'elles. Dans le petit atelier de jadis, l'ouvrier pouvait sans difficulté apprécier, à quelques louis près, les bénéfices ou les pertes de son patron; dans la grande industrie, le patron lui-même ne peut s'en rendre un compte exact que par des opérations compliquées, car avec la rapidité de communication que les chemins de fer, les bateaux à vapeur, le télégraphe et le téléphone établissent entre tous les points du globe, et la concurrence effrénée qui en résulte, l'imprévu pèse lourdement sur toutes les industries.

Ne pouvant apprécier la situation des patrons que d'après leurs modiques salaires et d'après les énormes dépenses quotidiennes de l'usine, les ouvriers sont fatalement portés à se considérer comme toujours exploités; leurs esprits sont ouverts à toutes les illusions; ils sont prêts pour toutes les révoltes.

La plupart des ouvriers ont conscience de ne pouvoir gagner presque jamais des salaires assez élevés pour s'entretenir et entretenir convenablement leurs familles ; ils voient leurs femmes s'épuiser au travail, même pendant la grossesse ; ils savent leurs enfants atteints de misère physiologique avant même qu'ils ne soient nés ; ils ne peuvent ignorer que leurs filles sont condamnées à choisir entre la misérable vie de leur mère et la honte de la prostitution ; ils ne peuvent se soustraire à l'obligation de vivre dans des logements insalubres et trop encombrés ; ils voudraient goûter aux fruits de l'arbre de la science, si maudits qu'on les dise, mais ils n'en ont jamais le temps ; ils sont las des plaisirs brutaux auxquels leur ignorance les condamne ; ils se savent liés pour la vie entière à un sort dont il est impossible qu'ils ne sentent pas toute l'amertume quand ils voient ceux qui les commandent et les font travailler, se procurer, d'un bout à l'autre de la vie, des jouissances dont ils sont d'autant plus envieux qu'ils n'en connaissent ni la précarité, ni le vide.

Cependant, l'état de guerre entre ouvriers et patrons n'est ni aussi général, ni aussi aigu que certains agitateurs voudraient le faire croire.

Dans la petite industrie et dans les petits métiers, l'éducation économique des ouvriers est déjà presque suffisante pour que les conflits entre eux et les patrons ne se produisent que rarement. Combien pourrais-je citer de petits entrepreneurs de maçonnerie, de charpente, de couverture, de peinture, etc., qui, à ma connaissance, occupent les mêmes ouvriers depuis de nombreuses années ? Ce qui, dans ces industries, maintient la paix entre le patron et ses ouvriers, c'est l'habitude qu'ils ont de vivre et de travailler ensemble. La connaissance à peu près exacte qu'a l'ouvrier de la situation de celui qui le fait travailler, lui permet de se rendre compte du prix auquel sa main-d'œuvre peut être payée.

C'est cette connaissance de leur situation réelle, par rapport au patron, qu'il faut donner aux ouvriers de la grande industrie. Pour cela il ne suffit pas d'accorder aux ouvriers le droit de s'associer, il faut encore créer entre les patrons et les ouvriers des relations continues.

## CONSEILS DE TRAVAIL ET CONSEILS DE CONCILIATION

Les Anglais font usage, dans ce but, de sortes de « conseils de travail », dans lesquels les ouvriers et les patrons d'une même usine sont représentés, et qui interviennent dans l'établissement des règlements d'ateliers, dans la fixation de la durée du travail, des salaires, etc.

Le principe des « conseils du travail » a été introduit dans notre législation par les décrets du 17 septembre 1900 et du 2 janvier 1901. Un arrêté du ministre du commerce du 17 octobre 1900 a créé neuf conseils du travail, dont cinq à Paris et un dans chacune des villes de Lille, Lens, Lyon et Marseille. Les membres des conseils du travail sont élus, en ce qui concerne les ouvriers, par les syndicats professionnels et les conseils de prud'hommes ; en ce qui concerne les patrons, par les syndicats patronaux. Chaque conseil est divisé en sections composées de représentants ouvriers et patronaux de la même profession ou de professions similaires.

Chaque section doit compter un nombre égal de patrons et d'ouvriers ou employés, auxquels s'ajoutent des délégués des conseils de prud'hommes. Les conseils du travail ont pour mission de donner leurs avis sur toutes les questions relatives aux conditions du travail, de collaborer à toutes les enquêtes, de réunir tous les renseignements nécessaires à l'exécution du décret du 10 août 1899 relatif aux conditions de salaire imposées aux travaux exécutés pour le compte de l'État, etc.

Malgré de vives discussions sur la légitimité des décrets et arrêtés qui ont institué les conseils du travail, il est permis d'espérer que leur existence est désormais assurée et qu'ils pourront fonctionner sans attendre la loi que certaines personnes considèrent comme indispensable pour consacrer cette institution.

Non moins utile serait un autre organisme pour lequel je propose le nom de *Conseils de conciliation*. Chaque usine ayant sa personnalité propre, c'est-à-dire ses moyens d'achat, de fabrication, etc., d'où découlent les bénéfices plus ou moins considérables qu'elle est susceptible de réaliser, et le rapport du prix de la main-d'œuvre au prix total de l'objet fabriqué variant d'usine à usine, chacune a un intérêt capital à ne pas faire connaître aux autres les détails de ses opérations, afin de se soustraire autant que possible à la concurrence. Pour que les conseils de conciliation fussent favorablement accueillis, il faudrait que chaque usine eût le sien, comprenant exclusivement les représentants de ses ouvriers et de ses patrons. Il faudrait aussi que le conseil naquît spontanément du désir d'entente et de paix sociale des ouvriers et des patrons et que ses attributions, comme sa composition, fussent librement fixées par un accord des deux parties intéressées. La loi devrait se borner à rendre possible la création des conseils de conciliation.

## PARTICIPATION AUX BÉNÉFICES

La participation aux bénéfices est encore un moyen de rapprocher les ouvriers et les patrons qu'il me paraît utile de préconiser. Il existe déjà un nombre important d'industriels qui la pratiquent sous diverses formes et qui s'en louent. Mais l'idée n'a encore fait que peu de chemin dans notre société.

La participation aux bénéfices est, d'ailleurs, beaucoup plus difficile à appliquer que ne le supposent la plupart de ceux qui la préconisent.

C'est une vérité banale que toutes les industries sont exposées à des pertes plus ou moins considérables. Pendant une, deux, trois années et même davantage, les bénéfices disparaissent ou sont remplacés par des pertes; cependant l'usine continue à fonctionner parce que son arrêt ruinerait l'industriel en supprimant son crédit. Pendant ce temps, on consomme les réserves, s'il en existe, ou l'on puise dans le capital lui-même, dans l'espoir qu'à la période des vaches maigres succédera celle des vaches grasses. L'ouvrier devra-t-il passer par les mêmes alternatives ? S'il y a perte, devra-t-on retenir une partie de son salaire pour combler cette perte ? S'il veut quitter l'usine afin d'échapper à toute participation aux pertes, pourra-t-on l'y retenir de force?

Quelques expériences faites en divers pays témoignent cependant qu'il est des cas où la participation aux bénéfices peut être utilement employée et contribue à la bonne harmonie des salariés et de ceux qui les emploient. Parmi les exemples d'industries qui accordent à leurs ouvriers une participation aux bénéfices, on cite volontiers le « familistère » de Guise, la maison de peinture Leclaire, de Paris, la Compagnie du gaz, de Londres, etc. Cette dernière accorde aux ouvriers une part dans les bénéfices égale à 6 p. 100 du taux des salaires, avec l'obligation de placer la moitié de cette part dans le capital de la Compagnie ; les ouvriers possèdent des actions de la Compagnie pour une valeur d'environ deux millions de francs. La société des *Usines métallurgiques de la Tamise* a inauguré, il y a une dizaine d'années, un système de participation aux bénéfices consistant en une sorte de part de dividende dite de « bonne camaraderie ». Depuis 1893, la part ainsi distribuée aux ouvriers en sus des salaires normaux qui sont les plus élevés du pays, a atteint 1 250 000 francs. La journée n'est que de huit heures, et cependant la production a triplé [1].

Certaines maisons de commerce font participer indirectement leurs employés aux bénéfices en leur accordant une prime sur les objets qu'ils vendent. C'est ainsi qu'opèrent notamment le magasin du Louvre et la plupart des magasins de détail. Cette prime constitue un encouragement proportionné au zèle déployé par celui qui est appelé à la toucher. Malheureusement, la solde des employés de ces magasins est si faible que les primes sont insuffisantes pour élever convenablement la totalité du salaire.

1. Voy. *Revue socialiste*, nov. 1901.

Ces faits sont encourageants. Quelques personnes en concluent qu'il faudrait légiférer pour imposer aux patrons, du moins à certaines catégories de patrons, la participation aux bénéfices[1]. C'est aller bien vite en besogne et imposer à l'État la solution de problèmes où il est difficile qu'il engage sa responsabilité.

### SOCIÉTÉS COOPÉRATIVES DE CONSOMMATION ET DE PRODUCTION

Parmi les moyens d'améliorer le sort des salariés, en les émancipant, il est impossible de ne pas parler des sociétés coopératives de consommation et de production.

Dans les premières, les intéressés s'associent pour acheter, en commun et en gros, tout ou partie des objets d'alimentation, des vêtements, des meubles, etc., dont ils ont besoin. Leurs cotisations ou leurs actions forment le fonds commun à l'aide duquel on fait les achats, on loue les magasins, on paie le personnel de commis et de servants, etc. Chaque associé profite, par des procédés divers, de la différence notable qui existe toujours entre le prix de gros et le prix de détail et, si les intérêts de la société sont gérés par des mains habiles, il est impossible que le bénéfice réalisé par les coopérateurs ne soit pas considérable. Il semble donc que tous les salariés devraient être tentés de faire partie de sociétés coopératives. C'est à peine, cependant, si les membres de ces sociétés sont, en France, au nombre de quelques centaines de mille[2]. En Belgique, en Suisse, en Allemagne, en Angleterre, ils ne sont pas beaucoup plus nombreux relativement à la population ; partout leur nombre augmente lentement d'année en année.

1. Une proposition de loi dans ce sens a été présentée à la Chambre des députés, en décembre 1896, par M. Lacombe pour l'industrie des mines.

2. En France, d'après l'*Office du travail*, il y avait, à la fin de 1900, plus de 1 500 sociétés coopératives de consommation, dont 695 ne s'occupant que de la boulangerie et 864 de ventes diverses. On n'a pas pu relever exactement le nombre de leurs membres, qui ne paraît pas dépasser 50 à 100 000. En Allemagne, les sociétés de consommation comptent 1 million de membres.

Plusieurs causes éloignent encore les salariés des coopératives de consommation. D'abord, il en est un très grand nombre qui reculent devant l'obligation de réaliser les quelques économies nécessaires pour payer les cotisations ou acheter les actions. Ensuite, il en est beaucoup qui aiment mieux s'adresser aux petits commerçants, chez lesquels ils paient plus cher que dans les magasins de la coopérative, mais qui consentent à leur faire crédit quand ils chôment ou sont en proie à quelque besoin imprévu. Enfin, beaucoup d'ouvriers sont éloignés des coopératives par des considérations d'ordre politique. Les socialistes révolutionnaires, dans la plupart des pays, se montrent hostiles à ces sociétés. Dans une réunion tenue récemment à Roanne, un orateur de cette école condamnait les coopératives, à moins qu'elles ne se transformassent en instruments de propagande socialiste. « Il en est, disait-il, des coopératives comme de la langue, d'après le fabuliste Ésope ; elles peuvent être tour à tour la pire ou la meilleure des choses suivant leur esprit et leur organisation. Quand elles se bornent à être des associations économiques, elles sont la pire des choses parce qu'elles détournent leurs membres des pensées révolutionnaires ; quand elles prélèvent sur leurs bénéfices un tant pour cent pour la propagande socialiste, elles sont la meilleure des choses parce qu'elles fournissent le nerf de la guerre aux propagandistes révolutionnaires. » Même parmi les écoles socialistes les plus modérées, les coopératives de consommation sont encore très discutées, parce que l'on y voit un recul par rapport à l'idée collectiviste [1], peut-être aussi parce que l'on hésite à mécontenter les petits commerçants dont l'hostilité à l'égard de cette concurrence est naturellement très prononcée.

Les collectivistes se montrent plus favorables aux coopératives formées par les paysans pour la vente de leurs produits, l'achat de leurs engrais, le travail de leurs terres [1], etc.

1. En Allemagne, depuis quelques années, elles jouissent auprès des socialistes d'une faveur qu'elles n'avaient pas encore connue. Il se produit même un mouvement en vertu duquel les socialistes tendent à

Cependant, ils pensent, en général, qu'il faut chercher surtout à faire accorder par la loi aux communes rurales « le droit d'exproprier les terres pour les affermer à des coopératives de travailleurs, aux conditions les plus avantageuses possibles pour celles-ci ».

En résumé, les sociétés coopératives de consommation ont à lutter contre l'indifférence ou la défiance de la plupart des salariés, et contre l'hostilité de tous les petits commerçants. Aussi n'offrent-elles, en France, qu'un développement peu actif, surtout parmi les ouvriers. La plupart de leurs membres appartiennent aux Compagnies de chemins de fer, aux salariés de l'État et à la toute petite bourgeoisie, c'est-à-dire à des groupes sociaux où l'on est assez instruit pour mesurer avec justesse ses intérêts économiques, et pas assez mêlé aux luttes politiques ou sociales pour y puiser des inspirations en vue de la conduite privée.

Les sociétés coopératives de production sont partout moins nombreuses que les coopératives de consommation. Il n'y a pas lieu de s'en étonner, car elles ont besoin de capitaux ou de crédits suffisants pour faire les avances de salaires et d'achats de matières. Il existe cependant, en France, environ 300 coopératives de production industrielles[1] dont quelques-unes jouissent d'une véritable prospérité et plusieurs milliers de coopératives agricoles ayant surtout pour objet la fabrication du beurre et la vente du lait.

Les sociétés coopératives de production sont plus favora-

s'emparer de la direction des coopératives de consommation. A la fin de 1901, il existait en Allemagne un million de membres des sociétés de consommation (Voy. *Revue socialiste*, janvier 1902).

1. La Seine seule compte 141 de ces sociétés; le Rhône vient loin derrière avec 19; la Gironde en a 11; 43 autres départements en ont de 1 à 5. Les sociétés de cochers sont au nombre de 16: les typographes en forment 15; les peintres 12; les charpentiers 10, etc. La plupart de ces sociétés n'emploient qu'un petit nombre d'ouvriers et ne peuvent entreprendre que des travaux de peu d'importance. D'après l'enquête faite par l'*Office du travail* en 1895, 24 de ces sociétés, employaient de 50 à 99 ouvriers, 12 en employaient de 100 à 499 et 2 en occupaient de 500 à 1000. Certaines sociétés dites « coopératives » ne le sont pas véritablement; telle est, par exemple, la Société le *Travail*, qui a des actionnaires non ouvriers.

blement accueillies par la masse ouvrière et même par les collectivistes que les coopératives de consommation. Elles constituent, en effet, un progrès considérable sur le salariat, sinon au point de vue matériel, du moins au point de vue moral, mais il est peu probable qu'elles puissent prendre une très grande extension à cause des difficultés qu'elles éprouvent à se procurer des capitaux. Aussi leurs partisans réclament-ils avec beaucoup d'énergie le concours de l'État, des départements et des communes, sous forme de travaux publics ; quelques-uns même voudraient que tous les travaux d'entretien des villes leur fussent réservés.

On a souvent proposé d'associer les coopératives de consommation et les coopératives de production, de manière à faire fournir par les premières les capitaux dont les secondes ont besoin, mais il ne paraît pas qu'il se soit encore fondé d'association de cette nature. On ne voit même pas que les sociétés de consommation donnent la moindre préférence aux sociétés de production pour l'achat des objets dont elles ont besoin. Les deux sortes de sociétés vivent isolées.

La question des encouragements à donner par les pouvoirs publics aux sociétés coopératives est fort délicate. Il est impossible de ne pas tenir compte de la concurrence que ces sociétés font ou sont susceptibles de faire aux commerçants et aux industriels et surtout aux moins riches d'entre eux. Ce que l'on peut faire dans leur intérêt, c'est de rendre plus facile leur constitution légale, de leur accorder la clientèle de l'État, des départements et des communes dans les mêmes conditions qu'aux autres industriels et commerçants, en les contraignant aux mêmes obligations.

La plupart des municipalités, des départements et des administrations de l'État se montrent déjà très favorables aux coopératives ouvrières de production ; dans les adjudications, ils leur donnent, à offres égales, la préférence sur les autres adjudicataires et ils traitent souvent à l'amiable avec elles. Il serait difficile d'aller plus loin sans provoquer les protestations légitimes des commerçants et des industriels.

C'est aux protestations des commerçants contre les coopératives de consommation, qu'il faut attribuer les lenteurs extraordinaires subies par les projets et propositions de loi ayant pour objet de favoriser la formation et le développement de ces sociétés. Depuis 1883, époque à laquelle M. Waldeck-Rousseau, alors ministre de l'intérieur, réunit une commission pour préparer un projet de loi sur les coopératives, la question est en suspens.

## RÈGLEMENT DES CONFLITS ENTRE LES OUVRIERS ET LES PATRONS. ARBITRAGE.

La société a encore le devoir d'intervenir dans les relations des ouvriers avec les patrons lorsque, malgré ses soins préventifs, le conflit vient à éclater entre eux.

La première tentative faite dans ce sens est due à la troisième République ; elle fut consacrée dans la loi du 27 décembre 1892.

Conformément à cette loi, tous les conflits survenus entre ouvriers et patrons, au sujet des conditions du travail, *peuvent* être portés par les intéressés devant un « comité de conciliation » et, à défaut d'entente devant ce comité, être soumis à un « conseil d'arbitrage » dont ils désignent les membres et qui fonctionne sous la présidence du juge de paix. En cas de grève, à défaut d'initiative de la part des intéressés, le juge de paix invite d'office les parties à lui faire connaître les motifs du différend, l'acceptation ou le refus de recourir à la conciliation et à l'arbitrage et, le cas échéant, les délégués qu'ils chargent de les représenter. Les parties peuvent toujours accepter ou refuser la conciliation et l'arbitrage ; s'ils l'ont accepté, ils peuvent tenir ou ne pas tenir compte des décisions des arbitres. La seule sanction de la loi réside dans l'affichage du refus, c'est-à-dire le transfert de la cause devant l'opinion publique.

Tout le monde, au moment du vote de cette loi, avait confiance dans l'action de l'opinion publique pour mettre fin aux conflits du travail. Cette confiance a été démentie par les faits.

Dans les circonstances graves, l'opinion a une tendance manifeste à se diviser : une partie prend la défense des ouvriers et une autre celle des patrons, de sorte que le conflit est envenimé par les discussions auxquelles il donne lieu. Les patrons répugnent à l'idée d'aller devant des arbitres. Ils redoutent l'arbitrage officiel, légal, parce qu'ils voient dans toute intervention de la société entre eux et leurs ouvriers ou employés une violation de leur droit de propriété. Ils invoquent les principes de 1789 et la législation de 1791 et refusent à la Loi le droit d'intervenir dans l'exercice d'une liberté qu'ils considèrent comme intangible, celle de gérer leur propriété industrielle comme ils l'entendent et de régler eux-mêmes toutes les conditions du travail de leurs ouvriers.

Ces résultats furent prévus dès 1892, par divers députés et sénateurs. A la Chambre, M. Basly, parlant au nom des ouvriers, demandait qu'en cas de refus de l'une des parties de désigner des délégués au conseil arbitral, le juge de paix pût les nommer d'office. D'autre part, M. Lafargue, représentant les mêmes intérêts, demandait que la décision arbitrale eût force de chose jugée pendant un temps que les arbitres fixeraient, la partie qui se soustrairait à l'exécution de la sentence pouvant y être contrainte par les tribunaux. Enfin, au Sénat, M. Trarieux, au nom des patrons, exprimait la crainte de voir les ouvriers refuser de souscrire à la décision des arbitres quand elle ne leur conviendrait pas, il demandait que cette décision fût assimilée aux contrats de louage et soumise, comme eux, à l'article 1780 du Code civil, en vertu duquel tout engagement entre employés et employeurs, rompu par l'une des parties, peut donner lieu à des dommages-intérêts au profit de l'autre. Par ces dispositions, l'arbitrage inscrit dans la loi de 1892 aurait cessé d'être facultatif pour devenir obligatoire dans toutes ses parties : obligation d'aller devant le conseil arbitral et obligation d'exécuter la sentence de ce conseil qui deviendrait un véritable tribunal arbitral.

Ces propositions provoquèrent, au Parlement et dans la presse, une opposition si ardente que l'idée même de l'arbitrage obligatoire ne paraît pas pouvoir être reprise de longtemps avec quelque chance de succès[1].

Au nom du ministère Waldeck-Rousseau, le ministre du commerce, M. Millerand, a déposé le 15 novembre 1900, sur le bureau de la Chambre un projet de loi qui avait pour but d'entourer les grèves de dispositions obligatoires d'une nature telle que, dans la plupart des cas, le conflit pourrait être prévenu. Dans les établissements industriels occupant plus de cinquante personnes et qui accepteraient le système, des délégués permanents, élus par leurs camarades, présenteraient aux chefs d'établissement les réclamations des employés et ouvriers aussitôt que celles-ci se manifesteraient. S'il survenait quelque conflit grave, des arbitres seraient désignés par les patrons et les délégués, avec mission de le trancher. Dans le cas où l'une des parties refuserait de désigner des arbitres, ou si la sentence de ces derniers n'intervenait pas dans un temps déterminé, les ouvriers et employés seraient appelés à se prononcer, au scrutin secret, sur l'opportunité de la grève. Mais, avant de procéder au vote, les délégués devaient formuler par écrit, d'accord avec les ouvriers, la liste des revendications de ces derniers, et les soumettre aux patrons. C'est seulement après un délai de quelques jours, qu'il pourrait être procédé au vote pour ou contre la grève. Dans le cas où la majorité des voix se prononcerait pour le chômage, le travail devrait cesser dans toute l'usine. Aussitôt, le conseil de travail de la région (conseils organisés par décrets du 17 septembre 1900 et du 2 janvier 1901) évoquerait l'affaire devant sa section compétente et la terminerait par une sanction arbitrale à laquelle, en vertu de leurs engagements primitifs, les deux parties devraient se soumettre.

Ce projet n'a pas été discuté par la Chambre ; il n'a même pas été rapporté et c'est grand dommage, car il serait de

1. Les *trades unions* anglaises, dans leurs congrès de 1902, se sont prononcées contre l'arbitrage obligatoire. Les ouvriers mineurs américains y sont également hostiles ; néanmoins un projet de loi a été présenté dans ce sens au corps législatif de l'État de Pensylvanie. L'arbitrage obligatoire existe dans la Nouvelle-Galles du sud et dans d'autres États d'Australie.

nature à corriger ce qu'a de brutal, je dirais volontiers d'antisocial, la loi de 1864 sur les grèves et coalitions.

Il offre le grand avantage de créer, dans chaque établissement industriel, des délégués permanents d'employés et d'ouvriers, sans cesse en contact, d'une part, avec leurs camarades et, d'autre part, avec les patrons. Avec eux, serait constitué entre les deux parties, cet organisme intermédiaire que j'ai signalé plus haut comme indispensable pour mettre en relation les employés et les employeurs, en les éclairant sur leurs sentiments réciproques, ainsi que sur la situation réelle des uns et sur les besoins des autres. Grâce à ces délégués, il est permis de croire qu'un grand nombre de conflits pourraient être évités. En second lieu, le projet de MM. Waldeck-Rousseau et Millerand introduisait dans la déclaration de la grève la nécessité d'un vote au scrutin secret, permettant à tous les ouvriers sans exception de se prononcer pour ou contre la cessation du travail, en toute indépendance et avec une connaissance parfaite des revendications exposées au patron et des conséquences de la grève. C'était le suffrage universel le plus libre substitué, dans les questions de grèves, aux volontés souvent intéressées d'un petit nombre de meneurs ; c'était le calme du scrutin individuel mis à la place des entraînements des réunions publiques où sont, actuellement, proclamées les grèves. Ce serait aussi, il est vrai, la grève imposée à tous les ouvriers et aux patrons lorsque la majorité des premiers se prononcerait en sa faveur. On en a profité pour dire qu'il créerait « la grève obligatoire » ; mais, par le fait même que la totalité des ouvriers devrait s'incliner devant les suffrages de la majorité, il est permis de penser que cette dernière serait plus sage que ne le sont aujourd'hui les réunions publiques dans lesquelles se décident les grèves. Du reste, le remède était à côté du mal, car, aussitôt la grève décidée, les conseils arbitraux destinés à y mettre fin entraient en fonction.

Ce que l'on a critiqué le plus dans ce projet, c'est l'introduction du suffrage universel dans des actes qui, jusqu'à ce jour, lui ont échappé ; mais cette critique tombe devant la considération que déjà la plupart des grèves, sinon toutes, sont proclamées à la suite de votes émis par les ouvriers; seulement ceux-ci ont lieu dans des réunions où tous les ouvriers n'assistent pas et où interviennent des éléments purement excitateurs, souvent étrangers à l'usine, tandis que dans le projet dont je parle, le vote serait secret et ne pourrait être émis que par les ouvriers véritablement intéressés à l'affaire.

Le projet de MM. Waldeck-Rousseau et Millerand n'imposait pas le régime que nous venons d'analyser à tous les établissements industriels et à tous les ouvriers. Il laissait aux uns et aux autres le soin de se ranger sous ce régime ou de s'en tenir à l'écart. L'État seul était contraint de s'y soumettre; ce qui permettait à l'expérience de se prononcer. Si l'État, envisagé comme patron, se trouvait bien de l'application de la loi, les industriels seraient tentés d'en faire à leur tour l'essai; si, de leur côté, les ouvriers des entrepreneurs des travaux de l'État s'en déclaraient satisfaits, ils seraient rapidement imités par ceux de l'industrie.

Nos pouvoirs publics hésitent trop en face des lois purement expérimentales comme celle dont je viens de parler. Nous voulons trop ne faire que du définitif, alors que le propre des choses humaines est de n'être jamais définitives, parce qu'elles sont indéfiniment perfectibles.

En résumé, les devoirs de la société, en ce qui concerne l'établissement et le maintien de la paix sociale, sont de deux sortes. Elle doit, en premier lieu, prendre toutes les mesures susceptibles de rapprocher les citoyens que la différence de condition sociale tend à éloigner les uns des autres et à transformer en ennemis. Pour cela, il faut d'abord qu'elle les instruise des conditions auxquelles toutes les formes du travail sont soumises et des devoirs qui incombent à chacune des parties du corps social. Il y a là toute une morale dont les principes devraient figurer dans nos programmes d'enseignement. On ne peut amener les hommes à s'entendre qu'en leur apprenant à se connaître. Pour dissiper la défiance instinctive du patron à l'égard des ouvriers, et celle des ouvriers à l'égard du patron, il faut que le patron connaisse les souffrances de l'ouvrier et que celui-ci sache avec quelles difficultés sont aux prises les hommes les plus riches et les industries les plus propères.

La société doit, en second lieu, apporter tous ses soins au développement des institutions les plus propres à mettre les ouvriers en contact avec les patrons, tels que les conseils du travail et toutes autres organisations analogues où les représentants attitrés des deux parties seraient en mesure de se renseigner mutuellement sur leur situation, leurs besoins, leurs desiderata.

En troisième lieu, la société doit recommander toutes les mesures qui ont pour objet d'intéresser les ouvriers et les employés à l'industrie ou au commerce pour lesquels ils travaillent ; telles que les primes, la participation aux bénéfices, les coopératives de production, les associations de travailleurs, etc.

Enfin, après avoir fait tout ce qui est en son pouvoir dans le but de prévenir les conflits, la société doit organiser les moyens les plus propres à les faire cesser avant qu'ils soient devenus de véritables batailles.

Toute société dans laquelle une discussion d'intérêts et d'amour-propre entre des patrons et des ouvriers va jusqu'à la grève ou au « look-out », est une société mal organisée. Elle est tout à fait vicieuse, quand elle se déclare incapable de faire cesser la grève, de mettre fin à la guerre entre les ouvriers et les patrons.

## CHAPITRE VII

### DEVOIRS RELATIFS AUX PROGRÈS DE LA RACE

L'observation scientique nous a révélé deux faits principaux étudiés par moi dans un précédent ouvrage[1] : en premier lieu, l'enfant peut hériter de l'organisation d'où résultent tous les caractères physiques, intellectuels et moraux de ses parents; en second lieu, il est profondément influencé, pendant le cours de la gestation utérine, par les conditions dans lesquelles vit la mère, par son état de santé ou de maladie, de bien-être ou de misère.

De ces deux faits capitaux découle une première catégorie de devoirs.

Il faut d'abord favoriser autant que possible l'union des femmes les plus saines, les plus fortes, les plus intelligentes avec les hommes réunissant au plus haut degré les mêmes qualités ; il faut, ensuite, procurer à la femme, pendant toute la durée de la grossesse et de l'allaitement, un bien-être matériel et un bonheur moral aussi grands que possible.

Par l'accomplissement de ces devoirs, la société préparerait, dans la mesure du possible, la production d'enfants sains et robustes.

En second lieu, la plus vulgaire expérience suffit pour mettre en lumière l'importance qu'a l'évolution physique, morale et intellectuelle des enfants et des jeunes gens, envisagée au point de vue du progrès de la société. Il en résulte pour les gouvernements toute une catégorie de devoirs envers les enfants considérés comme les éléments de perpétuation et de multiplication de la race.

1. Voy. De Lanessan, *La lutte pour l'existence et l'évolution des Sociétés*, p. 199.

Enfin, l'état des hommes adultes exerçant une action puissante sur celui des enfants qui en naissent, la société a le devoir de se préoccuper de la santé physique et morale des adultes non moins que de celle des femmes et des enfants.

### § 1. — *Devoirs relatifs à l'union des sexes.*

Dès la plus haute antiquité, les philosophes ont eu la connaissance des faits et des devoirs que je viens de rappeler, et ils ont essayé de formuler les mesures qu'il conviendrait de prendre dans l'intérêt des femmes, des enfants et de la société. Depuis des temps fort reculés aussi, les horticulteurs et les éleveurs ont fondé sur les faits de même nature que l'on observe parmi les végétaux et les animaux, les pratiques dont ils usent pour obtenir des produits aussi beaux que possible[1].

1. Platon nous donne, dans un dialogue entre Socrate et Glaucon, une idée très exacte de l'état des esprits de son temps sur ces sujets, lorsque, quatre cents ans avant l'ère chrétienne, il examine les moyens à employer pour obtenir des enfants pourvus des plus hautes qualités morales et physiques. « Je vois, dit Socrate à Glaucon, que tu élèves dans ta maison des chiens de chasse et beaucoup d'oiseaux de belle espèce. As-tu pris garde à ce qu'on fait pour les accoupler et en avoir des petits ? — GLAUCON : Que fait-on ? — SOCRATE : Parmi ces animaux, quoique tous de bonne race, n'en est-il pas quelques-uns qui sont ou qui deviennent supérieurs aux autres ? — GLAUCON : Oui. — SOCRATE : Veux-tu avoir des petits de tous également, ou aimes-tu mieux en avoir de ceux qui l'emportent sur les autres ? — GLAUCON : J'aime mieux en avoir de ceux-ci. — SOCRATE : Des plus jeunes, des plus vieux, ou de ceux qui sont dans la force de l'âge ? — GLAUCON : De ces derniers. — SOCRATE : Si on n'apportait pas toutes ces précautions, n'es-tu pas persuadé que la race de tes chiens et de tes oiseaux dégénérerait bientôt ? — GLAUCON : Oui. — SOCRATE : Crois-tu qu'il n'en soit pas de même des chevaux et des autres animaux ? — GLAUCON : Il serait absurde de ne pas le croire. — SOCRATE : Grands dieux, mon cher Glaucon, s'il en est de même à l'égard de l'espèce humaine, quels hommes supérieurs nous faudra-t-il pour magistrats ? — GLAUCON : Il en est de même ; mais pourquoi parles-tu ainsi ? » Parce que, lui répond Socrate, c'est aux magistrats qu'il appartient d'opérer parmi les hommes et les femmes, le choix, — nous disons aujourd'hui la sélection — des individus les plus propres à donner des enfants sains, vigoureux, intelligents, capables d'augmenter la valeur physique et morale de la race. Les moyens qu'il propose pour déterminer cette sélection nous paraissent puérils, mais ils indiquent l'importance que le philosophe grec attachait à l'acte lui-même. « SOCRATE : Il faut selon nos principes, rendre les rapports très fréquents entre les hommes et les femmes d'élite, et très rares entre les sujets inférieurs de l'un et l'autre sexe. De plus il

Les idées de Platon sur la nécessité de régler les mariages de manière qu'ils contribuent à l'amélioration de la race étaient partagées par la plupart des philosophes de l'antiquité. Le culte suprême de la Grèce était celui de la forme, de la force et de la beauté. Les jeux publics, qui étaient en même temps des cérémonies sacrées, servaient d'occasion et de prétexte à faire valoir les qualités des jeunes gens des deux sexes et à les rapprocher.

faut élever les enfants des premiers et non ceux des seconds... — GLAUCON : Très bien. — SOCRATE : Il sera donc à propos d'instituer des fêtes, où nous rassemblerons les époux futurs avec leurs épouses. Ces fêtes seront accompagnées de sacrifices et d'épithalames que nos poètes approprieront à la solennité... Ensuite on fera tirer les époux au sort, mais avec une telle adresse que les sujets inférieurs accusent la fortune et non les magistrats du lot qui décidera de leur union. — GLAUCON : Parfaitement. — SOCRATE : Quant aux jeunes gens qui se seront signalés à la guerre ou partout ailleurs, on leur accordera, entre autres récompenses, des relations plus fréquentes avec les femmes. Ce sera un motif pour que la plupart des enfants proviennent de ces unions. » Les enfants vigoureux seront ensuite séparés des malingres ou difformes. Les premiers seront élevés et nourris avec le plus grand soin ; les seconds seront « cachés, dit Socrate, dans quelque endroit secret et qu'il sera interdit de révéler. — GLAUCON : Si l'on veut conserver dans toute sa pureté la race des guerriers ». Les mères seront également traitées avec tant de soins que Glaucon fait cette remarque : « En vérité, tu rends la maternité bien facile aux femmes des guerriers. — SOCRATE : J'ai mes raisons pour cela ; mais poursuivons ce que nous avons commencé. » Et il formule cette règle confirmée par toutes les observations de la science : « C'est dans la force de l'âge que doit se faire la procréation des enfants. »

Nous ne suivrons pas le philosophe grec dans les considérations auxquelles il se livre ensuite, sur la nécessité de mettre en commun les femmes et les enfants, afin d'aider au développement d'une affection qui relierait tous les membres de la société au point de n'en faire qu'un seul corps, mais je ne puis résister au désir de citer les belles pensées qu'il formule au sujet de l'harmonie qui doit régner dans l'État : « SOCRATE : La communauté de la joie et de la douleur n'est-elle pas un bien, lorsque, autant que possible, tous les citoyens se réjouissent et s'affligent également des mêmes événements heureux ou malheureux ? — GLAUCON : Assurément. — SOCRATE : Et n'est-ce pas l'égoïsme dans ces sentiment, qui divise un État, lorsque les uns se réjouissent et que les autres s'affligent des mêmes événements publics et particuliers ? — GLAUCON : Sans doute. — SOCRATE : Si les citoyens disent presque tous sur les mêmes choses : Ceci m'intéresse, ceci ne m'intéresse pas, l'État ne va-t-il pas le mieux du monde ? — GLAUCON : Certainement. — SOCRATE : L'État est alors comme un seul homme... qu'il arrive à un citoyen du bien ou du mal, l'État tel que nous le concevrons y prendra part comme s'il le ressentait lui-même ; il se réjouira ou s'affligera tout entier avec le citoyen. — GLAUCON : Cela doit être dans un État régi par de bonnes lois. » (PLATON, *La République*. Livre V, 2).

Au début surtout des civilisations grecque et romaine, alors que les filles étaient entièrement privées du droit d'hériter de leurs parents et n'avaient plus, après le mariage, rien de commun, pas même la religion, avec leur famille d'origine, les qualités physiques et morales de la femme devaient exercer un grand empire sur les jeunes gens. Ils étaient encore incités à attacher un grand prix aux qualités physiques par la loi qui, à Sparte et à Rome, prescrivait aux pères de faire mourir, aussitôt après la naissance, les enfants difformes.

Quoique, dans nos sociétés modernes, les préoccupations d'ordre financier exercent une influence considérable sur les unions matrimoniales, il se produit néanmoins, dans une certaine mesure, entre les jeunes gens et les jeunes filles, une sélection utile. Le fait existe surtout dans les classes où l'absence de biens permet au cœur de se prononcer en toute liberté. Autour de moi, dans la campagne, je ne vois guère de jeune fille qui n'ait fait son choix de très bonne heure et qui n'ait pris, avant le service militaire de son amoureux, un acompte plus ou moins prolongé sur les plaisirs du mariage. Dans ces conditions, les qualités physiques jouent nécessairement un rôle important dans la détermination du choix que les jeunes gens font les uns des autres.

Il est, évidemment, impossible de faire intervenir les lois dans un domaine où les idées modernes sur la liberté individuelle ne leur accordent aucune place[1]. C'est seulement à l'éducation qu'il appartient d'inspirer aux enfants, aux ado-

1. On a cependant beaucoup discuté, depuis quelque temps, la question de savoir si l'on ne devrait pas renoncer au secret professionnel que la loi impose aux médecins et qui leur interdit de révéler la maladie dont est atteint leur client, alors surtout que cette maladie est contagieuse et pourra être communiquée aux futurs conjoints. Il est incontestable que bien des mariages nuisibles à l'avenir de la race seraient évités, si les médecins avaient le droit de communiquer aux familles intéressées les renseignements dont ils sont pourvus. Quelques outranciers de l'intervention de l'État en cette matière ont même proposé d'imposer aux futurs époux un certificat de santé. Il y a là une question de grande importance et qu'il serait important de résoudre, mais il ne me paraît pas qu'elle puisse l'être avant que les idées généralement admises aujourd'hui aient subi une profonde modification.

lescents et aux jeunes gens des deux sexes un goût des belles formes, de la force et de la santé assez prononcé pour qu'il dirige leur conduite le jour où ils auront à se marier. A cet égard, il est permis de regretter que nous ne nous souvenions pas assez de nos origines grecques et latines.

## OBSTACLES MIS AU MARIAGE PAR NOTRE LÉGISLATION

Si la loi est impuissante à diriger la sélection des époux, elle peut, du moins, intervenir d'une façon utile pour faciliter les unions dans les conditions les plus favorables à l'amélioration de la race. Envisagé de ce point de vue, notre Code civil paraît très défectueux. Rédigées par des législateurs qui se préoccupaient surtout des intérêts matériels des familles, les prescriptions relatives au mariage ont pour résultat d'y mettre obstacle beaucoup plus que de le favoriser. En interdisant aux hommes au-dessous de vingt-cinq ans accomplis de se marier sans avoir obtenu le consentement de leurs père et mère, ou celui de leurs aïeuls en cas de décès des premiers, les articles 148 à 160, empêchent, surtout dans les classes aisées, un très grand nombre de mariages d'amour. Les mêmes effets sont produits par les dispositions des articles 151 et suivants qui imposent aux hommes ayant dépassé vingt-cinq ans et aux femmes ayant plus de vingt et un ans l'obligation d'adresser des sommations respectueuses à leurs ascendants. Par ces mesures, la loi donne aux parents une autorité excessive, dans une matière à laquelle ils devraient rester étrangers. Combien de mariages sont rendus impossibles par le Code entre des jeunes gens que rapprochent la similitude des goûts, la recherche de la beauté, de la force, de l'intelligence et qui donneraient naissance à de superbes enfants, tandis que les uns et les autres, séparés par la résistance de leurs parents, contracteront plus tard des « mariages de raison » où la fortune seule jouera son rôle et d'où ne sortiront, trop souvent, que des progénitures dégénérées. Dans les classes pauvres elles-mêmes, le Code civil met obstacle à un grand nombre de mariages, par les formalités et les délais qu'il impose, et par les dépenses qu'il occasionne[1]. Ces empêchements sont d'autant plus préjudiciables qu'ils font sentir leur action à l'âge où les jeunes gens réalisent les conditions les plus favorables à la procréation. Les observations scientifiques et les documents statistiques établissent, en effet, que les unions les plus fécondes sont celles où l'homme ne dépasse pas trente-trois ans et où la femme n'a pas plus de vingt-six ans. Elles montrent, d'autre part, que la fécondité des unions illégitimes est inférieure à celles avec mariage.

C'est surtout pendant la jeunesse que les hommes et les femmes sont attirés les uns vers les autres par les qualités physiques et morales ; c'est pendant la jeunesse que la beauté a le plus de prix, et c'est aussi pendant la jeunesse que l'on a le moins de souci des intérêts matériels, que l'on se sent le plus courageux pour supporter les luttes de l'existence et que l'on a davantage besoin de mener la vie régulière du ménage, afin de se créer par le travail une situation et de s'assurer un avenir.

A vingt-cinq ans, dans la fougue des sens et dans l'ardeur de la lutte pour la vie, le jeune homme actif et laborieux se serait volontiers uni à une femme jeune, aimable, jolie, qui aurait été la compagne de ses plaisirs et de ses travaux, car à cet âge le cœur domine souvent la raison ; plus tard, après trente ans, lorsqu'il aura contracté des habitudes irrégulières, lorsque le café, le cercle, les filles, le jeu ont pris place dans sa vie, lorsque le besoin du confortable s'est

1. Dans le but de supprimer ces obstacles, une loi du 10 décembre 1850 décide que les pièces nécessaires au mariage des indigents leurs seront fournies gratuitement; afin de leur éviter des pertes de temps et d'argent, elle charge l'officier de l'état civil de la commune où ils veulent se marier, du soin de réunir les pièces nécessaires. Une autre loi du 20 juin 1896 établit la gratuité pour les actes respectueux que les indigents sont obligés de faire à leurs parents et remplace par un acte unique les trois sommations ordonnées par le Code civil ; mais ces lois ne sont pas assez larges. Elles ne considèrent comme indigents que les personnes non inscrites aux rôles des contributions directes ou ne payant pas plus de 10 francs d'impôt. Il serait nécessaire de rendre gratuits pour tous les citoyens tous les actes relatifs au mariage (voy. *Revue philanthropique*, mars 1898, p. 720).

accru, l'union matrimoniale lui apparaît souvent comme une charge plutôt que comme un agrément.

Il ne me paraît pas douteux que si la loi autorisait les jeunes gens à se marier après vingt et un ans, sans aucune autorisation de leurs parents, les mariages contractés à partir de cet âge jusqu'à la trentième année seraient beaucoup plus nombreux qu'ils ne le sont aujourd'hui. Les parents en pourraient éprouver souvent du déplaisir, mais la société y trouverait son compte, sans que les intérêts véritables des familles eussent à en souffrir. Presque toujours, en effet, leurs résistances aux mariages souhaités par les jeunes gens sont inspirées, soit par des motifs pécuniaires, soit par des préjugés sociaux. Or, la gêne, pendant la jeunesse, n'est qu'un excitant pour le travail; quant aux unions contraires à ce que l'on appelle les « convenances sociales », elles font le bonheur d'une foule de gens, et elles feraient encore beaucoup plus d'heureux, si la loi condamnait les parents à les subir au lieu de leur permettre de les contrarier.

C'est surtout en cette matière que le mot de Diderot, relativement à l'action que les lois ont sur les mœurs, peut trouver son application : « Il n'en faut pas douter, écrivait le grand philosophe du XVIIIe siècle dans sa *Requête au Parlement de Grenoble*, les lois avec le temps changent les mœurs d'un peuple. Mais la loi a son effet dès qu'elle est publiée, et les mœurs, qui consistent dans un certain tour de tête commun à tous les membres d'une société, n'en restent pas moins d'abord dans toute leur force. » Appliquant cette pensée fort juste au sujet que je traite ici, j'ajouterai volontiers que malgré les résistances opposées par les mœurs à la réforme des lois sur le mariage, cette réforme doit être tentée; d'abord parce qu'elle intéresse au plus haut degré l'avenir de notre race, ensuite parce qu'elle figure au premier rang de celles qui, « avec le temps, changent les mœurs d'un peuple ».

### § 2. — *Devoirs relatifs à la femme envisagée comme mère.*

La femme a été, dans tous les temps et dans la plupart des pays, considérée par l'homme comme un être inférieur : instrument de plaisir ou esclave, presque toujours l'une et l'autre à la fois. La mère de famille, chez les Grecs et les Romains, était confinée dans le gynécée avec ses enfants et condamnée aux travaux les plus pénibles de la maison, tandis que la courtisane jouissait d'autant de considération que de liberté. Dans la société musulmane, la femme est une esclave ignorante et cloîtrée. Dans les pays de race jaune et parmi les peuples d'Occident, elle est mieux traitée, mais les lois comme les coutumes la maintiennent dans un état manifeste d'infériorité par rapport à l'homme. Enfin, envisagée comme mère, c'est-à-dire comme reproductrice de la race, la femme est partout soumise à des conditions plutôt défavorables que favorables à sa fonction.

Je ne m'arrêterai pas à tracer le tableau des souffrances et des misères auxquelles elle est exposée dans toutes les familles pauvres ; je ne ferai pas non plus celui des fatigues inutiles et souvent nuisibles que lui fait supporter, dans les classes riches, l'habitude des soirées, des bals et autres plaisirs souvent excessifs qu'elle ne saurait éviter sans être accusée de manquer à ses devoirs envers la classe sociale dont elle fait partie. Tous ces faits sont trop connus pour que je m'y arrête ; je veux seulement examiner les lois que nous avons édifiées dans le but de corriger, en ce qui concerne la femme, les vices de notre organisation sociale.

Ces lois ont trait aux femmes en couches, aux nourrices et aux filles mineures.

#### LÉGISLATION RELATIVE AUX FEMMES EN COUCHES

Les femmes en couches indigentes sont soignées et délivrées gratuitement soit dans les hôpitaux, soit dans des établissements spéciaux. Elles ne peuvent y être admises qu'au neuvième mois de leur grossesse et, sauf le cas d'urgence, en justifiant de leur domicile habituel dans le département. Les maternités sont peu nombreuses; il n'en existe même pas dans tous les départements.

En principe, l'État s'est montré, jusqu'à ce jour, peu favorable aux maternités publiques; il a encouragé plutôt les œuvres de charité privées.

Les premières *sociétés de charité maternelle* remontent à 1788. Elles ont été réglementées par des décrets du 5 mai 1810 et du 25 juillet 1811, par l'ordonnance du 21 octobre 1814 et par le décret du 2 février 1853. Elles étaient placées par ce dernier acte sous la protection de l'impératrice qui nommait les présidentes.

Une décision du pouvoir exécutif du 29 mars 1871 donne la nomination des présidentes aux sociétés elles-mêmes. Celles-ci sont placées sous la surveillance des préfets. Elles sont autorisées ou reconnues d'utilité publique par arrêté du ministre de l'intérieur. Les femmes en couche sont visées par la loi du 15 juillet 1893 sur l'assistance médicale gratuite. Elles y sont assimilées à des malades (art. 1er), au point de vue des secours et des soins.

Lors de la discussion de la loi du 12 novembre 1892 sur le travail des enfants et des femmes, un article fut proposé dans le but d'interdire aux femmes enceintes tout travail industriel pendant quatre semaines après l'accouchement[1], mais il fut repoussé sous le prétexte des difficultés d'exécution, en réalité parce que les industriels ne voulaient pas être contraints de nourrir les accouchées pendant ces quatre semaines de chômage.

Certains grands industriels ont créé pour leurs ouvrières des *mutualités maternelles* grâce, auxquelles les femmes peuvent rester sans travailler deux semaines avant et quatre semaines après l'accouchement. Une retenue est exercée à cet effet sur le salaire de toutes les femmes entre vingt et

1. C'est le délai admis par la conférence de Berlin, comme nécessaire au rétablissement des accouchées.

quarante-cinq ans ; les patrons y joignent une subvention au moins égale à la retenue [1].

L'assistance publique et la charité privée ont fait des efforts pratiques considérables, depuis une vingtaine d'années, pour venir en aide aux femmes en couches pauvres [2], mais il y a encore beaucoup plus à faire dans cette voie qu'il n'a été fait. Il s'agit de permettre à toute femme enceinte, obligée de vivre de son travail, d'atteindre l'heure de l'accouchement dans des conditions telles que sa santé et celle de son enfant n'aient pas à souffrir. Pour cela les moyens varient : les unes seront suffisamment mises à l'abri de tout danger par des secours à domicile, leur permettant de diminuer la durée de leur travail à mesure que la grossesse approche, de vivre en repos chez elles pendant la période de l'accouchement et les deux ou trois semaines qui la suivent. D'autres doivent être secourues dès que la grossesse devient apparente, tantôt parce qu'elles sont chassées de la maison où elles étaient ouvrières ou domestiques, sous prétexte que leur grossesse « serait d'un mauvais exemple », tantôt parce qu'elles sont abandonnées par l'amant ou même par le mari qui les rendit mères, etc. A celles-ci il faut des refuges-ouvroirs analogues à celui de l'avenue du Maine, créé par l'initiative privée en 1892. Les femmes y sont admises gratuitement dès que la grossesse est apparente, sans qu'on exige aucun renseignement sur leur identité. Elles y travaillent sans fatigue ; on s'efforce de développer leur moralité, on s'occupe de les placer quand elles sont délivrées et l'on prend soin de leurs enfants.

D'autres femmes ou filles-mères n'ont besoin que du secret, au moment de leurs couches, et d'un secours momentané, pendant la période de l'accouchement. Parfois, même, le secret seul leur est nécessaire. Pour elles, il faut des *maternités secrètes*, comme il n'en existe encore qu'un très petit nombre.

C'est aux communes et surtout aux villes qu'il appartient

1. Voyez Strauss, *L'Enfance malheureuse*, p. 146 et suiv.

2. Le nombre de ces femmes est tellement considérable qu'à Paris, le nombre des accouchements opérés par les soins de l'Assistance publique est d'au moins 40 p. 100 du nombre total des accouchements.

de créer ces institutions : elles représentent l'une des branches les plus importantes de l'assistance publique, car elles sont destinées à sauver deux êtres en un seul : la mère et l'enfant qu'elle porte.

## LES FILLES-MÈRES ET LES FEMMES QUI CACHENT LEUR GROSSESSE

Ce qu'il faudrait aussi, c'est faire disparaître des esprits cette idée stupide que les fautes de l'amour sont déshonorantes et qu'une malheureuse enfant entraînée par ses sens, séduite par un homme, est une fille perdue, indigne de toute pitié.

Dans sa séance du 5 mai 1891, l'Académie de médecine de Paris, justement frappée du peu de souci des femmes enceintes manifesté par la législation, a émis le vœu « que dans chaque département il soit établi au moins un asile destiné à recevoir les femmes pendant les derniers mois de leur grossesse ; que toute femme, si elle le désire, puisse y être reçue dans des conditions qui assurent le secret absolu sur son entrée, sur son séjour dans cet établissement et sur son accouchement ; qu'il soit interdit de faire une enquête administrative sur le domicile et l'identité de toutes les femmes enceintes ou en couches qui sont hospitalisées ; que des tours soient établis dans tous les départements et que, dans le même local, soient réunis un tour et un bureau ouvert ; que des secours soient accordés aux femmes ne pouvant, faute de ressources suffisantes, élever leurs enfants ».

On voit percer très nettement, dans la seconde partie de ce vœu, une préoccupation qui existe chez tous les médecins, anthropologistes et sociologues, et qui est relative aux nombreux avortements ou infanticides résultant de la défaveur qui est jetée par notre société sur les filles-mères.

Je ne veux pas entrer ici dans de longues considérations sur ces faits. Je me borne à poser le problème dans les termes mêmes où la nature d'une part, la société de l'autre, le posent devant la science. Partout, je vois des femmes et des hommes attirés les uns vers les autres par la plus impérieuse peut-être des passions, les premières d'autant plus certaines d'être vaincues qu'elles sont plus innocentes ou plus isolées dans le monde et plus pauvres, les seconds d'autant plus certains de la victoire qu'ils sont plus jeunes, plus ardents ou plus riches et plus vicieux. Si inégales que soient les conditions de la lutte, les conséquences en sont singulièrement plus inégales encore. Après chaque victoire, l'homme peut délaisser la femme vaincue pour courir à de nouveaux combats amoureux. La notoriété qu'il retire de ses premières aventures lui en vaudra bientôt de nouvelles : Don Juan sera toujours aimé par les filles innocentes, et d'autant plus recherché par elles qu'il en aura trompé davantage.

Tout différent est le sort de la femme. Une seule minute de passion suffit pour la rendre mère, et, dès que sa grossesse apparaît, sa réputation est ternie. Il semble même que « sa faute » doive rejaillir sur sa famille, sur ses amis : On s'éloigne d'elle comme d'un foyer de contagion ; elle se sent méprisée et détestée. Alors seulement, elle a conscience de la gravité de l'acte où l'entraîna la nature. Si elle est riche, elle cédera facilement à la tentation de supprimer les traces de son amoureuse mésaventure ; et la tentation ne se fera pas faute de se présenter à elle sous la figure de l'une de ces mégères qui pullulent surtout dans les grandes villes, en quête d'avortements à pratiquer. Si elle est pauvre, elle n'aura qu'une pensée : faire disparaître l'enfant à l'heure où il tentera son apparition dans le monde. En attendant, elle réduira son alimentation, croyant apaiser les vomissements caractéristiques de la grossesse, elle serrera sa taille et comprimera son ventre jusqu'à l'étouffement.

Lorsque viendra le jour tragique, elle sera stoïque comme les martyrs : pas un cri, pas un geste ne révélera le drame dont elle est l'actrice solitaire ; elle mourra parfois d'une hémorragie, d'une syncope, à côté du cadavre de l'enfant qu'elle aura étranglé de sa main. On a cité des exemples de filles accouchant dans une pièce où étaient plusieurs personnes, tuant le nouveau-né sous leurs draps, sans que l'on s'en aperçut. Et tout cela parce que la société frappe de son mépris, de ses haines et de son abandon la fille qui s'est laissée vaincre par la passion.

### DES TOURS

C'est dans l'intérêt de ces filles, c'est pour compenser l'injuste mépris de la société, et aussi pour assurer le sauvetage de leurs enfants, que l'on inventa jadis les tours. Ils furent institués par le décret du 19 janvier 1811. C'étaient, comme leur nom l'indique, des appareils tournants dans lesquels on pouvait, du dehors et sans être vu, déposer un enfant ; une sonnette prévenait le gardien intérieur du dépôt ; l'enfant était recueilli et donné aussitôt à une nourrice. Afin de diminuer le nombre des abandons, le décret limitait celui des hospices munis de tours. Il devait y en avoir *un au plus* par arrondissement. Il n'y en eut jamais autant. Néanmoins, des abus ne tardèrent pas à se produire. Beaucoup de femmes qui auraient pu élever leurs enfants se débarrassaient de ce soin sur la société. Il se créa une véritable industrie. Des gens faisaient profession de porter au tour le plus voisin les enfants d'une même région. « Plusieurs fois par mois et d'une manière régulière, un voiturier du Loiret se chargeait d'amener à Paris, moyennant salaire, les enfants destinés au tour ; le convoyeur emportait ainsi, et recueillait sur sa route, plusieurs de ces colis vivants qu'il entassait dans un panier (*la bourriche de Pithiviers*), pour les déposer à l'hospice dépositaire de Paris. Ce que devenaient ces pauvres petits êtres, en hiver, par les froids rigoureux, les témoins nous l'ont appris : le tour aveugle recevait tous les abandonnés, tous les moribonds, tous les cadavres[1]. » Les tours furent supprimés, petit à petit, en raison des abus auxquels ils donnaient lieu et des abandons qu'ils semblaient provoquer.

1. STRAUSS, *L'enfance malheureuse*, p. 41. En 1800, les hospices recueillaient 63.000 enfants abandonnés ; en 1833, le nombre de ces enfants s'élevait à 127.507 (*Ibid.*, p. 39).

Les tours ont été remplacés, dans les hospices dépositaires, par des « bureaux d'admission » où les enfants abandonnés peuvent être apportés par une personne quelconque. Quand ces bureaux sont tenus par des femmes suffisamment instruites, bonnes et habiles, ils rendent de très sérieux services en ce qui concerne les abandons d'enfants déterminés par la misère, à la condition que les bons conseils soient accompagnés de secours convenablement distribués et soigneusement contrôlés.

La question est plus délicate, quandil s'agit des abandons provoqués par le désir qu'a la mère, pour un motif quelconque, de cacher la naissance de son enfant. Dans l'état actuel de notre législation, le bureau d'admission n'est ni aveugle ni muet, comme l'était le tour; il est même très bavard et non moins indiscret. Comme aucun abandon secret n'est autorisé par la loi, le bureau auquel on présente un enfant est tenu d'exiger des renseignements sur le lieu de la naissance, le nom des parents ou du moins celui de la mère, et, à défaut, le nom de la personne qui fait le dépôt, même si c'est un médecin ou une sage-femme. Ces mesures suppriment les abus auxquels les tours donnaient lieu; mais elles ont le grave inconvénient d'écarter la majeure partie des mères qui tiennent au secret. Il est de règle constante que les jeunes filles, femmes mariées ou veuves, qui désirent cacher leur maternité, se réfugient dans une grande ville où elles ont toute chance d'être inconnues et de se délivrer de leur fardeau sans compromettre leur réputation. Or, elles s'exposent, en le portant à l'hospice dépositaire, à faire connaître leur faute. On exigera leur nom, l'indication de leur domicile et celle du domicile de leurs parents; puis, on écrira au maire de la commune où elles sont nées pour avoir des renseignements sur leur compte, et leur histoire sera bientôt livrée à la méchanceté de ceux qu'elles redoutent le plus.

La ville de Paris est la seule où l'on ait adopté des coutumes plus humaines. L'administration des enfants assistés s'y montre plus discrète que partout ailleurs et moins soucieuse de faire rembourser les frais qui lui incombent par le fait des abandons. Cette façon de faire a, il est vrai, pour résultat d'imposer au département de la Seine des charges considérables, car Paris recueille le tiers des enfants assistés de la République et de nombreux étrangers. « Les mères accourent de toutes parts, non seulement de tous les points de la France, mais de Belgique, de Suisse, d'Angleterre, d'Allemagne, d'Italie, pour s'alléger d'un fardeau qu'elles ne veulent pas montrer. Il en est qui font le voyage de Londres à Paris, avec un billet d'aller et retour, pour accomplir cet acte. Telle de ces voyageuses, embarquée à Newhaven, a dû s'arrêter à Dieppe pour y accoucher d'une fille, qu'une sage-femme était ensuite chargée de conduire à Paris. Cette personne, d'après les déclarations de la matrone, appartenait à un couvent irlandais qu'elle se disposait à réintégrer à bref délai. Le secret localisé à Paris favorise l'apport étranger, à plus forte raison l'apport provincial[1]. »

On dira peut-être que grâce au secret dont elle entoure les abandons clandestins d'enfants, l'administration parisienne encourage le vice ; mais il serait aisé de répondre que le secret permet aussi de sauver un nombre considérable d'enfants qui seraient tués par leurs mères s'ils n'étaient recueillis par une administration bienveillante.

La conclusion est qu'en dépit des moralistes chagrins, on doit féliciter le Conseil général de la Seine et l'administration de l'assistance publique de Paris de l'esprit de bienveillance qu'ils apportent dans l'application des lois et décrets relatifs aux enfants abandonnés. Plus ils sauvent d'enfants des naufrages qui les menacent dans les premières années de leur vie, plus ils contribuent utilement au progrès de la race. Il est à souhaiter que leur exemple soit imité.

Peut-être diminuerait-on par là le nombre des avortements et des infanticides ; je dis peut-être, car ces crimes sont déterminés par tant de causes variées qu'on ne peut attendre leur

1. STRAUSS, *ibid.*, p. 283.

disparition complète que de la transformation des mœurs et de la disparition de certains préjugés religieux ou sociaux.

### LÉGISLATION RELATIVE AU TRAVAIL DES FEMMES

Envisagées comme nourrices, les femmes font l'objet d'une législation spéciale dont je parlerai à propos des enfants.

En tant que travailleuses, elles sont protégées actuellement par la loi du 2 novembre 1892 et le décret complémentaire du 11 juillet 1893 qui les assimilent aux enfants.

D'après la loi du 2 novembre 1892, « les filles et les femmes ne peuvent être admises dans les travaux souterrains des mines, minières et carrières ; les filles mineures et les femmes ne peuvent être employées à aucun travail de nuit[1], dans les usines, manufactures, chantiers, ateliers et leurs dépendances, de quelque nature que ce soit, publics ou privés, laïques ou religieux, même lorsque ces établissements ont un caractère d'enseignement professionnel ou de bienfaisance ». D'après l'article 5, dans les établissements énumérés plus haut, « les femmes de tout âge ne peuvent être employées plus de six jours par semaine, ni les jours de fête reconnus par la loi, même pour rangement dans l'atelier. Une affiche apposée dans les ateliers indique le jour adopté pour le repos hebdomadaire ». Certaines exceptions qu'il est inutile d'énumérer sont accordées par la loi et réglées par le décret du 11 juillet 1893.

Cette législation marque un progrès notable sur la situation qui était faite à la femme et à la jeune fille par les lois antérieures ; mais, en dehors de la grande industrie, elle n'est que mal appliquée et les ouvrières elles-mêmes, poussées par le besoin, se font les complices de sa violation[1].

1. Une proposition de M. Wolouski, qui interdisait le travail de nuit aux femmes même majeures fut repoussée à une très grosse majorité (507 voix contre 99) comme contraire à la liberté individuelle des femmes, aux intérêts de l'industrie et même, d'après M. Pouyer-Quertier, à celui des femmes elles-mêmes : « En demandant, disait-il, que le travail de nuit soit interdit à la femme dans les mines et manufactures, vous arrivez à faire préférer par l'industrie l'emploi des hommes à celui des femmes ; il en résultera, malheureusement, qu'on attirera, dans les

Les vendeuses des magasins, boutiques, etc. ont vu leur sort amélioré par la loi du 29 décembre 1900 qui oblige leurs patrons à entretenir dans les lieux de vente autant de sièges qu'il y a de femmes employées.

Ces mesures sont encore très insuffisantes. On ne saurait contester que le sort des ouvrières est, en général, beaucoup plus défectueux que celui des ouvriers ; et il en sera ainsi tant que le salaire des femmes restera inférieur à celui des hommes, même quand elles produisent une quantité analogue de travail, tant que, en un mot, la femme ne sera recherchée par l'industrie que pour diminuer les frais de la main-d'œuvre.

L'homme de notre temps, même dans les nations les plus civilisées, n'est pas encore parvenu à une juste conception du rôle naturel qui incombe à la femme. On n'a pas assez présente à l'esprit cette indéniable vérité, qu'en raison de la gestation et de l'allaitement, elle exerce sur les enfants, c'est-à-dire sur la race, une action beaucoup plus grande que celle de l'homme. Si elle est atteinte d'une maladie constitutionnelle quelconque, il est presque certain qu'elle la transmettra à son enfant ; si elle est insuffisamment nourrie, l'enfant viendra au monde non seulement faible et anémié comme elle, mais encore, parfois, atteint de quelque vice organique dont il ne se débarrassera jamais. Si, pendant l'allaitement, la femme vit dans un logement mal aéré avec une alimentation insuffisante, son lait ne sera ni assez abondant, ni assez nutritif et l'enfant en souffrira comme il a souffert des misères éprouvées pendant la grossesse. Enfin, si la femme n'a reçu ni éducation morale ni instruction, elle pourra vicier le cœur et l'intelligence de son enfant pendant les cinq ou six années où elle dirigera ses premiers pas dans la vie.

Ne suffit-il pas de rappeler ces vérités pour mettre en lumière l'erreur que commet la société en n'accordant pas

grandes villes surtout, par l'appât du gain, par l'appât d'un gros salaire, un plus grand nombre d'hommes de toutes nos campagnes. » La seule concession que fit le législateur fut d'interdire l'emploi des femmes de tout âge dans les travaux souterrains des mines, minières et carrières.

à la femme la place qui lui convient dans la famille? A elle les travaux du ménage, la préparation des aliments, la confection des vêtements, de ceux au moins qui n'exigent pas des talents particuliers, leurs réparations et leur nettoyage ; à elle l'élevage des enfants, leur première éducation morale et les premiers éléments de leur instruction; à elle le soin de tout ce qui peut retenir le mari à la maison. N'en voilà-t-il pas assez pour remplir la vie de la femme la plus laborieuse?

Malheureusement, le mari, le père, ne gagne pas assez pour que la femme puisse remplir sa fonction sacrée de mère; elle aussi, doit quitter chaque matin le logement familial, aller à l'usine ou à l'atelier d'où elle ne reviendra que le soir, avec le corps fatigué, le cerveau vide, impuissante à remplir son devoir de mère, à peine capable de jouer son rôle de femme. L'anémie la saisit en pleine grossesse; elle ne mettra au monde qu'un être chétif et débile, et c'est à peine si elle pourra nourrir ceux qui sont déjà nés. Visitez les logements des ouvriers; comptez, si vous le pouvez, le nombre des femmes qui sont soumises à ce destin, et vous comprendrez pourquoi tant de maladies déciment tant de travailleurs, pourquoi tant de misères tendent à épuiser les nations, et vous aurez une idée de la gravité des devoirs qui incombent à la société à l'égard de la femme, de la mère, de la génératrice, de l'éducatrice de la race.

### § 3. — *Devoirs relatifs aux enfants et aux adolescents envisagés comme représentant l'avenir de la race.*

Le premier devoir qui incombe à la société vis-à-vis des enfants est de diminuer autant que possible leur mortalité qui est, dans tous les pays, extrêmement considérable[1].

1. La mortalité des enfants pendant la première année est très considérable dans tous les pays. Sur 1 000 enfants d'un jour à un an, l'Italie en perd 234,9, la France, 179,8, l'Angleterre et le pays de Galles, 167,5; l'Écosse, 121,6; l'Irlande, 98,8; le Wurtemberg, 340,7; la Suède, 127,9; la Saxe, 312,3; la Norvège, 101,3; la Finlande, 65,6; la Bavière, 319,6; la Prusse, 222,2, etc... Les hygiénistes interrogés ont invoqué la pauvreté, la chaleur excessive de l'été, l'alimentation défectueuse et préma-

Pour cela, deux sortes de moyens sont à sa disposition, le premier d'ordre purement moral, les seconds d'ordre législatif et policier.

## MORTALITÉ DES ENFANTS ET MOYENS DE LA DIMINUER

Sachant que la mortalité des enfants mis en nourrice ou élevés au biberon est beaucoup plus grande que celle des enfants nourris par leur mère, la société doit employer tous les moyens de persuasion dont elle dispose pour amener le plus grand nombre possible de mères — j'entends celles qui sont en bonne santé — à nourrir elles-mêmes leurs enfants. Elle rencontre, dans cette tâche, deux catégories d'obstacles dont il serait puéril de méconnaître l'importance : parmi les riches, le désir qu'ont beaucoup de femmes de ne pas renoncer aux plaisirs du monde, de ne pas compromettre leur beauté, de se soustraire à une charge matérielle et morale dont le poids est incontestablement fort lourd ; parmi les pauvres, l'impossibilité de donner à l'élevage de l'enfant un temps qu'il faut consacrer à gagner de quoi vivre.

C'est d'abord par de sages conseils donnés aux jeunes filles, dès l'école ou le collège, que la société peut tenter de surmonter les obstacles qu'elle rencontre dans la classe riche[1]. Elle doit tout faire pour engager les femmes des

turée, la mauvaise habitation, les préjugés locaux, l'emploi de biberons à tubes, les mauvaises conditions d'hygiène générale, l'illigitimité, les mauvais traitements, l'abus de l'alcool, le défaut de propreté.

A Paris, « il naît en moyenne 60 000 enfants vivants par an ; sur ces 60 000 enfants, la moitié sont envoyés en nourrice. Restent 30 000 enfants élevés dans leurs familles ; sur ce nombre, 8 à 9 000 (7 895 exactement en 1893) n'atteignent pas l'âge d'un an ; ils meurent dans la proportion d'un sur quatre, ce qui est énorme et affreux. D'après les statistiques de M. Jacques Bertillon, 2 940 de ces petits décédés ont succombé par l'athrepsie et diarrhée infantile. M. le Dr Wildemann estime qu'il y a lieu d'y ajouter 1 360 victimes de débilité congénitale, qui, d'après lui, auraient pu être sauvés en grande partie par une alimentation saine et suffisante ». (STRAUSS, *L'enfance malheureuse*, p. 222, 233.)

1. On ne saurait trop louer l'initiative prise à cet égard par le professeur Pinard, lorsqu'il créa, il y a quelques années, un cours de « puériculture » pour les jeunes filles de l'école normale des institutrices des Batignolles. Le succès considérable obtenu par les leçons dans les-

familles aisées à nourrir et élever elles-mêmes leurs enfants, car, le confortable dont jouit la mère, dans ces familles, constitue pour l'enfant les meilleures conditions d'élevage qu'il soit possible d'imaginer ; mais ce serait une erreur de croire, avec certaines personnes, que l'alimentation naturelle soit chose absolument indispensable.

Je n'hésite pas à penser, qu'en règle générale, l'élevage au biberon avec du bon lait, entouré de tous les soins de propreté et d'hygiène exigés, vaut tout autant, sinon mieux, que l'élevage au sein par la mère ou par la meilleure des nourrices.

Si les femmes riches ne veulent pas renoncer à la vie mondaine, qu'elles fassent élever leurs enfants sous leurs yeux, soit au biberon, soit par des nourrices étroitement surveillées ; cela vaudra mieux que de leur donner elles-mêmes un lait plus ou moins altéré par les fatigues du bal ou du théâtre ; mais que, surtout, elles se gardent de les confier à des nourrices éloignées, dont il est toujours difficile d'apprécier exactement les qualités ou les défauts.

Quant aux femmes pauvres, il leur est, en général, si difficile de nourrir elles-mêmes, et les conditions de leur propre existence sont si pénibles, qu'il leur est impossible de soustraire leurs enfants à toutes les éventualités auxquelles les expose l'alimentation par les nourrices, soit au sein, soit au biberon. Envers les enfants de ces femmes, la société a des devoirs impérieux à remplir[1].

quelles il enseigne aux institutrices les moyens de soigner et d'élever le mieux possible les enfants, afin qu'elles-mêmes l'apprennent plus tard à leurs élèves des écoles primaires, doit encourager le ministre de l'instruction publique à instituer ce même enseignement dans toutes les écoles normales d'institutrices. Ce ne sont pas les professeurs qui feront défaut, et un service sera rendu à notre pays, car il en résultera certainement une diminution de la mortalité des enfants.

[1] M. Jacques Bertillon est je crois le premier à avoir préconisé pour les enfants des familles pauvres dont les femmes ne peuvent pas allaiter elles-mêmes, la création dans les villes d'établissements où les enfants seraient nourris au biberon avec du lait stérilisé et entourés des soins que les mères ne peuvent pas leur donner. Ce système fut, sur ses conseils, appliqué à Rio-de-Janeiro où il détermina tout de suite une diminution de la mortalité de cette catégorie d'enfants. Ce mode d'é-

### LÉGISLATION RELATIVE AUX NOURRICES ET AUX NOURRISSONS

Dans notre pays, les premières mesures protectrices des enfants confiés à des nourrices habitant plus ou moins loin des mères, remontent à une époque très reculée. On cite une ordonnance du roi Jean, de 1350, réglementant l'industrie des nourrices. A la fin du siècle dernier, il fut créé à Paris un « bureau des nourrices » dont l'administration correspondait avec les autorités des paroisses dans lesquelles les nourrices étaient les plus nombreuses. La loi du 26 mars 1806 assure à ces dernières le paiement de leurs services. Le décret du 30 juin 1806 place le bureau des nourrices de la ville de Paris dans les attributions de « l'administration générale des secours et hôpitaux de ladite ville, sous l'autorité du préfet du département, pour la partie administrative, et pour la police, sous celle du préfet de police ».

En 1869, une enquête fut ordonnée sur les abus commis par les nourrices et d'où découlait une excessive mortalité des nourrissons. Il en sortit, plus tard, la proposition de loi de Théophile Roussel ayant pour objet la surveillance des nourrices et des nourrissons, proposition qui fut transformée en loi le 23 décembre 1874.

Théophile Roussel signalait que dans certains départements la mortalité des nourrissons s'élèvait jusqu'à 90 p. 100, alors que pour toute la France elle était seulement de 10 p. 100. Il attribuait ce fait au défaut de surveillance des bureaux de nourrices, à l'absence de toute inspection administrative et médicale des enfants placés à la campagne, au mode défectueux de transport des nourrissons, à la négligence des nourrices, etc. Ce sont ces vices que la loi de 1874 a eu pour objet de faire disparaître.

D'après l'article 1er de cette loi : « Tout enfant, âgé de moins de deux ans, qui est placé, moyennant salaire, en

levage, convenablement appliqué, serait certainement préférable aux nourrices professionnelles et faisant l'élevage chez elles, loin des parents.

nourrice, en sevrage ou en garde hors du domicile de ses parents, devient par ce fait l'objet d'une surveillance de l'autorité publique, ayant pour but de protéger sa vie et sa santé. » L'article 2 confie l'exécution de la loi au préfet de police dans le département de la Seine, aux préfets dans tous les autres départements. « Ces fonctionnaires sont assistés d'un comité ayant pour mission d'étudier et de proposer les mesures à prendre. » Un comite supérieur est institué auprès du ministre de l'intérieur.

D'après l'article 6 : « Sont soumis à la surveillance instituée par la loi, toute personne ayant un nourrisson ou un ou plusieurs enfants en sevrage ou en garde, placés chez elle moyennant salaire, les bureaux de placement et tous les intermédiaires qui s'emploient au placement des enfants en nourrice, en sevrage ou en garde. » Quant aux personnes qui placent un enfant en nourrice, en garde ou en sevrage moyennant salaire, elles sont tenues « sous les peines portées par l'article 46 du Code pénal d'en faire la déclaration à la mairie de la commune où a été faite la déclaration de la naissance de l'enfant ou à la mairie de la résidence actuelle du déclarant ». Les nourrices ou gardeuses sont également tenues de faire à leur mairie la déclaration des enfants qui leur sont confiés, etc.

L'application de la loi de 1874 a donné déjà des résultats importants. Toutes les statistiques témoignent d'une diminution notable de la mortalité des nourrissons, surtout lorsque ces derniers sont placés dans le département où ils sont nés [1]. Cela a été particulièrement établi pour le dépar-

1. « Un excellent inspecteur, M. Pierre-Fleury, a pu déclarer au Conseil d'hygiène de 1889 que, depuis la mise en pratique sérieuse de la loi de protection, la moyenne des décès des nourrissons est descendue, dans le Calvados, de plus de 30 à moins de 6 p. 100; dans la Creuse, de plus de 17 à moins de 5 p. 100; dans le Cher, de plus de 28 à moins de 11 p. 100... A l'intérieur du département de la Seine, où le service de protection du premier âge est fortement constitué, avec des médecins-inspecteurs et des dames visiteuses en nombre suffisant et offrant les plus grandes garanties de savoir et de dévouement, la mortalité des nourrissons originaires du département a été de 7,79 p. 100 en 1893, de 6,18 pour 1894, inférieur de près d'un tiers à la mortalité de 1884. Pendant l'année 1893, sur un groupe de 24 départements où étaient placés

tement de la Seine. Il faut, sans doute, attribuer ce fait en partie à ce que moins l'enfant est obligé de voyager après sa naissance, moins aussi il est exposé au froid et aux accidents divers qui sont susceptibles d'altérer sa santé. Pour le département de la Seine, il faut aussi attribuer les progrès réalisés à la bonne organisation de la surveillance.

Indépendamment de la loi Roussel, beaucoup de mesures dues à l'initiative des départements, des communes ou des particuliers ont été prises dans le but de diminuer la mortalité des enfants. Je me bornerai à citer l'*Asile des Enfants assistés* de Paris et les établissements analogues d'un certain nombre de grandes villes, où l'on reçoit les enfants que, pour un motif ou pour un autre, leurs parents ne peuvent pas garder, ou qui sont tout à fait abandonnés; les « Pouponnières » d'initiative privée où les familles peuvent faire nourrir leurs enfants dans des conditions particulièrement favorables de surveillance et de soins ; les « Maisons maternelles », les « Maisons d'allaitement », et une foule d'autres institutions analogues. Ces œuvres sont excellentes, mais elles sont encore trop peu nombreuses, trop exclusivement inspirées par la Charité, trop abandonnées par la société à l'initiative des particuliers. Il devrait exister dans chaque commune, dans chaque quartier de ville, des maisons de protection et d'élevage des enfants, car la société n'a pas de devoir plus sacré que celui de favoriser avec un soin jaloux le développement des rejetons destinés à perpétuer et à multiplier la race.

### ENFANTS ABANDONNÉS OU ORPHELINS PAUVRES

Un autre devoir incombe à la société : celui de recueillir tous les enfants auxquels la famille fait défaut, soit parce

près de 38 000 nourrissons de la Seine, la mortalité des *Petits Paris*, comme on les surnomme, a varié de 11 à 11,51 p. 100... La mortalité des enfants originaires de la Seine, qui ont été placés en nourrice dans ce département, a été inférieure d'environ 32 p. 100, soit près d'un tiers à la mortalité des enfants nés dans le même département, qui ont été placés chez des éleveuses de province. » (P. STRAUSS, *L'enfance malheureuse*, p. 243.)

que la mort a enlevé leurs père et mère, soit parce que ceux-ci ne peuvent pas les élever, soit parce qu'ils en sont indignes, etc., en un mot tous les enfants abandonnés matériellement ou moralement.

A toutes les époques, de tels enfants ont été fort nombreux, soit en raison de l'égoïsme des parents, soit à cause de leurs misères.

Dans l'antiquité, l'esclavage était le lot naturel de tous les enfants abandonnés. Au moyen âge, dans notre pays, à mesure que l'esclavage officiel disparaît, les enfants abandonnés sont mis à la charge des seigneurs qui en disposent à leur gré. En 1655, un hospice général des enfants trouvés est formé à Paris sous l'inspiration de saint Vincent de Paul et ses dépenses sont mises à la charge exclusive de l'État; mais, dans les provinces, les enfants trouvés sont toujours remis à la noblesse féodale.

La Révolution, par la loi du 29 novembre 1790 « décharge les ci-devant seigneurs, hauts justiciers, de l'obligation de nourrir les enfants abandonnés dans leur territoire et déclare qu'il sera pourvu provisoirement à la nourriture et entretien desdits enfants de la même manière que pour les enfants trouvés dont l'État était chargé à Paris, conformément à l'édit prémentionné de juin 1670. »

La Constitution du 3 septembre 1791 prescrit : « Il sera créé un établissement général de secours publics pour élever les enfants abandonnés, soulager les pauvres infirmes et fournir du travail aux pauvres valides qui n'auraient pas pu s'en procurer. » Le décret du 28 juin 1793 contient tout un titre II relatif aux enfants abandonnés « qui seront désormais désignés sous le titre d'orphelins ».

Une loi du 27 frimaire an V (17 décembre 1796) prescrit par son article 1er : « Les enfants abandonnés nouvellement nés seront reçus gratuitement dans *tous* les hospices de la République. » Les administrations municipales étaient chargées de la tutelle de ces enfants. L'article 5 prescrit : « Celui qui portera un enfant abandonné ailleurs que dans l'hospice civil le plus voisin, sera puni d'une détention de trois décades par voie de police correctionnelle ; celui qui l'en aura chargé sera puni de la même peine. » On voulait empêcher par ces mesures les abandons d'enfants devenus très communs depuis la loi de 1796 : on les déposait sous les porches des églises, dans les corridors des maisons, devant les hospices, un peu partout, et la mortalité de ces malheureux petits êtres était effrayante.

Toujours dans le but de diminuer le nombre des enfants abandonnés, le Code pénal de 1810 prescrit des mesures sévères contre les auteurs des abandons[1]. C'est probablement aussi la même pensée qui inspira certaines dispositions du décret du 19 janvier 1811, notamment l'article 4, d'après lequel, il ne devait y avoir dans chaque arrondissement qu'un hospice *au plus* recevant les enfants abandonnés, et l'article 23 où il est dit : « Les individus qui seraient convaincus d'avoir exposé des enfants, ceux qui feraient habitude de les transporter dans les hospices, seront punis conformément aux lois. »

L'article 1er du Décret de 1811 divise « les enfants dont l'éducation est confiée à la charité publique », en trois catégories : les enfants trouvés, les enfants abandonnés, les orphelins pauvres. « Les enfants trouvés, dit l'article 2, sont ceux qui, nés de père et mère inconnus, ont été trouvés exposés dans un lieu quelconque, ou portés dans les hospices destinés à les recevoir. » Afin d'assurer le secret aux parents qui se trouveraient dans la nécessité d'abandonner leurs enfants, l'article 3 décidait : « Dans chaque hospice destiné à recevoir des enfants trouvés, il y aura un tour où ils devront être déposés. » La deuxième catégorie des enfants confiés à la charité publique, celle des *enfants abandonnés*, comprend, d'après l'article 5 « ceux qui, nés de père ou de mère connus, et d'abord élevés par eux, ou par d'autres personnes à leur décharge, en sont délaissés sans qu'on sache ce que les père et mère sont devenus, ou sans qu'on puisse recourir à eux ». La troisième catégorie, celle des

1. Voyez les articles 349 et suivants du Code pénal.

*orphelins* comprend, d'après l'article 6, « ceux qui, n'ayant ni père ni mère, n'ont aucun moyen d'existence ».

Tous ces enfants devaient être mis en nourrice par les soins des hospices et y rester jusqu'à l'âge de dix ans; ils étaient ensuite confiés à des cultivateurs ou des artisans auxquels une pension était payée jusqu'à l'âge de douze ans. A ce moment, tous les garçons étaient mis à la disposition du ministère de la marine. Ceux qu'il ne réclamait pas étaient, ainsi que les filles, placés en apprentissage.

Aux trois catégories d'enfants abandonnés créées en 1811, la loi du 5 mars 1869 ajoute celle des « enfants secourus », formée des enfants naturels qui auraient été abandonnés si l'administration ne donnait pas à leurs mères une assistance temporaire.

Dans le langage vulgaire moderne, ces quatre catégories sont réunies sous le nom « d'enfants assistés » et les hospices désignés pour les recevoir sont appelés « hospices dépositaires ».

D'après le décret de 1814, il devait y avoir un de ces hospices *au plus* par arrondissement; cependant, en 1860, il n'y en avait dans toute la France que 168. La plupart des hospices faisaient tous leurs efforts pour n'être pas classés comme dépositaires, afin d'éviter les frais considérables occasionnés par les enfants assistés. C'est aussi ce motif, beaucoup plus encore que les abus et la mortalité des enfants déposés, qui détermina les hospices dépositaires à supprimer les tours dont la création avait été prescrite par le décret de 1811. Ce sont les mêmes considérations d'ordre pécuniaire qui rendirent nécessaire la loi du 5 mars 1869, encore en vigueur, et d'après laquelle les dépenses occasionnées par les enfants assistés sont mises, en majeure partie, à la charge de l'État, des départements ou des communes, les hospices dépositaires ne contribuant aux dépenses que s'ils jouissent de fondations, legs ou dons spéciaux aux enfants assistés.

La législation actuellement en vigueur ne distingue plus que trois catégories d'enfants assistés[1] : les enfants trouvés,

1. Le nombre des enfants assistés était, au 31 décembre 1887, de 84 000 dont 50 000 âgés de moins de douze ans. Ch. Monod, l'*Assistance*

les enfants abandonnés, les enfants provisoirement secourus.

Les *enfants trouvés*, c'est-à-dire ceux que les parents exposent en un lieu quelconque en prenant des précautions pour n'être pas découverts, deviennent de moins en moins nombreux. L'officier de police du lieu où l'enfant a été exposé doit dresser procès-verbal et consigner tous les détails susceptibles de mettre sur la trace des parents ; puis il fait transporter l'enfant à l'hospice dépositaire le plus voisin.

Les *enfants abandonnés* sont ceux que les parents eux-mêmes portent à l'hospice. Le bureau d'admission de ce dernier doit d'abord accepter tout enfant qui lui est apporté, soit par les parents, soit par une sage-femme ou un médecin, soit par toute autre personne, sauf à provoquer une enquête sur la situation des parents, ou à intervenir auprès de ces derniers et à les secourir pour les décider à ne pas abandonner leurs enfants.

L'expérience a prouvé qu'actuellement les deux causes principales de l'abandon des enfants sont la misère et le besoin de cacher une faute.

La misère n'est que rarement doublée de l'égoïsme de la mère. On en constate cependant des exemples. M. Strauss cite le fait d'une femme mariée qui, en cinq ans, porta quatre enfants au bureau d'admission des Enfants Assistés de Paris et les abandonna ; « en vain des secours lui étaient proposés ; ni les remontrances, ni les promesses n'ont pu vaincre son indifférence absolue [1] ».

Ce sont presque toujours les mères qui procèdent elles-mêmes à l'abandon. Sur elles, les dames que l'on place aux bureaux d'admission ont une action directe profondément moralisatrice. On relève le moral de la mère, on la secourt et souvent on la sauve en même temps que son enfant. La mère besoigneuse qui n'a pas abandonné son enfant dans les premiers jours de sa naissance, s'attache à lui très vite

*publique en France en* 1889 *et en* 1900, p. 19. Le 31 décembre 1899, le nombre des enfants assistés, dans toute la France, était de 110.373. (*Stat. génér. de la France*, 1901.)

1. Strauss, *L'Enfance malheureuse*, p. 263.

et le soigne de plus en plus à mesure qu'il avance en âge. Il y a là un phénomène naturel qu'il est facile d'observer non seulement dans l'espèce humaine, mais encore parmi tous les animaux qui nourrissent leurs petits[1]. L'affection maternelle, comme toutes les autres formes de l'amour, s'avive par la pratique, par cette sorte d'éducation morale particulière qui résulte de son exercice.

Dans l'état actuel de notre législation, les enfants confiés à l'assistance publique pour quelque raison que ce soit, sont mis en nourrice jusqu'à douze ans aux frais de la société, puis placés en apprentissage jusqu'à l'âge de seize ans, autant que possible chez les personnes qui les ont élevés. A partir de seize ans, de nouvelles conditions sont stipulées, en faveur de l'enfant, par l'administration. La tutelle administrative ne cesse qu'à vingt-cinq ans. Les enfants indisciplinés sont envoyés, aux frais du budget départemental, dans des établissements spéciaux. Les infirmes et incurables sont conservés dans les hospices qui les font travailler. Les enfants en nourrice sont soignés, dans leurs maladies, aux frais de l'administration. Plus tard, ces frais incombent aux patrons. La surveillance des enfants assistés est exercée par des inspecteurs nommés et payés par l'État. Les maires doivent aussi exercer une surveillance active sur les enfants assistés, placés en nourrice, en apprentissage ou en service dans leurs communes.

Les parents qui ont abandonné un enfant peuvent toujours le réclamer, en remboursant les frais qu'il a occasionnés depuis le jour de son dépôt. Toutefois l'administration peut, si les parents sont indignes, refuser la remise de l'enfant; en cas de contestation, les tribunaux décident entre elle et les parents.

Surveiller les enfants que leurs parents placent en nour-

1. On constate même parmi les animaux, comme parmi les femmes, que l'affection maternelle se développe de plus en plus à chaque parturition. Les chiennes, les chattes, les lapines, les femelles des oiseaux, etc., mangent souvent les premiers petits qu'elles mettent au monde; il est rare qu'elles en fassent autant pour ceux de leurs autres parties.

rice et recueillir ceux que la famille ne peut pas garder auprès d'elle, ne sont pas les seuls devoirs qui incombent à la société au point de vue de l'avenir matériel de la race ; elle doit encore prendre toutes les mesures nécessaires pour que les enfants pauvres soient convenablement soignés pendant les heures où les parents sont au travail et ne peuvent pas s'en occuper. C'est dans ce but qu'ont été instituées les « Crèches » dont un certain nombre de communes et d'arrondissements des grandes villes sont munis, et les « Salles d'asile ».

## CRÈCHES ET ASILES

Les crèches font encore défaut dans la plupart des communes agricoles, où l'on voit les parents obligés, soit de laisser à la maison leurs enfants dans la solitude et l'abandon, soit de les amener aux champs par le vent, la pluie, le froid ou l'extrême chaleur. Combien de ceux-là succombent à des pneumonies, à des pleurésies occasionnées par les intempéries de l'atmosphère, et qui auraient survécu si la commnne était pourvue d'une crèche où les mères pourraient les déposer pendant la journée?

Après la crèche, vient la salle d'asile. De même que la plupart des œuvres de bienfaisance, les premières salles d'asile ont été dues à l'initiative privée. Elles furent créées, en 1770, par un pasteur protestant, Oberlin, du Ban-de-la-Roche, dans les Vosges. Vers 1827, M. Crochin crée, à Paris, une salle d'asile modèle, de concert avec un comité de dames à la tête desquelles se trouve la marquise de Pastoret. Le succès fut tel qu'une ordonnance royale du 22 décembre 1837, complétée par un règlement du 24 avril 1838, institue la surveillance de l'État sur les salles d'asile, avec création auprès du ministre de l'Instruction publique, d'une commission supérieure composée de dames. A chaque asile était attachée une *dame inspectrice* pour veiller à la direction morale et intellectuelle.

La loi du 15 mars 1850 sur l'enseignement, dite loi Falloux, supprimait toute surveillance de l'État sur les salles d'asile libres ou privées. D'après l'article 58, « les personnes chargées de la direction des salles d'asiles publiques seront nommées par le Conseil municipal, sauf l'approbation d'un conseil académique ». D'après l'article 59 « les salles d'asile *libres* peuvent recevoir des secours sur les budgets des communes, des départements et de l'État ».

Le décret du 21 mars 1855 définit les salles d'asile publiques ou privées « des établissements d'éducation, où les enfants des deux sexes, de deux à sept ans, reçoivent les soins que réclame leur développement physique et moral ».

Par la loi du 16 juin 1881, l'admission des enfants dans les salles d'asile comme dans les écoles primaires est rendue absolument gratuite, et « nulle ne peut exercer les fonctions de directrice ou de sous-directrice des salles d'asile publiques ou libres, sans être pourvue du certificat d'aptitude à la direction des salles d'asile ».

La loi du 28 mars 1882 qui rendit l'instruction primaire obligatoire, abrogea « les dispositions des articles 18 et 44 de la loi du 15 mars 1850 en ce qu'elles donnent aux ministres des cultes un droit d'inspection, de surveillance et de direction dans les écoles primaires publiques et privées et dans les salles d'asile, ainsi que le paragraphe 2 de l'article 31 de la même loi qui donne aux consistoires le « droit de présentation pour les instituteurs appartenant aux cultes non catholiques ».

Les salles d'asile ont pris un développement assez considérable, surtout dans les villes, mais il s'en faut de beaucoup qu'elles suffisent à tous les besoins de la population pauvre ; beaucoup de municipalités s'en désintéressent.

## LÉGISLATION SUR LE TRAVAIL DES ENFANTS

Un troisième devoir incombe à la société à l'égard des enfants : celui de les mettre à l'abri des fatigues excessives auxquelles ils sont exposés dans les familles pauvres. C'est une vérité banale et sur laquelle j'ose à peine insister, que parmi les pauvres, on oblige les enfants à travailler aussitôt qu'ils le peuvent, afin d'accroître les ressources pécuniaires de la famille ou, du moins, d'en diminuer les charges si l'enfant est placé au dehors. Les parents sont, d'ailleurs, sollicités à faire travailler leurs enfants avant l'âge par certains industriels chez lesquels l'intérêt fait taire les sentiments et même la conscience. Dès les premiers temps de la constitution de la grande industrie, on voit des enfants de cinq à sept ans travailler dans les filatures et les tissages à vapeur et même dans les usines. Industriels et parents n'ont pu être ramenés que par les pouvoirs publics à un souci plus grand de l'avenir de la société.

En France, c'est seulement à partir de 1841 qu'on songe à légiférer sur cette matière. Le texte de la loi du 22 mars 1841 suffit pour donner une idée de l'abus que l'industrie faisait alors de l'enfance pauvre. Cette loi est obligée, en effet, d'interdire le travail des enfants *ayant moins de huit ans* « dans les manufactures, usines et ateliers à moteur mécanique ou à feu continu, et dans leurs dépendances ». Elle l'interdit aussi dans « toute fabrique occupant plus de vingt ouvriers réunis en atelier ». D'après l'article 2, les enfants « de huit à douze ans ne pourront être employés au travail effectif plus de huit heures sur vingt-quatre, divisées par un repos. De douze à seize ans, ils ne pourront être employés au travail effectif plus de douze heures sur vingt-quatre, divisées par un repos. Ce travail ne pourra avoir lieu que de cinq heures du matin à neuf heures du soir ». Le travail de nuit était interdit aux enfants ayant moins de treize ans, sauf dans certaines conditions déterminées par la loi. Les enfants au-dessus de treize ans pouvaient être employés à certains travaux de nuit, entre neuf heures du soir et cinq heures du matin « en comptant deux heures pour trois ».

Quelques ménagements que prît la loi de 1841 à l'égard des détestables habitudes contractées par les industriels, elle resta lettre morte; la plupart des usines se refusèrent à l'appliquer et le gouvernement n'osa pas en exiger l'exécution [1].

1. Par son article 10, la loi du 22 mars 1841 autorisait le gouvernement à établir des inspecteurs pour assurer l'exécution des mesures

Dans les ouvrages écrits sous le second empire, on signalait avec éloge les départements où le travail des enfants et des adolescents ne durait que treize à quatorze heures [1].

C'est seulement sous la troisième République, en 1874, que des mesures sérieuses ont été prises pour protéger les enfants contre le travail excessif auquel les industriels avaient l'habitude de les soumettre.

La loi du 19 mai 1874 et les décrets qui la complètent firent faire à la question du travail des enfants un progrès théorique considérable. D'après l'article 2 : « Les enfants ne pourront être employés par des patrons, ni être admis dans les manufactures, usines, ateliers ou chantiers avant l'âge de douze ans révolus. Ils pourront être toutefois employés à l'âge de dix ans révolus dans les industries spécialement déterminées par un règlement d'administration publique.

On remarquera que les enfants employés dans la famille ne sont pas visés par la loi, parce que, disait un des orateurs de l'Assemblée nationale « il faut attacher la plus grande importance à ce qu'on ne puisse pas pénétrer dans l'intérieur des familles sous prétexte de les éclairer sur leurs intérêts et de sauvegarder la santé et les mœurs des enfants et des femmes ». Les institutions de bienfaisance sont écartées

prescrites. On chargea d'abord de cette surveillance des commissions locales gratuites qui ne fonctionnèrent presque pas; pour les compléter, on délivra le droit d'inspection aux inspecteurs de l'instruction primaire et aux vérificateurs des poids et mesures dont la surveillance ne fut guère plus effective que celle des commissions. En 1860, à la suite d'une enquête, le conseil d'État formula la nécessité de la création d'inspecteurs spéciaux et salariés, mais aucune suite ne fut donnée à ses avis. Après une nouvelle enquête, un décret du 7 décembre 1868 chargea les ingénieurs des mines de la surveillance du travail des enfants dans les manufactures. Les résultats de cette mesure furent si mauvais que l'on proposa, en 1870, la création d'inspecteurs spéciaux. C'est seulement en vertu de la loi du 19 mai 1874 qu'ils furent créés.

1. Michel Lévy (*Traité d'hygiène publique et privée*, II, p. 825) dit à ce propos, en 1862 : « En comparant deux départements de la Normandie et deux de l'Alsace, Charles Dupin a trouvé que dans ces derniers où la journée des enfants et des adolescents ne dépasse guère treize à quatorze heures, on obtient un contingent de 10 000 soldats en réformant 6 822 sujets infirmes et difformes, tandis que dans les deux premiers départements (Seine-Inférieure et Eure) où la journée des enfants s'élève à quatorze, quinze et seize heures par jour, il faut réformer 15 528 hommes. »

comme la famille des dispositions de la loi. « Ces entreprises, complètement désintéressées, disait le même orateur, se trouvent dans des conditions particulières, dignes du plus haut intérêt et qu'il serait juste de ne pas exposer aux tracasseries dont une inspection salariée pourrait troubler les bonnes âmes qui dirigent ces établissements. »

L'article 3 interdisait de faire travailler les enfants ayant moins de douze ans révolus pendant plus de six heures par jour, divisées par un repos. A partir de douze ans, ils pouvaient être employés pendant douze heures par jour divisées par des repos.

Douze heures de travail par jour pour un enfant de douze ans, c'est évidemment excessif, mais il ne faut pas oublier que le législateur de 1874 avait encore à lutter contre la plupart des préjugés et des intérêts qui avaient empêché, pendant trente-cinq ans, l'exécution de la loi de 1841. Un membre de la commission qui prépara la loi de 1874, M. Lefebvre, rappelait une opinion encore courante à cette époque qui « repousse absolument l'intervention du législateur; elle en nie l'efficacité; elle croit qu'aucune réglementation ne saurait comprendre les conditions multiples qu'elle doit embrasser ; qu'aucune réglementation ne saurait s'adapter aux régimes, aux industries diverses, aux sexes différents. Elle croit que l'initiative privée seule peut faire ce qu'on attend de la loi, que seule elle peut améliorer la condition de l'ouvrier ». M. Lefebvre ajoutait : « Parmi les hommes qui professent cette opinion, se rencontre un esprit éminent, auquel, pour ma part, j'ai tout sujet de rendre un éclatant hommage. L'honorable M. Le Play, par exemple, persiste à penser que c'est une aberration dangereuse de compter sur la contrainte légale pour réagir contre certaines défaillances, et que la protection due à l'enfant et à la femme doit être, dans une société bien réglée, uniquement cherchée dans la loi naturelle, garantie par l'humanité des patrons et par l'amour des parents. »

Combien peu sérieuse apparaît une semblable opinion, en présence des résistances opposées par les parents et les patrons à l'exécution de la loi de 1841 et aussi en face du nombre considérable d'enfants qui, au moment même où l'on discutait la loi du 1874, étaient condamnés, dans une foule d'industries, à un travail véritablement mortel. Les économistes qui comptent sur la « loi naturelle » pour réformer les abus du travail des enfants ne tiennent pas suffisamment compte de l'âpreté au gain qui pousse certains patrons à diminuer par tous les moyens imaginables leurs prix de revient, ni de l'affaiblissement des sentiments affectifs que la misère détermine chez un très grand nombre de parents.

L'article 4 de la loi de 1874 prescrit : « Les enfants ne pourront être employés à aucun travail de nuit jusqu'à l'âge de seize ans révolus », tout travail entre neuf heures du soir et cinq heures du matin étant considéré comme travail de nuit.

La loi de 1874 ne prévoyait que quinze inspecteurs pour la surveillance de son exécution dans toute la France; c'était d'autant plus insuffisant que les résistances étaient plus vives ; aussi ne fut-elle pas beaucoup plus respectée que celle de 1841.

A la suite de plaintes nombreuses, on fit celle du 2 novembre 1892, encore en vigueur et qui interdit de recevoir les enfants ayant moins de treize ans révolus « dans les usines, manufactures, mines, minières et carrières, chantiers, ateliers et leurs dépendances, de quelque nature que ce soit, publics ou privés, laïques ou religieux, même lorsque ces établissements ont un caractère d'enseignement professionnel ou de bienfaisance ».

Cette interdiction ne vise pas les enfants employés aux « travaux effectués dans les établissements où ne sont employés que les membres de la famille sous l'autorité, soit du père, soit de la mère, soit du tuteur ». Les travaux des champs ne sont pas visés non plus par la loi.

Les établissements indiqués à l'article premier peuvent recevoir, par exception, les enfants ayant douze ans révolus, lorsqu'ils sont « munis du certificat d'études primaires institué par la loi du 28 mars 1882, » à la condition d'être également pourvus d'un « certificat d'aptitude physique délivré, à titre gratuit, par l'un des médecins chargés de la surveillance du premier âge ou tout autre médecin chargé d'un service public, désigné par le préfet. Cet examen sera contradictoire si les parents le réclament ».

Afin d'éviter que les enfants âgés de moins de treize ans soient soumis à un travail au-dessus de leurs forces, l'article 2 prescrit encore : « Les inspecteurs du travail pourront toujours requérir un examen médical de tous les enfants au-dessous de treize ans, déjà admis dans les établissements susvisés, à l'effet de constater si le travail dont ils sont chargés excède leurs forces. Dans ce cas, les inspecteurs auront le droit d'exiger leur renvoi de l'établissement sur l'avis conforme de l'un des médecins » indiqués plus haut « et après examen contradictoire, si les parents le réclament ».

D'après l'article 8, « les enfants des deux sexes, âgés de moins de treize ans, ne peuvent être employés comme acteurs, figurants, etc., aux représentations données dans les théâtres et cafés-concerts sédentaires ». Le ministre de l'Instruction publique et des Beaux-Arts, à Paris, et les préfets, dans les départements, pourront exceptionnellement autoriser l'emploi d'un ou plusieurs enfants dans les théâtres pour la représentation de pièces déterminées. » La loi n'interdit pas l'emploi des enfants au-dessous de treize ans dans les cirques, les exhibitions foraines et autres spectacles non sédentaires ; elle montre en cela un manque absolu de logique, car il n'y a aucune différence entre un théâtre sédentaire et un cirque ambulant, au point de vue de la fatigue imposée aux enfants.

La loi de 1892 limite à dix heures par jour le travail de tous « les enfants de l'un et l'autre sexe, âgés de moins de seize ans. Les jeunes ouvriers ou ouvrières de seize à dix-huit ans ne peuvent être employés à un travail effectif de plus de soixante heures par semaine, sans que le travail journalier puisse excéder onze heures. Les heures de travail ci-dessus indiquées seront coupées par un ou plusieurs repos, dont la durée totale ne pourra être inférieure à une heure et pendant lesquels le travail sera interdit. » Le travail de nuit, c'est-à-dire de neuf heures du soir à cinq heures du matin, est interdit au-dessous de dix-huit ans. « Toutefois le travail sera autorisé de quatre heures du matin à dix heures du soir, quand il sera réparti entre deux postes d'ouvriers ne travaillant pas plus de neuf heures chacun. Le travail de chaque équipe sera coupé par une heure de repos au moins. » Diverses exceptions à ces règles peuvent être accordées à certaines industries.

L'article 5 prescrit : « Les enfants âgés de moins de dix-huit ans et les femmes de tout âge ne peuvent être employés dans les établissements énumérés à l'article premier, plus de six jours par semaine, ni les jours de fête reconnus par la loi, même pour rangement d'atelier. Une affiche apposée dans les ateliers indiquera le jour adopté pour le repos hebdomadaire. »

Le législateur s'est refusé à imposer le dimanche comme jour de repos, afin de garder, en matière religieuse, une neutralité qui lui est imposée par diverses considérations importantes. D'abord, si les protestants et les catholiques sont d'accord pour considérer le dimanche comme un jour de fête, il n'en est pas de même des israélites qui placent cette fête le samedi. En second lieu, certaines industries peuvent avoir besoin de travailler plus particulièrement le dimanche; il en est de même pour beaucoup de commerçants et en particulier pour ceux dont les ouvriers des campagnes constituent la clientèle.

La loi de 1892, prévoit, du reste, comme les lois antérieures, les cas où il est indispensable que le travail ne soit jamais interrompu. D'après l'article 7, « l'obligation du repos hebdomadaire et les restrictions relatives à la durée du travail peuvent être levées par l'inspecteur divisionnaire » pour certaines industries.

D'après l'article 9, les enfants de treize à seize ans ne peuvent être employés aux travaux souterrains que dans des conditions déterminées et, « à partir de quatre heures du matin, jusqu'à minuit, sous la condition que les enfants ne soient pas assujettis à plus de huit heures de travail effectif ni à plus de dix heures de présence dans la mine par vingt-quatre heures ». Le congrès de Berlin a émis le vœu que la limite d'âge soit reculée à quatorze ans révolus pour les pays du Nord. Actuellement, on estime à plus de 8 000 le nombre des enfants âgés de moins de seize ans qui, en France, sont employés aux travaux des mines, une moitié seulement travaillant au fond. C'est trop. Si l'on voulait tenir sérieusement compte des nécessités de la conservation de la race, la loi interdirait le travail dans le fond des mines à tous autres ouvriers que les hommes adultes.

D'après l'article 13, « les femmes, filles et enfants ne peuvent être employés dans des établissements insalubres ou dangereux, où l'ouvrier est exposé à des manipulations ou à des émanations préjudiciables à sa santé, que dans les conditions spéciales déterminées par des règlements d'administration publique pour chacune de ces catégories de travailleurs. »

Dans le but d'assurer l'exécution des mesures que je viens d'analyser, la loi de 1892 développe considérablement l'inspection du travail [1].

Cette loi a offert les mêmes difficultés d'application que les lois antérieures. D'une part, les inspecteurs déclaraient qu'ils n'étaient pas assez nombreux. D'autre part, les patrons se plaignaient, non sans raison, des entraves mises au travail des usines mixtes (c'est-à-dire employant à la fois des femmes, des enfants et des hommes) par une législation qui imposait à ces diverses catégories d'ouvriers des durées différentes de travail.

Cette question est une de celles qui ont le plus vivement préoccupé le ministère Waldeck-Rousseau. Après avoir prescrit par diverses circulaires une vigilance plus grande dans

1. Actuellement 327 703 établissements industriels (sans compter les mines, minières et carrières) sont soumis au contrôle des inspecteurs du travail (Voir le dernier Rapport relatif à leur contrôle dans le *Journal Officiel* du 30 août 1902).

la surveillance du travail des enfants, M. Millerand dût demander aux Chambres l'uniformité absolue de la durée du travail dans les établissements mixtes. Cette réforme a été accomplie par la loi du 30 mars 1900. Dans tous les établissements qui emploient simultanément des femmes, des enfants et des hommes adultes, la durée de la journée du travail a été fixée, pour tout le personnel, à onze heures pendant deux années, puis à dix heures et demi pendant deux autres années, et enfin, d'une façon définitive, à dix heures[1].

En résumé, des efforts considérables ont été faits par la troisième République pour protéger la femme et l'enfant contre les innombrables causes de maladie, d'affaiblissement et de mortalité auxquels ils sont exposés, surtout quand ils appartiennent à des familles pauvres. Elle a eu à lutter, dans cette entreprise, contre l'ignorance des uns, les intérêts des autres, les préjugés du plus grand nombre. Mais les principes sur lesquels sont fondées ces mesures législatives apparaissent d'autant plus justes que l'on entre davantage dans leur application. La mise en pratique, en cette matière, du devoir social, doit nécessairement conduire à une amélioration matérielle très notable de la population française.

Le progrès sera d'autant plus considérable qu'à la préoccupation de préserver l'enfant contre les dangers qui menacent ses forces, sa santé ou sa vie, on ajoutera celle de développer son cerveau et son cœur, de le rendre plus intelligent par l'instruction et plus moral par l'éducation.

### § 4. — *Devoirs à l'égard des hommes adultes envisagés comme perpétuateurs de la race.*

L'influence considérable exercée par le père sur les caractères physiques, intellectuels et moraux de ses enfants impose, à la société, en dehors de tout autre motif, le devoir impérieux, non seulement de veiller à ce que la vie de tous les citoyens s'écoule dans des conditions d'hygiène aussi bonnes

1. Voir pour cette loi, sa préparation, sa discussion : A. LAVY, l'*Œuvre de Millerand*, p. 16 et suiv.

que possible, mais encore d'empêcher que les employeurs abusent des forces de leurs employés et ouvriers en les condamnant à un travail trop prolongé ou à des salaires insuffisants.

### DE LA DURÉE QUOTIDIENNE DU TRAVAIL

En France, la République de 1848 avait limité à douze heures la durée de la journée de travail des adultes. Par la loi du 30 mars 1900, cette même durée a été réduite à dix heures pour les hommes travaillant dans les usines où se trouvent aussi des femmes et des enfants.

Le projet de loi déposé par M. Baudin, ministre des Travaux publics du cabinet Waldeck-Rousseau, et voté par la Chambre le 5 février 1902, réduit à neuf heures la durée de la journée du travail des ouvriers mineurs. Après deux ans d'application de cette clause, la journée de travail des mêmes ouvriers sera réduite à huit heures et demie. Elle ne sera plus que de huit heures après une nouvelle période de deux années. On prévoit, d'ailleurs, le cas où l'application de la loi serait rendue impossible par des raisons majeures; des dérogations à ses prescriptions pourront alors être accordées aux exploitants. On s'est efforcé de donner ainsi satisfaction aux ouvriers mineurs qui réclament depuis longtemps la limitation de leur journée de travail à huit heures, tout en sauvegardant les intérêts des industriels.

Le gouvernement qui a proposé cette loi et la Chambre qui l'a votée ont reconnu, dans cette circonstance, la légitimité du principe qui avait inspiré déjà la loi de 1848, et en vertu duquel la société a le droit ou, pour mieux dire, le devoir d'intervenir dans la limitation du travail des adultes afin de le contenir dans les limites que comportent leurs forces.

Il s'en faut de beaucoup qu'il en soit toujours ainsi dans nos industries. En France et dans la plupart des États de l'Europe, la journée de douze heures est encore la plus répandue. Aux États-Unis, ce qui domine c'est la journée de dix heures ; dans certaines industries, elle est réduite à neuf heures et demie, neuf heures et même huit heures. Ce n'est, du reste, que par des efforts prolongés, des grèves nombreuses et une agitation incessante, que les ouvriers américains sont parvenus à ce résultat. C'est dans les industries du bâtiment qu'ils ont obtenu la réduction la plus forte ; soit parce que, dans ces industries, les patrons jouissent pour l'établissement de leurs prix, d'une marge plus grande que celle dont peuvent disposer les patrons des tissages, des filatures, des usines métallurgiques, etc., soit parce que les industries du bâtiment ont leur siège dans les grandes villes, où les patrons sont davantage soumis à la pression de l'opinion publique[1].

C'est, incontestablement, dans certaines conditions générales propres aux États-Unis, qu'il faut chercher la cause de la facilité relative avec laquelle les ouvriers ont obtenu la réduction de la journée de travail, car à toutes les époques, la durée du travail quotidien y a été moindre que dans la majorité des nations européennes. Entre 1840 et 1848, alors que nos ouvriers luttaient pour la journée de douze heures, à peine réalisée en pratique aujourd'hui, ceux des États-Unis réclamaient celle de dix heures qu'ils ont obtenue depuis longtemps.

En Angleterre, la journée de travail est plus courte encore, d'une façon générale, qu'aux États-Unis ; les ouvriers ayant une éducation professionnelle ne font pas, depuis quelques années, beaucoup plus de neuf heures de travail par jour et de cinquante-quatre heures par semaine. Le repos du dimanche

1. Ces deux causes agissent sans doute simultanément, car M. E. Levasseur signale que le taux des salaires s'est maintenu malgré la réduction des heures du travail. « Les ouvriers du bâtiment, dit-il, grâce à leur organisation, à la nature de leur profession et à l'activité générale des constructions aux États-Unis, peuvent mieux que les autres faire valoir leurs prétentions. Beaucoup ont obtenu une réduction ; à New-York, à la fin de l'année 1894, sur 42 métiers du bâtiment, 7 avaient la journée de neuf heures (de huit heures seulement le samedi) 34 celle de huit heures; cependant leur salaire n'a pas diminué et il figure parmi les plus forts. Mais, d'autre part, le prix des constructions a augmenté d'environ 40 p. 100 depuis une quinzaine d'année. » (*L'Ouvrier américain*, t. II, p. 167.)

est général ; la fermeture des ateliers et magasins le samedi, entre une heure et cinq diminue la durée totale du travail de la semaine, en accordant aux ouvriers un loisir continu d'une quarantaine d'heures. En Angleterre comme aux États-Unis, les ouvriers des ateliers de la guerre et de la marine ne font que huit heures de travail. En Australie, la journée de huit heures est prescrite par la législation et constitue, dans la pratique, la règle pour la plupart des ouvriers.

Dans tous les pays où les ouvriers jouissent de la moindre liberté, ils sont à peu près unanimement d'accord pour réclamer la journée de huit heures dans toutes les industries. Le procédé par lequel ils sont arrivés à ce chiffre est, d'ailleurs, fort simple : ils divisent la journée en trois parts de huit heures chacune, la première consacrée au travail professionnel, la seconde destinée à la famille, aux occupations intellectuelles et aux distractions, la troisième réservée au sommeil.

Cette formule est évidemment trop simple pour répondre à tous les besoins de sociétés aussi complexes que les nôtres, à toutes les nécessités d'industries et de commerces qui usent très diversement des forces physiques et de l'intelligence de ceux qu'ils emploient et qui ont à supporter des concurrences mondiales sur lesquelles la législation d'un pays déterminé, aussi rationnelle qu'on l'a suppose, ne saurait avoir un grand effet. Les socialistes les plus ardents ne se font, eux-mêmes, aucune illusion à cet égard. Ils savent fort bien que dans la formule générale adoptée par les ouvriers, il faut voir avant tout la demande fort légitime d'une réduction du travail suffisante pour qu'aucune atteinte ne soit portée par lui ni à la santé ni à l'intelligence ou à la moralité de l'adulte, ni à l'avenir de la race dont la perpétuation lui incombe.

Le seul bon sens indique, du reste, que la durée du travail quotidien est susceptible de varier d'après sa nature. Plus il est rendu pénible, soit par la quantité de force physique qu'il exige dans l'unité horaire, soit par la somme d'attention intellectuelle qu'il y faut donner, soit par les conditions de température, d'atmosphère, etc., où il s'accomplit, et moins sa durée peut être prolongée.

Or, en ce qui concerne la France particulièrement, on peut affirmer sans crainte, en s'appuyant sur les principes physiologiques les moins contestables, que le nombre d'heures pendant lesquelles, chaque jour, la plupart de nos ouvriers sont astreints au travail est supérieur à celui que comporterait une bonne hygiène et même à celui qui correspondrait le mieux aux intérêts bien entendus des patrons.

Il est évident qu'un homme condamné à faire pendant douze heures et davantage, chaque jour, un labeur physique ou intellectuel tant soit peu pénible, dépasse la capacité normale de travail de l'espèce humaine. Il peut se faire qu'il ne s'en aperçoive pas pendant la période de la vie où l'organisme atteint l'apogée de ses forces, c'est-à-dire entre vingt-cinq et trente-cinq ans, mais ces excès de labeur n'en produisent pas moins leur effet et, même quand ils sont compensés par une alimentation très nourrissante et par une existence extrêmement régulière, ils usent l'organisme, hâtent l'heure de la vieillesse et risquent d'avoir sur la progéniture de l'homme des effets plus ou moins nuisibles.

Ces considérations s'appliquent aux hommes bien portants, à ceux qui ne sont affectés d'aucune tare congénitale, et qui échappent à toutes les diathèses pathologiques. Or, combien y a-t-il d'hommes sur cent qui puissent se vanter de réaliser ces conditions exceptionnelles de santé ?

Le travail salarié est rendu déprimant surtout par les répétitions incessantes et la contrainte qu'il comporte. Travailler douze heures, quatorze heures même, un jour, par hasard, ou pendant un petit nombre de jours consécutifs, est chose facile à faire sans aucun danger pour l'organisme. Il n'en est pas de même d'un labeur qui se renouvelle chaque jour pendant ce même nombre d'heures, d'un bout à l'autre de la semaine, du mois et de l'année et pendant un nombre d'années dont la seule limite est la mort ou l'impotence du travailleur. Il n'y a pas d'homme, si vigoureux soit-il, qui puisse résister, sans une usure excessive, à un pareil effort; et il n'y en a pas, en fait, qui y résiste complètement. Il suffit pour s'en convaincre de consulter les statistiques de la mortalité dans les différentes classes de la société.

L'affaiblissement provoqué par le travail musculaire est mis en relief non seulement par les maladies et la mortalité des ouvriers, mais encore par la fréquence relative des accidents au début et à la fin de chaque période de travail. On a constaté que les accidents sont plus fréquents à la fin de chaque demi-journée et à la fin de chaque semaine [1].

Les longues journées de travail exercent encore sur les ouvriers qui y sont soumis un autre effet dont il importe de tenir compte : je veux parler de la dépression qu'elles déterminent dans l'ensemble de leurs facultés intellectuelles et morales. L'homme qui a travaillé physiquement pendant douze heures aujourd'hui, qui recommencera demain, après demain, toujours, est condamné presque fatalement à une atrophie plus ou moins prononcée de son intelligence. Il existe, en effet, entre le travail cérébral et le travail physique un antagonisme assez marqué pour qu'il soit à peu près impossible de se livrer simultanément à l'un et à l'autre. Même dans les classes riches, n'est-il pas facile de constater que les individus s'adonnant avec ardeur et quotidiennement à des sports fatigants se montrent presque toujours plus ou moins indifférents aux problèmes scientifiques, littéraires ou moraux et ne sont que très peu portés à en faire l'étude ? Il n'y a sans doute pas un seul lecteur de ce livre qui n'ait constaté sur lui-même l'impossibilité où il fut de faire un

1. Cela résulte des rapports des inspecteurs du travail, en Suisse et en Allemagne notamment. « Un inspecteur suisse, M. Schuler, a voulu se rendre compte des variations survenues d'un jour de la semaine à l'autre, dans la fréquence des accidents et voici à quoi il est arrivé : Dans les tissages et filatures on compte 237 accidents qui se sont produits un lundi, 233 le mardi, 230 le mercredi, 242 le jeudi, 261 le vendredi et 311 le samedi... M. Vandevrydt reproduit un diagramme tiré des rapports allemands et voici ce que nous y lisons : Le point culminant de la courbe des accidents est atteint à onze heures du matin, à midi et le soir à six heures; à six heures du matin et à une heure de l'après-midi, la courbe est la plus basse ;.. tandis qu'à la première heure les accidents sont très peu nombreux, à onze heure ou à midi (suivant que la demi-journée finit à l'une ou à l'autre de ces heures) l'ouvrier surmené, fatigué, épuisé, court les risques d'accidents les plus graves et les plus nombreux. » (*Revue socialiste*, octobre 1875.)

travail intellectuel sérieux après une journée consacrée à quelque exercice physique un peu violent, tels que la marche prolongée, l'ascension des montagnes, la chasse, le canotage, etc. N'est-il point de toute évidence que l'homme condamné à faire chaque jour, pendant douze heures, c'est-à-dire pendant toute une moitié de sa vie, un travail musculaire pénible doit devenir rapidement incapable de tout effort cérébral sérieux? N'y a-t-il pas beaucoup de chances pour que les plaisirs intellectuels eux-mêmes lui demeurent indifférents? Les plus sages, après leurs douze heures de corvée iront, à la suite d'un repas hâtif, demander au sommeil la réparation de leurs fatigues; les autres chercheront au cabaret, dans la compagnie de camarades non moins fatigués, non moins étrangers à la vie de l'esprit, les excitations de l'alcool ou les provocations de la femme.

Certains économistes font remarquer que dans les pays où la journée a été réduite, les patrons exigent des ouvriers un travail plus intense et ils prétendent en conclure que c'est dans les pays où le travail est le plus court que la fatigue des ouvriers est la plus grande. Ceux qui raisonnent de la sorte commettent une erreur de fait, car ce qu'il y a de fatiguant dans le travail, c'est beaucoup moins son intensité, pourvu qu'elle ne soit pas excessive, que sa prolongation, surtout s'il s'agit d'un labeur qui recommence tous les jours pendant le même nombre d'heures.

Quelques personnes affirment encore volontiers que l'introduction de la machine dans la plupart des industries ayant diminué l'effort physique auquel les ouvriers étaient autrefois condamnés, il y a moins d'inconvénients à exiger d'eux des journées prolongées qu'il ne pouvait y en avoir avec l'ancien mode de travail; mais sur ce point encore l'expérience contredit l'affirmation des adversaires de la limitation légale. Elle établit, en effet, que si la machine diminue réellement l'effort musculaire de l'ouvrier, elle exige, par contre, une attention de toutes les secondes non moins pénible que le travail musculaire, quoique la fatigue soit d'une autre nature. L'accroissement de la fréquence des accidents à la fin de chaque période du travail est un témoin irrécusable de la fatigue occasionnée par l'attention continue et active qu'exige la machine.

Enfin, les patrons hostiles à toute limitation légale de la durée du travail des adultes, disent volontiers que le patron seul est en situation d'apprécier le nombre d'heures de travail qu'il doit demander à chacun de ses ouvriers, chaque jour, afin que sa production puisse concurrencer celle de ses rivaux. A cette observation les ouvriers ne manquent pas de répondre qu'ils n'ont aucunement la prétention de régler la production quotidienne de l'usine, que le patron, en diminuant la durée de la journée de travail peut augmenter le nombre de ses ouvriers pour maintenir la quantité d'heures de travail dont il a besoin chaque jour, que la proportion des ouvriers condamnés au chômage sera ainsi diminuée.

En somme, aucun argument ne peut ébranler ce fait incontestable que la réduction de la durée du travail quotidien est éminemment favorable à l'ouvrier en lui permettant de refaire plus facilement ses forces après chaque période de labeur, en le mettant à même de vivre davantage dans sa famille, en lui fournissant le moyen de cultiver son intelligence. Certaines personnes disent, il est vrai, que si les loisirs des ouvriers étaient plus grands, ils se livreraient davantage à leurs vices favoris, l'ivrognerie et la débauche ; mais ce sont là des assertions contredites par les faits. Dans tous les pays, les ouvriers qui travaillent le moins longtemps ne sont pas ceux qui se débauchent le plus ; tant s'en faut. D'autre part, plus les ouvriers pourront cultiver leur esprit et plus ils s'éloigneront d'eux-mêmes des vices grossiers dont on les accuse.

Dans une enquête faite au Colorado, un ouvrier résumait assez humoristiquement ses propres observations à cet égard de la façon suivante : « J'ai travaillé huit, neuf, dix et même quatorze heures, et l'expérience m'enseigne que huit heures de travail suffisent entièrement à un homme. C'est une grande chose pour deux raisons, l'éducation et la santé. Travaillant huit heures, j'ai le temps d'être en famille et de m'occuper des choses qui m'intéressent, ce que je ne pouvais pas auparavant. Je gagne juste autant d'argent et même plus, et j'espère que mon salaire augmentera. Pour la santé, j'ai fait des progrès merveilleux : quand je travaillais dix heures, je pesais 120 livres ; j'en pèse 145 [1]. »

Les ouvriers ne se font pas faute d'affirmer que la réduction de la journée de travail ne serait pas moins utile aux patrons qu'à eux-mêmes et il est impossible de nier qu'un certain nombre de faits soient de nature à corroborer leur manière de voir. En premier lieu, il résulte des observations citées plus haut, que les accidents seraient beaucoup moins nombreux si la durée du travail était plus courte. Or, les conséquences des accidents étant à la charge des patrons, ceux-ci ont tout avantage à la diminution de leur nombre et de leur gravité. En second lieu, il paraît assez bien démontré que l'ouvrage fait pendant les premières heures de chaque période de travail est mieux fini et plus rapidement fait que l'ouvrage exécuté plus tard. Enfin, les intéressés affirment qu'un ouvrier habile et loyal peut faire en huit heures le même travail qu'en dix ou douze heures si le patron sait se bien conduire et stimuler son zèle [2]. On cite, en effet, des industriels qui, même sans perfectionner leur outillage, ont pu réduire la durée du travail quotidien sans voir diminuer leur production. Il est vrai que d'autres faits conduisent à des conclusions contraires. Il n'y a pas lieu de s'en étonner, car il entre dans la conduite des ouvriers, dans leur assiduité au travail, dans leur désir de servir les intérêts du patron, etc., des éléments si multiples qu'ils doivent nécessairement varier d'une usine à l'autre. Il est donc impossible de construire, sur les faits que je rappelle, aucune théorie favorable ou défavorable à la réduction des heures du travail quotidien. La seule conclusion rationnelle qu'il est permis d'en tirer, c'est qu'un patron habile, ayant la

1. E. Levasseur, *L'Ouvrier américain*, t. I, p. 167.

2. Les ouvriers américains font valoir encore une raison d'ordre économique séduisante : « Lorsque les ouvriers, disent-ils, ont des loisirs quotidiens, ils dépensent davantage en vêtements, mobiliers, toilettes pour leurs femmes, divertissements, etc., et l'industrie trouve alors, chez eux, pour ses produits, un écoulement plus actif que quand ils sont retenus au travail pendant toute la journée. »

confiance et la sympathie de ses ouvriers, sachant les bien traiter, usant de moyens convenables pour activer leur travail, ne reculant pas, d'autre part, devant le perfectionnement continu de son outillage, doit pouvoir obtenir la même production avec des durées de travail très sensiblement différentes.

Il faut bien qu'il en soit ainsi pour que certains industriels consentent, en tous les pays, à ne faire faire à leurs ouvriers que dix, neuf et même huit heures de travail, alors que dans des usines similaires, ils en font onze et douze. M. E. Levasseur admet que les pays où la durée du travail est la plus courte sont aussi ceux dont la richesse et la production industrielles sont les plus grandes; il en résulte que les usines où l'on peut, sans inconvénient, réduire la durée du labeur quotidien sont celles qui travaillent le plus activement; et l'on comprend, par contre, que la résistance à la limitation du travail par la loi se manifeste surtout dans les pays comme la France où la production industrielle est relativement faible.

Ce n'est pas qu'il ne se trouve aux États-Unis comme en France des économistes et des patrons pour contester aux législateurs le droit de légiférer sur le travail des ouvriers adultes. Là, comme ici, on prétend que la loi n'a pas le droit d'intervenir en cette matière, que l'ouvrier majeur doit être laissé libre de prolonger son travail autant qu'il lui convient; et là, comme ici, l'on n'est point embarrassé pour invoquer l'exemple d'ouvriers qui consentent volontiers à prolonger leur travail quotidien ou à faire des heures supplémentaires afin d'augmenter leurs salaires. On a même vu, en 1895, la Cour suprême du Colorado, interrogée par la législature de cet État sur un projet de loi qui limitait la durée du travail des ouvriers et des employés de l'État, répondre que « la législature n'était pas compétente et que le projet violait le droit qu'ont les parties de faire elles-mêmes leurs contrats, droit protégé par la Constitution des États-Unis ». Mais, là comme ici, les ouvriers n'en continuent pas moins à réclamer l'intervention du législateur dans une question qu'ils considèrent, non sans raison, comme capitale pour leur santé et pour l'avenir de leur race. Aux États-Unis, ils demandent que la Constitution soit modifiée de façon à autoriser l'action des législatures ; en France, où la Constitution est muette sur ce sujet, ils demandent à leurs représentants d'agir, et nous avons vu que ceux-ci ont affirmé leur droit d'intervention, d'abord en limitant à douze heures la durée du travail de tous les adultes, puis en limitant à dix heures la journée des adultes qui travaillent dans les usines où se trouvent avec eux des femmes et des enfants, enfin en limitant à huit heures le travail des mineurs. En France, donc, la question de principe a été résolue dans la pratique dès 1848, et les intéressés auraient le droit de considérer comme oiseuse toute discussion dont elle serait l'objet.

Le seul argument que l'on pourrait invoquer et que l'on invoque, pour refuser aux Chambres le droit de légiférer sur la durée de la journée de travail des adultes est tiré du droit qu'ont ces derniers d'introduire dans leurs contrats avec les patrons telles clauses qui leur paraissent convenables. Si l'économie politique, dit M. Émile Levasseur[1], « reconnaît qu'il est légitime, *au nom d'un intérêt social*, de poser des limites à l'emploi des personnes mineures dans les manufactures, elle déclare que les personnes majeures doivent rester maîtresses de faire elles-mêmes leurs contrats de louage conformément à leur intérêt personnel, et que l'autorité publique n'a à intervenir que pour assurer l'exécution de ces contrats privés quand ils sont sincères ». Telle est la doctrine officielle, formulée dans les termes les plus précis par l'un des hommes qui sont le mieux qualifiés pour la représenter et qui, d'autre part, je tiens à le faire remarquer, s'est montré dans tous ses travaux, fort soucieux des intérêts des ouvriers. Dans la formule même qu'il donne de la doctrine des économistes se trouve la meilleure réponse qu'on y puisse faire : en accordant au législateur le droit de poser des limites au travail des personnes mineures, « au nom d'un intérêt social » M. Levasseur paraît ne pas s'apercevoir qu'il doit,

1. *Loc. cit.*, I, p. 193.

par voie de conséquence, lui accorder le même droit en ce qui concerne les personnes majeures. L'intérêt de la société ne réside pas tout entier, en effet, dans les personnes mineures. Sans doute celles-ci représentent d'une façon particulière l'avenir de la société ; mais elles ne sont pas seules à le représenter ; l'adulte qui en forme l'élément le plus actif dans le présent, en constitue aussi l'élément le plus indispensable pour l'avenir, car c'est en lui que réside la force reproductrice. Si l'on néglige la protection de cette force, si on la laisse s'épuiser dans un travail excessif et dans la misère physiologique qu'il détermine, on compromet l'avenir de la race non moins gravement qu'il ne pourrait l'être par l'épuisement des enfants. En d'autres termes, — et c'est là qu'est, à mon avis, toute la philosophie du problème, — si l'adulte qui fait les enfants n'est pas suffisamment vigoureux et sain, sa progéniture ne pourra être ni vigoureuse ni saine et l'avenir de la race sera compromis.

Il me semble que voilà une raison suffisante pour légitimer l'intervention de la loi dans la fixation de la durée quotidienne du travail.

## DES SALAIRES ET DE LEUR RÉGLEMENTATION LÉGALE

La question de la durée du travail est intimement liée à celle des salaires. Pour le salaire comme pour le travail, l'heure est l'unité que l'industrie est obligée d'adopter dans ses calculs. Or, plus le salaire attribué à chaque heure de travail est faible, plus l'ouvrier est obligé de multiplier le nombre des heures afin d'augmenter son salaire. Aussi peut-on dire que faible salaire et long travail vont toujours de pair.

Notons encore ce fait capital qu'il n'existe pas de rapport nécessaire entre le taux des salaires et le prix des objets indispensables à l'entretien de la vie. Aux États-Unis, où les salaires sont beaucoup plus élevés qu'en France, les aliments, les logements et les vêtements analogues à ceux de nos ouvriers ne coûtent pas plus cher qu'en France. Si les ouvriers américains dépensent plus que les nôtres, c'est qu'ils s'entourent d'un confortable et même d'un demi-luxe inconnus des travailleurs français. Il en est de même pour les ouvriers anglais.

Il n'y a pas non plus, et j'ajoute qu'il ne peut pas y avoir de rapport absolu, nécessaire, entre le taux des salaires et les besoins de l'ouvrier.

La conception que chaque homme a de ses propres besoins dépend de l'exemple des parents, de l'instruction et de l'éducation qu'il a reçues, des idées qui règnent parmi les gens au milieu desquels il vit, etc. Pour chaque homme, il n'existe pas d'autres besoins que ceux dont il a la conception. Le chinois habitué dès son enfance à ne se nourrir que de quelques poignées de riz, à n'avoir d'autre lit qu'une natte sur la terre ou sur une planche, à loger dans un taudis sans fenêtre, et qui vit au milieu de compatriotes dont la nourriture et le logement sont identiques, le chinois dis-je, n'a aucune idée des besoins que les ouvriers français, anglais ou américains s'attribuent.

Parmi les ouvriers européens eux-mêmes, n'y a-t-il pas des conceptions très différentes des besoins, depuis les espagnols ou les italiens qui vivent de quelques oignons ou d'une poignée de maïs, jusqu'aux parisiens qui ne sauraient se passer de viande, de lait, d'œufs, de poissons, de vin, etc., sans parler des distractions physiques et intellectuelles ?

Dans le même pays, dans les mêmes régions industrielles, il n'est pas rare de constater la présence de ces diverses sortes d'ouvriers ; on les trouverait réunis dans les mêmes usines si les ouvriers dont les besoins sont plus développés n'exigeaient pas l'exclusion de ceux qui ont des besoins moindres. A Marseille, ce sont les ouvriers italiens que l'on voudrait chasser de tous les chantiers ; à Toulon, les mêmes réclamations s'élèvent contre les Corses. Et que reproche-t-on aux uns et aux autres ? Simplement d'avoir moins de besoins que les ouvriers français, ce qui les détermine à accepter des salaires inférieurs.

C'est surtout aux États-Unis, pays neuf, pays riche et, par

conséquent, pays d'immigration par excellence, que l'on peut observer la lutte provoquée entre les ouvriers par la diversité des conceptions relatives à leurs besoins individuels. Déjà les ouvriers américains ont obtenu l'expulsion des chinois; maintenant ils font des efforts incessants pour empêcher l'admission dans les usines, des ouvriers noirs qui ont une conception des besoins leur permettant de vivre beaucoup plus économiquement et, par conséquent, d'accepter des salaires inférieurs à ceux des ouvriers blancs.

C'est d'un sentiment analogue que sont animés ceux des ouvriers des deux mondes qui demandent l'exclusion des femmes, des usines. Par l'habitude qu'elle a, dans tous les pays, même les plus civilisés, de se servir elle-même en servant le sexe fort, la femme en est venue à une conception de ses besoins tout à fait différente de celle que l'homme a des siens. Aussi s'est-elle toujours contentée de salaires inférieurs à ceux de l'homme, même pour un travail analogue. Il faut ajouter que si elle est mariée, elle s'habitue à ne considérer son gain que comme un supplément du salaire de son mari, ce qui contribue à maintenir l'idée qu'elle peut être moins payée que ce dernier.

Il importe de noter que la conception individuelle des besoins évolue indépendamment des conditions économiques de l'industrie ou du commerce. Au début de ce siècle, au moment où les grandes industries commencèrent à se développer, la population ouvrière de notre pays n'avait qu'une conception très limitée des besoins individuels. Par suite de la difficulté des communications entre les différentes parties de la France, la circulation des produits de l'agriculture ou de l'industrie était difficile et, par conséquent, l'argent était rare. Les familles ouvrières, aussi bien dans les villes que dans les campagnes, étaient depuis de nombreuses générations, habituées à vivre très chichement, misérablement même, et, dans beaucoup d'endroits, avec les seuls produits locaux. D'autre part, l'instruction étant à peu près nulle, les imaginations ne dépassaient ni l'horizon du village, ni celui des coutumes de la famille. Ici, on mangeait des châtaignes parce que, de tout temps, on n'y avait mangé que des châtaignes; là, on se nourrissait de maïs parce que, de tout temps, on ne s'était nourri que de maïs; là, comme ici, on ne songeait même pas qu'ailleurs on mangeait du pain; du reste, on ne le savait que par de vagues on-dit, car on ne voyageait pas et on ne savait pas lire. Il en était de même pour les vêtements, pour les logements, pour tout ce qui touche à la vie matérielle et intellectuelle.

Avec des besoins si faibles et le nombre énorme d'individus sans travail qui existait alors, l'industrie naissante était assurée de ne point manquer de bras et de n'avoir pas à les payer cher. Aussi n'est-elle que plus coupable d'avoir abusé de ceux qui se présentaient à elle dans des conditions si favorables; aussi est-elle impardonnable d'avoir condamné des enfants de moins de huit ans à descendre dans les mines et des adolescents de quinze ans à travailler seize heures par jour, tandis qu'elle laissait des hommes inoccupés, parce que ceux-ci, ayant plus de besoins que les enfants, étaient contraints de demander des salaires plus élevés.

Cependant, à mesure que, grâce aux chemins de fer, les communications s'établissaient entre les diverses parties du pays, à mesure que l'argent se répandait dans toutes les classes de la société, à mesure aussi que les ouvriers et leurs enfants acquéraient de l'instruction, la conception des besoins individuels se modifiait; on ne voulait plus se contenter de maïs ou de châtaignes; on considérait comme indispensable d'avoir un vêtement plus chaud, plus élégant, un logement et un mobilier plus confortables; on avait, en un mot, une conception des besoins individuels beaucoup plus large que celle des grands parents, et l'on finissait par avoir, en réalité, des besoins tout à fait différents des leurs, car la loi naturelle est que, de l'idée du besoin, naisse le besoin lui-même.

Lorsque l'ouvrier fut en possession de ces besoins nouveaux, il s'aperçut qu'il lui manquait le moyen de les satisfaire; et c'est alors que commença l'âpre et incessante lutte de l'ouvrier contre le patron, pour la conquête de salaires plus élevés.

Aux besoins dont je viens de parler, je donnerai le nom de « besoins sociaux », parce qu'ils ont leur source dans les conditions sociales au milieu desquelles l'individu naît et passe sa vie, et parce qu'ils se modifient avec ces conditions. Ils n'ont rien de commun avec les « besoins physiologiques » dont la satisfaction est indispensable à l'entretien de l'organisme humain. Les premiers seuls sont connus de ceux qui les éprouvent. Quant aux seconds, c'est à peine si l'on sait qu'ils existent. Combien de personnes pourraient dire quel doit être leur régime alimentaire pour que leur corps ne soit pas usé par le travail, quel doit être le cube d'air de leur chambre à coucher pour que leur respiration et leur circulation s'effectue d'une manière convenable? Ce que l'on connaît, ce sont les besoins sociaux, et il y a peu de personnes qui ne leur sacrifient leurs besoins physiologiques. Que de gens délaissent la viande pour le chocolat ou le lait, sans se douter qu'ils travaillent à la ruine de leur santé! Que de gens, pour avoir un salon plus ou moins inutile se contentent d'une chambre à coucher trop petite, ne contenant pas le cube d'air nécessaire à la respiration?

Il faut avoir ces faits présents à l'esprit quand on étudie les relations des salaires avec les besoins; car, dans ce cas, ce ne sont jamais les besoins physiologiques qui sont en cause; ce sont toujours les besoins sociaux, c'est-à-dire des besoins qui varient avec chaque pays, avec chaque point du territoire, avec chaque classe de la société, on pourrait dire avec chaque famille et chaque individu. Et c'est au nom de ces besoins que la lutte est partout engagée entre les ouvriers et les patrons.

Examinée par le côté des patrons, la question des salaires se présente sous un aspect tout à fait différent de celui que nous venons d'entrevoir.

De tous les éléments qui constituent le budget des dépenses d'un industriel, les salaires représentent celui dont il peut disposer le plus aisément. Il ne peut réduire de lui-même ni le prix de construction et d'entretien des immeubles nécessaires à son industrie, ni celui des matières premières qu'il transforme ou du combustible dont il alimente ses appareils moteurs; seule, la fixation des salaires de ses ouvriers est livrée à son initiative. N'est-il pas naturel qu'il tente de réduire les salaires le plus possible, afin de diminuer le prix de revient des objets qu'il fabrique, en augmentant ses propres bénéfices?

Il lui sera d'autant plus facile de réduire les salaires que la conception des besoins sociaux sera moins développée dans la population où il recrute ses ouvriers. Aussi, a-t-on vu, dès le début des grandes créations industrielles, les fondateurs de ces entreprises les placer en dehors des villes, au milieu de populations pauvres et arriérées, n'ayant que des besoins sociaux très réduits, et se contentant, par suite, de salaires très faibles. On n'a pas perdu le souvenir des protestations qui furent adressées à nos derniers rois par les corporations, lorsqu'ils autorisèrent la création d'usines en dehors des villes. A notre époque même, on voit, en France, des industries entières être transportées des villes dans les campagnes, parce que, dans ces dernières, les besoins sociaux étant moins développés, les salaires peuvent être plus faibles. Il y a trente ans, la ville de Lyon comptait sur la colline de la Croix-Rousse 25 ou 30 000 métiers; c'est à peine s'il en reste aujourd'hui quelques milliers. Les fabricants, afin de diminuer leurs dépenses de salaires, ont construit des usines à la campagne, parmi des populations dont les besoins sociaux sont beaucoup moins développés que ceux des lyonnais. Ils font même travailler à domicile des montagnards dont les besoins sont encore moindres que ceux des populations qui entourent leurs usines et qui déjà sont devenues à moitié citadines. Un nouvel exode se produit, en ce moment, toujours pour le même motif : certains fabricants transportent leurs métiers en Italie, dans les montagnes de nos frontières, parmi des populations dont les besoins sont encore très rudimentaires et qui, par conséquent, se contentent de salaires très réduits.

En Allemagne, en Russie, en Angleterre, aux États-Unis, partout, en un mot, des faits semblables se produisent chaque jour.

Un autre phénomène se présente à notre observation dans les pays neufs, comme les États-Unis, où se fait une immigration active. Les industriels y recherchent volontiers les immigrants qui sont, en général, de pauvres diables, habitués à la misère, n'ayant que peu de besoins sociaux et susceptibles de se contenter de faibles salaires. Aussi voit-on les ouvriers américains protester sans cesse contre l'immigration dont les États-Unis sont le siège et réclamer des mesures de proscriptions tour à tour contre les chinois, les juifs slaves, les noirs, etc.

Cependant, il se fait dans tous les pays et dans toutes les classes sociales, une évolution ascensionnelle dont la marche va sans cesse en s'accélérant et qui a pour résultat inévitable un développement manifeste des besoins sociaux jusque parmi les gens les plus pauvres et jusque dans les coins les plus reculés du globe.

De ce développement des besoins sociaux résulte nécessairement une élévation des salaires qu'il est facile de constater dans tous les pays. Elle est marquée surtout depuis une quarantaine d'années, c'est-à-dire depuis que les chemins de fer ont facilité les communications, depuis que l'instruction a ouvert les esprits, depuis, enfin, que les associations ouvrières ont pris à tâche, d'une façon sérieuse, la défense des intérêts de leur classe.

On ne peut pas espérer, en effet, voir les salaires s'élever par le seul consentement des patrons. Il s'en trouve, sans doute, dans chaque pays, un certain nombre qui comprennent la nécessité d'améliorer le sort matériel des ouvriers et de relever leur situation morale, mais cette élite est peu nombreuse et elle est aux prises avec des concurrents qui enrayent ses tentatives généreuses, s'ils ne les rendent pas impossibles.

Il se produit dans la classe ouvrière elle-même, des faits qui agissent en sens contraire du relèvement des salaires.

C'est, d'une part, l'activité de la reproduction dans les familles les plus pauvres, et, d'autre part, la lutte individuelle entre les ouvriers pour la conquête des moyens d'existence. Ces deux faits sont, du reste, corollaires l'un de l'autre.

Tandis que, dans les classes riches, la plupart des familles s'efforcent de limiter le nombre de leurs enfants, afin de leur assurer une part suffisante d'héritage, le phénomène inverse est facile à observer dans les classes pauvres et, plus particulièrement encore, dans les familles ouvrières attachées à la grande industrie. Ne possédant rien, vivant au jour le jour, sans souci du lendemain, sans idée de prévoyance, les parents ne songent même pas à limiter le nombre de leurs enfants ; ils les prennent comme ils viennent, les élèvent comme ils peuvent et en ont d'autant plus que leur vie est plus régulière ; il est inutile de dire pourquoi.

Or, tous ces enfants représenteront plus tard des bras pour l'industrie et des bras qui se concurrenceront les uns les autres et s'offriront à des prix d'autant moins élevés que leur nombre sera plus grand.

Les économistes ont raison de dire que l'effet de « l'offre et de la demande » est l'un de ceux qui agissent le plus activement sur la détermination du salaire ; mais, pour être complets, ils devraient ajouter que le rôle de ce phénomène fut, à toutes les époques et dans tous les pays, constamment favorable aux patrons, parce que toujours et partout, la masse populaire s'est montrée beaucoup plus prolifique que les classes riches.

Si l'on pouvait embrasser tous les phénomènes économiques d'une nation d'un seul coup d'œil, je dirais volontiers que par suite de la réserve apportée par les classes riches dans leur multiplication, tandis que la classe plébéienne se montre fort prolifique, celle-ci se compose toujours de plus de membres qu'il n'en faut pour faire vivre la nation. Exprimant la même pensée dans un langage plus conforme à celui de la science économique, je dirai que la classe laborieuse offre toujours aux classes riches plus de bras que celles-ci n'en demandent.

Ce fait va en s'accentuant à mesure que l'usage des machines se répand et que les machines elles-mêmes se perfectionnent, car ce que l'industrie leur demande, ce n'est pas seulement de produire plus vite que les bras, mais aussi de réduire le plus possible le nombre des bras humains à employer dans chaque usine.

L'emploi de la machine et la création des grandes industries rendent encore la concurrence individuelle plus intense entre les membres de la classe laborieuse, en permettant aux femmes, aux adolescents et même aux enfants de faire des travaux pour lesquels jadis la force des adultes était indispensable. Comme les femmes et les enfants se contentent de salaires très inférieurs à ceux des adultes, la plupart des industriels les recherchent, et l'on peut dire sans exagération que, dans la classe salariée, le père est concurrencé, dans la lutte pour l'existence, par sa propre famille.

Sans doute, un phénomène analogue se produit entre les membres des classes riches, mais les conséquences ne sont pas les mêmes. Dans la classe salariée, c'est le pain quotidien, c'est l'indispensable à la satisfaction des besoins physiologiques qui est en jeu ; dans les classes riches, c'est le luxe, ce sont les plaisirs et les honneurs, c'est le superflu, en un mot, que chacun s'efforce de conquérir. Ici, la lutte pour l'existence est plutôt utile que nuisible à l'ensemble de la société et de l'humanité ; là elle est, au contraire, plutôt nuisible qu'utile, car si elle met en relief quelques individualités particulièrement bien douées, elle condamne, par contre, à la misère un grand nombre de gens.

La lutte pour l'existence est particulièrement âpre et fâcheuse entre les ouvriers et les ouvrières qui travaillent dans les petits ateliers ou à domicile.

D'abord, il est facile de constater que partout où, pour une industrie déterminée, il existe côte à côte de grands et de petits ateliers, les premiers ne tardent pas à déterminer la disparition graduelle des seconds. En raison des salaires relativement élevés qu'elles donnent, les grandes usines voient venir à elles les ouvriers les plus jeunes et les plus actifs. Comme, d'autre part, elles produisent beaucoup, elles peuvent vendre les produits de leur fabrication à des prix que les petits ateliers ou les ouvriers travaillant à domicile ne peuvent que difficilement accepter. Pour soutenir cette redoutable concurrence, les petits industriels réduisent les salaires de leurs ouvriers ; mais, tôt ou tard, ils finissent par disparaître, laissant inoccupés les pauvres gens qui, pour des raisons quelconques, leur sont restés fidèles jusqu'au dernier moment.

Ceux-ci iront désormais grossir le nombre des salariés qui, dans toutes les grandes villes, sont condamnés à ne travailler qu'au jour le jour, sans aucune certitude de l'avenir, et en subissant les salaires qu'il plaît au patron de leur accorder.

C'est surtout dans les pays où la grande industrie atteint son maximum d'activité et où les ouvriers qu'elle emploie touchent les salaires les plus élevés, que l'on trouve en grand nombre les infortunés auxquels je viens de faire allusion.

En Angleterre et aux États-Unis, ils existent en telle quantité que le régime auquel ils sont soumis a reçu un nom tout particulier. On l'appelle le « sweating systeme », autrement dit le régime où l'on fait suer l'ouvrier; et le personnage qui paie les ouvriers porte le nom de « sweater », celui qui « fait suer ». C'est surtout dans la confection des vêtements que l'on trouve l'application de ce régime. L'industriel principal livre son étoffe, ordinairement coupée, à un premier intermédiaire, le « contractor » qui la distribue à des intermédiaires de second ordre, les « sweaters », par lesquels elle est répartie entre de petits ateliers comprenant chacun une vingtaine d'ouvriers et ouvrières qui vivent en famille [1].

Les travaux soumis à ce régime sont faits, en général, non par des américains proprement dits, mais par des immigrants scandinaves, polonais, italiens, hongrois ou russes; on compte parmi eux beaucoup de juifs slaves qui se contentent des salaires les plus minimes. « Les entrepreneurs étant beaucoup plus nombreux que les manufacturiers et se faisant une

1. Voyez sur ce sujet : LEVASSEUR, *L'ouvrier américain*, I, p. 425 et suiv.

rude concurrence par les plus forts rabais qu'ils peuvent, se récupèrent en payant peu l'ouvrier sur lequel il faut que la série des intermédiaires prélève un bénéfice quelque minime qu'il soit .. A Chicago, ils se plaignent des marchands qui ne cessent de réduire les prix. C'est dans les petits ateliers tenus par les sous-entrepreneurs et dits « tenement sweat shops », que la condition des travailleurs paraît la plus fâcheuse parce que, « ces ateliers, ayant, en général, moins de vingt ouvriers, échappent, dans la plupart des États, aux règlements généraux de police sur les manufactures. Le patron occupe une pièce où sont les lits de la famille, la cuisine, la salle à manger et le comptoir; les ouvriers, les ouvrières et les enfants, au nombre de quinze ou vingt, occupent l'autre où ils travaillent, mangent et couchent. Plus du quart probablement de la confection sort des petits ateliers qut sont situés presque tous dans les quartiers populaires et pauvres des cités et qui, sauf de rares exceptions, sont mal aérés et très malpropres ».

Il s'est établi une véritable concurrence, au point de vue du travail soumis au « sweating system » entre les principales villes des États-Unis; M. Levasseur note ce fait intéressant que « c'est New-York qui accapare le travail parce que, n'étant pas astreint aux mêmes règlements de police, il peut offrir de plus bas prix ».

Au sujet des ateliers de ce genre qu'il a visités à New-York, M. Levasseur écrit : « Ils étaient situés au nord-est de la ville dans des maisons de chétive apparence, avec des escaliers dont les marches de bois branlaient, des chambres d'une médiocre grandeur où une vingtaine d'ouvriers travaillaient comme des forcenés, cousant, plaçant des boutons, repassant, chacun suivant sa spécialité. Les fenêtres étaient ouvertes et quoiqu'il fît très chaud, la température n'était pas étouffante; mais le spectacle de l'agitation fébrile de toutes ces mains qui suivaient le mouvement des machines me donnait l'idée d'un des cercles de l'enfer de Dante. »

Ces ouvriers et ouvrières si misérables sont encore concurrencés par d'autres qui se contentent de salaires plus minimes parce qu'ils tiennent à travailler chez eux, y étant contraints par des raisons diverses, telles que l'obligation pour la femme de soigner un mari malade ou de très jeunes enfants. Une ouvrière de New-York qui cousait des pardessus au prix d'un dollar la douzaine, disait : « Je ne pourrais pas arriver si je n'étais aidée de Jenny et de Mary qui cousent les boutons. » C'étaient ses deux enfants, l'une de sept ans et l'autre de dix ans. Il n'est pas rare de voir au travail, pendant toute une journée, des enfants de cet âge; on en voit même de plus jeunes.

Ces malheureuses ouvrières ont encore à lutter contre le travail fait à la campagne et dans les prisons, ou par des apprenties qui travaillent pour rien. « Certains patrons annoncent qu'ils prennent « girls to learn the trade », c'est-à-dire des jeunes filles pour apprendre le commerce. Les jeunes filles viennent et sont employées à la machine à coudre ; elles ne reçoivent rien sous prétexte d'apprentissage; quand elles finissent par réclamer, on les congédie. »

L'immigration si considérable qui se dirige des pays pauvres de l'Europe vers les États-Unis ne pouvait manquer de produire dans ce pays les résultats que je viens de rappeler ; les misérables italiens, russes, polonais, etc., que les sociétés d'immigration embarquent pour les États-Unis, ne peuvent faire autrement, quand ils y ont mis le pied, que de subir les salaires qu'on veut bien leur accorder, et comme le mouvement de l'immigration va sans cesse en s'accélérant, il est naturel que les salaires des nouveaux arrivants aillent aussi sans cesse en diminuant. « Les allemandes, disait une américaine, sont venues se présenter en masse, offrant leur travail à moitié prix; puis après elles, les italiennes qui ont encore offert au-dessous des allemandes, et c'est merveille si l'on peut vivre aujourd'hui. » Elle aurait pu ajouter qu'après les italiennes sont venus les juifs slaves, en grande quantité, et qui se sont contentés de salaires encore inférieurs à ceux des allemandes et des italiennes. Et c'est ainsi que s'explique sans peine la présence, dans la même société, d'ouvriers ne faisant que huit à dix heures au plus de travail par jour, avec des salaires qui leur permettent de vivre dans un confortable presque luxueux, et d'ouvriers si misérables qu'ils n'ont pour se coucher pas d'autre lit qu'un banc de bois dans l'atelier malsain où ils travaillent et mangent.

Dans la plupart des grandes villes européennes, on pourrait trouver des faits analogues; mais, nulle part, ils ne sont aussi nombreux, aussi généralisés, ni surtout aussi tolérés qu'aux États-Unis.

En France, notamment, on ne trouverait pas les ateliers du « sweating system », d'abord parce que la lutte pour l'existence entre nos ouvriers est moins ardente qu'entre ceux des États-Unis et aussi parce que l'opinion publique ne les tolérerait pas ; elle contraindrait le législateur à intervenir, comme elle l'a contraint déjà à prendre des mesures en vue de l'hygiène des ateliers, de la limitation du travail des femmes et des enfants, et même de celui des adultes, etc.

On a remarqué, sans doute, que même aux États-Unis, les villes où les abus du « sweating system » présentent le plus de gravité sont celles où il n'existe pas de prescriptions de police susceptibles d'y mettre un frein. Aussi terminerai-je l'exposé de ces faits par cette observation d'un ouvrier anglais que j'emprunte encore à M. E. Levasseur[1] : « Tout le monde sait que la tisseuse du Lancashire dont les heures de la journée et les conditions de travail sont rigoureusement fixées par la loi, jouit par cela même de plus de liberté personnelle que la blanchisseuse de Notting-Hill dont la profession n'est pas réglementée... En fait, c'est la loi qui est la mère de la liberté... Quand les conditions de la vie de l'ouvrier sont établies, sans une règle collective, par des contrats entièrement privés, d'homme à homme, la liberté de l'ouvrier est entièrement illusoire. »

La durée du travail et le taux du salaire figurant au premier rang des conditions d'après lesquelles s'établit l'évolution de l'organisme humain, chez les travailleurs, et le devoir social le plus essentiel étant de favoriser l'évolution ascen-

1. Levasseur, *loc. cit.*, I, p. 227.

dante de tous les individus dont se compose le corps social, je n'hésite pas à reconnaître aux pouvoirs publics le droit d'intervenir dans la fixation de la durée du travail et des salaires. En leur reconnaissant ce droit, je ne prétends pas, d'ailleurs, qu'ils puissent agir uniquement d'après leurs fantaisies ou leurs passions. Le gouvernement d'une démocratie doit prendre pour guide, non point les volontés ou les intérêts d'une seule partie de cette démocratie, mais ceux de la société tout entière. Lorsque des intérêts contradictoires se trouvent en présence, le premier devoir du législateur est de ne rien faire qui autorise à l'accuser de favoriser les uns au détriment des autres.

Il conviendrait aussi de ne jamais procéder en ces matières par des lois générales, mais seulement par des mesures en quelque sorte expérimentales, particulières à telle ou telle industrie, ainsi que l'a fait le ministère Waldeck-Rousseau pour les mineurs, les établissements mixtes et les employés de chemins de fer. Les formules simplistes comme celles des « trois huit » et du « salaire minimum » sont bonnes pour agiter l'opinion, précisément parce qu'elles sont simplistes, mais il est, d'ordinaire, impossible de bâtir sur elles des lois véritablement pratiques et fécondes.

La durée du travail quotidien et le taux des salaires ne comportent aucune réglementation générale ; elles peuvent et doivent varier avec les industries, les régions, la nature du travail, etc. J'estime même que ce serait plutôt aux pouvoirs régionaux qu'aux Chambres qu'il appartiendrait de les réglementer, parce que les premiers sont plus directement en contact que les secondes avec les nécessités diverses qu'il s'agit de concilier. Enfin, il ne faut pas qu'une réglementation intempestive compromette la richesse nationale ; mais il est du devoir du gouvernement d'intervenir dès que, dans une industrie quelconque, la durée du travail quotidien imposé aux ouvriers et employés dépasse la limite que comportent les forces physiques et cérébrales de la moyenne des intéressés ou lorsque les salaires sont manifestement insuffisants pour faire vivre ceux qui les reçoivent.

# CHAPITRE VIII

## DES DEVOIRS RELATIFS A L'ÉVOLUTION INTELLECTUELLE ET MORALE DE LA SOCIÉTÉ

« C'est dans le gouvernement républicain, a dit Montesquieu, que l'on a besoin de toute la puissance de l'éducation. » L'éducation doit, en effet, figurer au premier rang des devoirs de tout gouvernement républicain, non seulement parce que le peuple exerce, dans ce régime, une souveraineté plus ou moins directe, mais encore parce que la liberté et l'égalité inscrites dans les lois donnent à la lutte pour l'existence une âpreté qui exige un développement aussi considérable que possible des forces intellectuelles et morales de chaque citoyen, comme de ses forces physiques.

Lorsque les hommes sont parqués par les lois et les mœurs dans des compartiments sociaux séparés les uns des autres ; lorsqu'ils sont condamnés à y passer leur vie entière ; lorsqu'ils ont la certitude que leur enfants et leurs petits-enfants seront confinés, à leur tour, dans le compartiment où naquirent leurs aïeux ; lorsque, en un mot, les hommes connaissent d'avance leur destin et celui de leur descendance, la lutte pour l'existence est réduite à son minimum d'intensité, car elle ne peut se produire qu'entre les individus d'un même compartiment social. Elle ne peut pas, du reste, y être très ardente : chaque homme n'ayant que peu d'espoir de sortir de sa situation, à quoi lui servirait-il de travailler davantage ou mieux que son voisin, d'être plus vigoureux, plus intelligent ou plus honnête? Il se sait enchaîné à une tâche qui ne variera jamais, à un sort auquel il lui est impossible de se soustraire. Au moyen âge, s'il est attaché à la culture du sol, il restera serf pendant toute sa vie, comme l'ont été ses ancêtres, comme le seront ses petits-fils ; il n'a même pas intérêt à augmenter la production de la terre, car tout ce qu'elle donne est pour le maître. S'il fait partie d'une corporation ouvrière, il y a quatre-vingt-dix-neuf chances sur cent pour qu'il ne puisse jamais franchir la position que son père atteignit, où ses fils lui succéderont. S'il appartient à la petite noblesse des armes, il sera, depuis sa naissance jusqu'à sa mort, l'homme lige d'un noble plus puissant et il fera toujours auprès de lui le même service qu'y firent ses ascendants et qu'y feront, à leur tour, ses descendants. Et il en est ainsi de toutes les classes de la société, depuis les plus humbles jusqu'aux plus élevées. Aussi chacune se résigne-t-elle facilement à n'acquérir qu'une dose d'instruction proportionnée à ses besoins immédiats, dose à peu près nulle pour ceux qui travaillent de leurs bras, insignifiante pour les gens d'armes qui placent la force et l'adresse au-dessus de l'intelligence et de la morale, développée seulement dans les familles où se recrutent le clergé, la magistrature, le commerce, l'industrie, la médecine, et les autres professions qui exigent une culture de l'esprit plus ou moins étendue.

La Révolution de 1789 ayant brisé tous les compartiments où étaient parquées les diverses classes sociales, toutes, en principe, ont devant elles, maintenant, un horizon également étendu ; toutes peuvent aspirer au même avenir, à la même ascension des plus hauts sommets, et, toutes savent que cette évolution leur serait impossible sans l'instruction, toutes, par conséquent, désirent l'acquérir. Du reste, le nombre des individus que la science attire va sans cesse en augmentant à mesure qu'elle se répand davantage, car on n'estime et on ne désire avec ardeur que ce dont on a une suffisante connaissance.

Cependant, il fallait s'attendre à ce que les classes supérieures s'opposassent de toutes leurs forces au développement de l'instruction parmi les classes inférieures. Le maintien de ces dernières dans l'ignorance n'était-il pas le moyen le plus sûr de réserver aux oligarchies nées de la Révolution la situation prépondérante dont elles s'étaient emparées dès les premières journées de ce bouleversement social? Aussi avons-nous vu les régimes monarchiques et césariens qui se sont succédé en France, de 1789 à 1875, refuser au peuple l'instruction qui lui avait été promise par la Révolution et remplacer par l'ignorance, les barrières légales qui, sous l'ancien régime, séparaient la masse sociale des classes supérieures.

L'avènement au pouvoir de la démocratie républicaine pouvait seul ouvrir l'ère de l'instruction populaire. C'est le fait qui caractérise jusqu'à ce jour la troisième République, c'est celui qui fera son plus grand honneur dans l'histoire et c'est grâce à lui que les monarchistes, les césariens et les dictatoriens sont rendus impuissants. Le peuple commence, en effet, à être suffisamment instruit pour savoir où sont ses intérêts et de quel côté se trouvent ses amis ou ses ennemis.

## CE QUE DOIT ÊTRE L'INSTRUCTION DANS UNE DÉMOCRATIE

La première condition que doit présenter l'instruction dans une démocratie, c'est d'être distribuée à tous les citoyens de manière que chacun puisse en acquérir autant que le lui permet sa capacité cérébrale.

Si évident qu'il soit, ce principe est encore contesté par beaucoup de personnes. A quoi bon, disent-elles, donner tant de science à des enfants qui devront passer leur vie dans les champs, dans l'atelier, dans la mine, s'ils suivent l'exemple de leurs parents? En les instruisant, vous leur inspirez le mépris de la profession paternelle, vous provoquez en eux des ambitions qu'ils ne pourront pas satisfaire, vous préparez des dégoûtés, des déclassés, des déséquilibrés, peut-être même des malfaiteurs.

Je ne nie pas qu'une pareille critique puisse être adressée, avec quelque raison, à l'instruction distribuée aujourd'hui par notre société, soit dans les établissements publics, soit dans les institutions privées, car cette instruction a conservé, dans une très large mesure, le caractère de « chose privilégiée » qu'elle offre dans toutes les sociétés oligarchiques. On se préoccupe trop de donner aux enfants les connaissances qui leur permettront de briller parmi leurs semblables, en place de celles qui pourraient leur être utiles. Par là, on fait effectivement beaucoup de déclassés. Souvent aussi on fabrique des déséquilibrés, par le surmenage auquel on soumet des cerveaux incapables de faire l'effort qu'on en exige. Il en sera ainsi tant qu'on ne reconnaîtra pas qu'il est insuffisant de répandre l'instruction, qu'il faut surtout en donner à chacun selon sa capacité, et ne distribuer à tous que des notions positives, scientifiques, reposant sur l'observation directe, mettant l'élève en défiance contre les illusions de l'esprit et les erreurs des sentiments.

Pour que l'instruction puisse être donnée à chacun selon sa capacité cérébrale, il faut d'abord que les établissements d'instruction publique soient répandus en grand nombre sur tous les points du territoire, et ensuite que l'enseignement soit gratuit à tous les degrés.

A ce double point de vue, la troisième République a fait des efforts considérables et véritablement démocratiques.

## LA TROISIÈME RÉPUBLIQUE ET L'INSTRUCTION PUBLIQUE

La loi du 1er juin 1878 a d'abord fourni aux communes, par l'institution de la « Caisse des Écoles », les moyens de construire les écoles primaires qui faisaient encore défaut et de réparer celles qui existaient déjà. De 1878 à 1888, grâce à cette caisse, il a été dépensé en constructions scolaires plus de cinq cents millions de francs. Avec cette somme on a bâti 3236 groupes scolaires et 14816 écoles, dont 126 écoles primaires supérieures, 4518 écoles de garçons, 3605 écoles de filles, 5414 écoles mixtes et 1153 écoles maternelles, sans parler des milliers d'écoles préexistantes qui furent réparées et mises en harmonie avec les besoins nouveaux.

Un peu plus tard, la loi du 9 août 1879 prescrivit la création d'une école normale de filles dans chaque département et la fondation de deux grandes écoles supérieures où sont formés les maîtres des écoles normales ; l'une à Saint-Cloud pour les instituteurs, l'autre à Fontenay-aux-Roses pour les institutrices.

Les lycées et les collèges n'ont pas davantage été négligés. Certaines personnes prétendent même qu'on les a trop multipliés, mais ces reproches, que l'on pourrait aussi bien adresser aux facultés et écoles de l'enseignement supérieur, sont, en réalité, des éloges dont la troisième République doit être très fière.

## GRATUITÉ ET OBLIGATION DE L'INSTRUCTION PRIMAIRE

En même temps qu'elle multipliait les établissements d'instruction, la troisième République se préoccupait d'en faciliter l'accès aux enfants de tous les citoyens et d'augmenter la valeur des maîtres.

Deux lois du 16 juin 1881 établissaient la gratuité de l'instruction primaire et déterminaient les titres dont les instituteurs devaient être pourvus afin de pouvoir enseigner. Toutes les équivalences admises par la loi de 1850 étaient abolies[1]. Tandis que les cléricaux protestaient au nom de la liberté d'enseignement, contre la mesure exigeant des titres de capacité dont la plupart des congréganistes des deux sexes étaient alors dépourvus, les oligarchistes faisaient des efforts inouïs pour empêcher la gratuité d'être inscrite dans

1. D'après l'article premier de l'une de ces lois : « Il ne sera plus perçu de rétribution scolaire dans les écoles primaires publiques, ni dans les salles d'asile publiques. Le prix de pension dans les écoles normales est supprimé. » Les communes restaient chargées par la même loi, de subvenir à une partie des frais scolaires, l'État se chargeant de faire face à toutes les insuffisances. Par suite de ces dispositions, la part des communes dans les frais de l'enseignement primaire, qui était de 31 millions et demi en 1877, descend à 20 298 289 francs en 1882. Par contre, la part de l'État qui était de 12 millions en 1877, s'élève à plus de 69 millions en 1882, celle des départements étant à la même date de 6 millions et demi.

L'autre loi du 16 juin 1881 avait pour objet de faire disparaître des écoles publiques ou libres tous les maîtres incapables que les équivalences instituées par la loi de 1850 y avait introduits. Son article premier décide que « nul ne peut exercer les fonctions d'instituteur ou d'institutrice titulaire, d'instituteur adjoint chargé d'une classe ou d'institutrice adjointe chargée d'une classe, dans une école publique ou libre, sans être pourvu du brevet de capacité pour l'enseignement primaire ».

la loi. La « gratuité absolue », c'était l'enseignement primaire mis à la disposition de toutes les classes de la société, c'étaient les enfants des travailleurs acquérant avec l'instruction, la conscience de leur individualité, c'était la démocratie gravissant un échelon de plus vers les sommets politiques et sociaux qu'une portion limitée de la nation avait trouvé le moyen de se réserver depuis 1789.

Personne n'osait combattre ouvertement cette généralisation de l'enseignement primaire, mais tous les oligarchistes s'unirent pour la faire échouer. Ils prétendaient que « l'instruction ne doit pas être une aumône ; que, représentant le plus précieux des biens, elle doit être acquise comme tous les biens ; que le peuple n'apprécierait pas un enseignement pour lequel il n'aurait point à payer ; que les paysans surtout n'attacheraient aucun prix à une chose qui leur serait donnée pour rien ; que s'il était équitable et libéral d'accorder la gratuité aux indigents, du moins fallait-il faire payer ceux qui en avaient les moyens, etc ». Ces arguments hypocrites ne résistèrent pas à l'autorité d'un cabinet dans lequel figuraient Jules Ferry comme président du Conseil et ministre de l'instruction publique, M. Constant comme ministre de l'intérieur, MM. Cazot et Magnin à la justice et aux finances, etc., et qui a été l'un des plus réformateurs de la troisième République, l'un de ceux où l'esprit démocratique fut le plus développé, malgré le caractère modéré dont l'ensemble de sa politique était revêtu.

Les lois de 1881 furent complétées, dans le même esprit, par celle du 28 mars 1882 qui détermine les matières sur lesquelles doit porter l'enseignement primaire : « instruction morale et civique, lecture et écriture, langue et éléments de la littérature française, géographie, particulièrement celle de la France ; histoire, particulièrement celle de la France, jusqu'à nos jours ; quelques notions usuelles de droit et d'économie politique ; les éléments des sciences naturelles, physiques et mathématiques ; leurs applications à l'agriculture, à l'hygiène, aux arts industriels, travaux manuels et usage des outils des principaux métiers ; éléments du dessin, du modelage et de la musique; gymnastique, exercices militaires, travaux à l'aiguille ». La même loi prescrivait la vacation des écoles « une fois par semaine en outre du dimanche, afin de permettre aux parents de faire donner s'ils le désirent, à leurs enfants l'instruction religieuse, en dehors des édifices scolaires ». Elle instituait l'obligation de l'instruction primaire[1].

Une nouvelle loi du 30 octobre 1886, réglemente l'enseignement primaire public et privé et institue la laïcité absolue du premier[2].

Toutes ces mesures entraînaient des augmentations de dépenses considérables et auxquelles il n'était plus possible de faire face avec les subventions des communes et des départements. Dès 1882, la subvention de l'État s'éleva à plus de 69 millions. En 1883, elle était de 73 milions et demi, en 1884 elle dépassa 77 millions et demi, en 1887 elle est de 76338164 francs ; la part incombant aux communes est alors de 30668063 francs, et celle des départements s'élève à 4825172 francs.

Survient alors la loi du 19 juillet 1889 qui met au compte de l'État toutes les dépenses du personnel enseignant et place

1. L'article 4 prescrit : « L'instruction primaire est obligatoire pour les enfants des deux sexes âgés de six ans révolus à treize ans révolus ; elle peut être donnée, soit dans les établissements d'instruction primaire ou secondaire, soit dans les écoles publiques ou libres, soit dans les familles, par le père de famille lui-même ou par toute autre personne qu'il aura choisie. » Les articles suivants organisent la surveillance de l'obligation et les mesures à prendre contre les parents qui tenteraient de soustraire leurs enfants à l'instruction. Par l'article 17 les communes sont *tenues* d'ouvrir la *Caisse des Écoles*, déjà instituée facultativement *par la loi du* 10 *avril* 1867, dans le but de venir en aide aux parents pour lesquels l'obligation institue une charge à un titre quelconque et notamment en les privant du travail de leurs enfants.

2. D'après l'article 17 : « Dans les écoles publiques de tout ordre, l'enseignement est exclusivement confié à un personnel laïque. » D'après l'article 18 : « Aucune nomination nouvelle, soit d'instituteur, soit d'institutrice congréganiste, ne sera faite dans les départements où fonctionnera depuis quatre ans une école normale, soit d'instituteurs, soit d'institutrices... Pour les écoles de garçons, la substitution du personnel laïque au personnel congréganiste devra être complétée dans un laps de cinq ans après la promulgation de la présente loi. » La loi ne fixait pas de délai pour la substitution des institutrices laïques aux maîtresses congréganistes.

ce personnel sous l'autorité directe du pouvoir central, ne laissant aux départements ou aux communes que les frais de matériel ou d'entretien.

La loi de 1889 est une loi de centralisation; conçue dans le but de soustraire les instituteurs à l'influence des autorités locales, elle a mis entre les mains de l'État l'enseignement primaire. Elle est allée plus loin encore. En plaçant le personnel enseignant sous les ordres directs des préfets, agents administratifs et politiques, elle a soumis les instituteurs à toutes les influences de la politique ministérielle. A cet égard, la loi de 1889 offrirait un très grand danger le jour où le gouvernement serait aux mains d'un cabinet clérical et oligarchique, car elle permettrait au ministre de l'Intérieur de transformer, par l'intermédiaire de ses préfets, les instituteurs en agents de la réaction[1].

Si la loi de 1889 a commis une faute politique en plaçant les instituteurs sous l'autorité des préfets, elle en a commis une autre non moins grave en centralisant d'une manière absolue un service dont la première qualité devrait être la décentralisation, en soumettant à une instruction uniforme des enfants dont la vie doit s'écouler dans des milieux très différents, et qui devront se consacrer à des travaux très divers.

Jusqu'en 1881, la suprême ressource des oligarchies sociales et politiques pour éloigner le peuple de l'instruction a été de la mettre à la charge de ceux qui désiraient la recevoir. Tant que les parents avaient dû payer pour envoyer leurs enfants à l'école, beaucoup s'en étaient abstenus, soit parce qu'ils étaient trop pauvres pour faire face à la dépense, soit parce qu'ils préféraient tirer un profit direct du travail de leurs enfants plutôt que de les envoyer chez l'instituteur. L'ignorance des parents contribuait encore à écarter les enfants de l'école ; ne sachant rien, ils n'étaient pas aptes à

1. Les intérêts matériels des instituteurs ont été considérablement améliorés par la loi de 1889. On leur a mis au cou un collier, mais pour le leur faire accepter on a eu soin de le dorer ou du moins de l'argenter. Sur ce point, la loi de 1889 a été complétée dans un sens plus favorable encore aux instituteurs par la loi du 25 juillet 1893.

comprendre l'utilité de la science. On a vu le nombre des enfants augmenter dans les écoles à mesure que l'État diminuait la dépense imposée aux parents. Ce nombre augmente encore aujourd'hui grâce aux sacrifices que font les communes ou les sociétés privées pour assister les enfants pauvres qui fréquentent l'école. En leur donnant des vêtements, des chaussures, des aliments chauds, voire quelques petits secours en argent, on détermine les parents à se priver de leurs services. Si, dans beaucoup de communes, les parents préfèrent les écoles congréganistes aux écoles communales, c'est parce que, dans les premières, les enfants reçoivent plus de secours et d'encouragements matériels que dans les secondes. J'ai entendu des instituteurs affirmer que même le nombre et la nature des prix distribués aux enfants exercent un rôle important sur la décision prise par les parents d'envoyer leurs garçons ou leurs filles de préférence à telle ou telle sorte d'école.

Il faut avoir présente à l'esprit cette considération que, pour beaucoup de parents, l'envoi de leurs enfants aux écoles est la source d'une véritable charge, d'abord parce que l'écolier ne rapporte rien à la famille et ensuite parce qu'il faut lui donner des vêtements dont il n'aurait pas besoin s'il restait à la maison. Pour attirer les enfants dans les écoles publiques, il faut donc venir en aide aux parents pauvres et aux enfants eux-mêmes : donner aux premiers des secours compensateurs du travail que pourraient faire les enfants, fournir aux seconds les vêtements, les chaussures et même les aliments que les parents ne peuvent pas leur donner en quantité ou en qualité suffisantes.

Ces idées ont déjà pénétré dans les esprits ; il n'y a plus qu'à les coordonner et à les appliquer systématiquement. On s'est trop fié pour cela, jusqu'à ce jour, aux sociétés privées et aux caisses des écoles; malgré leur bonne volonté, ces institutions ne donnent que des résultats imparfaits ; l'heure est venue pour l'État et les communes d'entrer en scène et de se mettre résolument à l'œuvre.

## DE LA GRATUITÉ DE L'ENSEIGNEMENT SECONDAIRE

La question de la gratuité de l'enseignement secondaire est encore peu avancée. La troisième République est d'abord entrée assez résolument dans la voie de l'institution des bourses et autres allégements de frais dans les collèges et lycées; mais le zèle semble s'être refroidi. En 1890, le crédit affecté aux bourses nationales, aux dégrèvements, aux exemptions des frais d'externat, etc., était de 3.800.000 francs; dans le budget de 1904, il n'est que de quatre millions.

Trop de gens pensent encore que l'enseignement secondaire doit être réservé à une portion limitée de la nation, qu'en le distribuant avec profusion on nuirait à l'agriculture, au commerce, à l'industrie, on leur enlèverait des bras dont ils ne peuvent se passer, tandis qu'on ferait des déclassés. Appliquée à l'enseignement secondaire actuel, cette observation peut ne pas manquer de justesse; elle tomberait d'elle-même si l'instruction secondaire revêtait les caractères scientifiques dont je parlerai dans un instant.

Il n'est pas, du reste, dans ma pensée de demander que l'enseignement secondaire soit donné à tous les enfants sans exception. Je considère que dans une démocratie l'instruction doit être distribuée aux enfants selon la capacité cérébrale de chacun.

## DE LA SÉLECTION EN VUE DE L'INSTRUCTION

En admettant — ce qui n'est pas démontré, tant s'en faut — que l'enseignement primaire puisse être donné à égale dose à tous les enfants, il n'en est certainement pas de même de l'enseignement secondaire. Celui-ci exige une sélection attentive. On ne devrait y donner accès qu'aux sujets faisant preuve d'une instruction primaire suffisante et témoignant d'une aptitude manifeste à gravir d'autres échelons.

A ce propos, je crois nécessaire de noter la faute que l'on commet aujourd'hui en faisant donner par nos collèges et nos lycées l'enseignement primaire et l'enseignement secondaire. On veut, par cette mesure, dispenser la bourgeoisie d'envoyer ses enfants dans les écoles primaires; on a grand tort d'agir de la sorte : il serait bon, au contraire, que, dans ces écoles, toutes les classes de la société fussent confondues. Cela créerait entre les enfants des relations et des amitiés susceptibles de persister à travers les accidents de la vie et qui contribueraient à combler le fossé que les gouvernements oligarchiques se sont toujours efforcés de creuser entre les diverses portions de la société.

Les établissements d'instruction secondaire seraient par là débarrassés des classes enfantines qui les encombrent inutilement; ils ne recevraient que des sujets déjà dégrossis et que l'on pourrait sélectionner à l'aide d'examens d'entrée. Pour que cette sélection fût profitable à la société tout entière, il serait indispensable de la faire porter sur tous les enfants sans exception, et il faudrait que tous ceux reconnus capables de passer de l'école dans le collège ne fussent empêchés de le faire par aucune autre raison que leur refus ou celui de leurs parents. C'est-à-dire que l'enseignement secondaire devrait être gratuit, sauf, bien entendu, dans les internats.

Recrutés par sélection parmi les élèves des écoles primaires, les enfants admis à recevoir l'instruction secondaire ne devraient être conservés dans les classes de cet enseignement que s'ils faisaient preuve d'une capacité véritable et d'un travail suffisant. On admet trop facilement les élèves à passer d'une classe dans une autre; aussi les classes sont-elles encombrées de non-valeurs que le maître est obligé de laisser de côté s'il ne veut pas interrompre la marche de ses leçons, ou qu'il doit contraindre, par des punitions incessantes, à un travail qui les surmène, sans qu'ils en tirent aucun profit.

Autant la société est intéressée à conduire aussi loin que possible dans les larges voies de la science, les sujets capables d'y marcher, autant elle a le devoir de ne pas laisser obstruer ces voies par les impotents de corps ou d'esprit.

De même que les élèves de l'enseignement secondaire seraient recrutés par sélection dans les écoles primaires, de même les jeunes gens admis à suivre les cours de l'enseignement supérieur ne devraient être recrutés que parmi les élèves ayant parcouru sans encombre toutes les étapes de l'enseignement secondaire.

### DES ÉCOLES SPÉCIALES

Quant aux jeunes gens qui se destinent aux écoles spéciales de la marine, de la guerre, à l'École normale, à l'École polytechnique, etc., ils devraient, après la sortie du collège, suivre l'enseignement général des universités, pendant au moins une année, avant d'être admis à concourir pour les écoles spéciales, et les programmes des concours ne devraient comporter que les matières d'un enseignement général à déterminer. Le défaut capital de toutes nos écoles spéciales est d'obliger les jeunes gens à se spécialiser avant que leur esprit ait atteint sa maturité, avant que leur cerveau ait emmagasiné une provision suffisante de connaissances générales. Les officiers de la marine ou de la guerre, les ingénieurs des ponts et chaussées, des constructions navales ou des mines, etc., ne seraient pas moins aptes aux services spéciaux que la société leur demande, parce qu'avant de s'enfermer dans une des loges où ils sont aujourd'hui parqués, ils auraient fait une incursion dans les champs variés des différentes branches du savoir humain. Leur esprit serait, au contraire, plus ouvert à toutes les idées nouvelles et à tous les progrès; il saisirait mieux les rapports des choses et des êtres; il aurait une souplesse et une envergure que l'on se plaint généralement de ne pas rencontrer chez un grand nombre d'entre eux.

En résumé, pour réaliser la première condition de l'instruction démocratique, qui est d'être distribuée à chaque citoyen selon ses capacités intellectuelles, il faut que l'enseignement à tous les degrés soit mis gratuitement à la disposition de tous les membres de la société, mais de telle sorte qu'une sélection incessante soit exercée parmi les enfants et les jeunes gens, chacun n'étant admis à un degré supérieur qu'après avoir franchi convenablement les degrés inférieurs.

## DES PROGRAMMES DE L'ENSEIGNEMENT PUBLIC

La deuxième condition que doit remplir l'instruction démocratique, c'est d'être adaptée dans la mesure du possible aux besoins particuliers de chaque citoyen.

Je ne serai contredit par personne en disant qu'il est loin d'en être ainsi aujourd'hui.

Rédigés par des maîtres dont la valeur ne saurait être contestée, mais qui vivent en marge de la société agissante, les programmes de nos divers enseignements répondent peu aux besoins de la grande majorité des citoyens. De quelle utilité peuvent être, pour le futur ouvrier ou cultivateur, les longs et fastidieux exercices grammaticaux qu'on lui impose? Que fera-t-il des dates historiques dont l'instituteur farcit sa mémoire? Que signifient pour lui les listes des rois et des empereurs et celles des batailles ou des traités internationaux? Aura-t-il besoin pour cultiver son champ, manier son outil, filer le lin, le chanvre ou la soie, raboter les planches, creuser la mine, des détails géographiques qu'on lui fait apprendre par cœur? Quelques mois après sa sortie de l'école, il aura perdu le souvenir de tout cela, ou ne se le rappellera que pour maudire le maître qui le contraignit à un travail improductif et fastidieux[1].

1. Je cite volontiers, chaque fois que l'occasion s'en présente, une anecdocte qui peint à merveille l'inanité d'une portion notable de notre enseignement. La fillette d'un de mes amis, gamine de huit ans, étant venue m'embrasser à son retour de l'école, je lui demandai ce qu'on lui avait enseigné dans l'après-midi : « Les Capitulaires de Charlemagne », me répondit-elle avec une petite moue très significative. Il y a quelque temps, j'ouvre le cahier de devoirs d'un garçonnet de dix ans qui revenait de l'école et j'y trouve une dictée sur le traité de Campo-Formio. Un autre me raconte qu'on lui fait apprendre par cœur tous les noms des chefs-lieux des départements et des arrondissements de France, avec ceux des fleuves ou rivières sur lesquels ils sont situés. Un troisième est aux prises avec les montagnes de la Chine, etc. Que

Les programmes de notre enseignement secondaire ne sont pas moins défectueux. Ils se ressentent de l'époque où l'on était d'autant plus estimé que l'on avait davantage de connaissances inutiles. Est-il bien sûr que nous ayons rompu avec ces mœurs? N'y-a-t-il pas encore, dans notre pays surtout, une foule de gens qui professent le plus souverain mépris pour la science et qui réservent toute leur admiration pour la poésie, le roman, la fantaisie littéraire? Lorsque la bifurcation était en honneur dans nos lycées, les élèves qui prenaient la route des classes scientifiques étaient traités avec un mépris non déguisé par leurs camarades des classes littéraires. Quant on eut créé des divisions multiples dans le baccalauréat, la plus fréquentée fut celle de la philosophie; on vit s'y précipiter la plupart des jeunes gens qui se considèrent comme les plus intelligents et qui appartiennent à la meilleure société. Je serais fort étonné si le même fait ne se reproduisait pas avec l'organisation de 1902.

En dépit des besoins créés par le développement de l'industrie, du commerce, de l'agriculture, et aussi en dépit de la nécessité où sont actuellement presque tous les citoyens de gagner leur vie en travaillant, les programmes de notre enseignement secondaire diffèrent à peine de ceux que l'on suivait il y a un siècle ou deux dans les collèges où les Jésuites n'instruisaient qu'une élite intellectuelle et sociale. Le grec et le latin, la grammaire et la rhétorique, l'histoire et la métaphysique, tiennent encore la première place dans l'enseignement secondaire classique. L'enseignement moderne s'est émancipé du latin et du grec, mais les autres matières du classique y occupent encore le premier rang; les sciences n'y viennent qu'à leur suite.

Ce n'est point par erreur ni oubli des besoins de la jeunesse moderne que l'on a rédigé de cette sorte les programmes de notre instruction secondaire; c'est en vertu d'idées préconçues, de systèmes philosophiques et pédagogiques nettement arrêtés dans l'esprit des hommes auxquels

feront de ce bagage tous ces malheureux enfants quand ils seront devant leur charrue ou leur établi?

l'État confie le soin d'organiser et de diriger son enseignement.

On en trouvera la preuve dans la plupart des discours, des articles de journaux et des livres émanés des professeurs de nos lycées et de nos universités. Ils ne dissimulent guère que s'ils veulent à tout prix maintenir le latin, le grec, la philosophie, la rhétorique en tête des programmes de l'enseignement secondaire, c'est surtout parce que, étant à peu près sans usage dans l'exercice de la plupart des professions, ces matières donnent à ceux qui les étudient le cachet d'une certaine aristocratie intellectuelle. Ils les recherchent comme font les amateurs de ces bibelots auxquels on attache d'autant plus de prix qu'ils sont plus inutiles.

Un professeur de l'Université de Paris, un de ceux dont l'influence s'est fait le plus sentir dans notre instruction publique, ne craint pas d'étaler le plus souverain mépris pour l'observation : « Vous habituez, écrit-il[1], l'enfant à observer, mais quoi? Des objets matériels qu'il tourne et retourne, démonte, brise au besoin pour en connaître la structure et les propriétés; c'est la tige du chanvre ou du blé, c'est la fleur, c'est le morceau de craie ou de quartz, c'est la plume dont il se sert, le pinceau, tous les objets usuels qui l'entourent. Ainsi il s'accoutume à ne croire que ce qu'il a constaté par les yeux. Quand vous lui parlez de devoirs, d'honneur, de patrie, que pourra se représenter mentalement son imagination? »

Un autre maître de l'Université écrit: « La science est incapable de nous fournir une explication ou une interprétation acceptables de l'univers. Elle est incapable de fonder une morale. Elle est incapable de se substituer à la religion dans l'évolution de l'humanité[2]. »

L'un des universitaires qui, en ces derniers temps, se sont montrés des réformateurs dans le domaine de l'enseignement secondaire, réduit les sciences au minimum. Dans un

1. FOUILLÉE, *L'Éducation au point de vue national*, p. 58.

2. BRUNETIÈRE, *Revue des Deux Mondes*, 15 octobre 1896.

discours qui provoqua les colères d'une partie de l'Université, parce que le grec et le latin y étaient condamnés, il traçait de la manière suivante le programme scientifique des collèges et lycées : « Notions d'algèbre, de géométrie, de physique, de chimie, d'histoire naturelle. Simples « notions », je dis bien. Par exemple, on n'enseignerait, en géométrie, que les théorèmes typiques et, en physique et en chimie, que les expériences qui, par la méthode, sont représentatives de beaucoup d'autres, et qui ont amené les découvertes célèbres... Rien de plus. Les enfants qui « mordraient » à ces sciences les approfondiraient plus tard[1]. »

Il ne semble pas se douter que « plus tard » les nécessités de la vie rendent presque impossible à la majorité des jeunes gens l'acquisition de connaissances autres que celles purement techniques et professionnelles. Il oublie que, dès la sortie du collège, beaucoup sont obligés, pour vivre, de choisir une profession dont ils ne pourront plus sortir et que l'ignorance des sciences limitera considérablement le nombre des professions entre lesquelles leur choix pourra se produire. Littérateurs et philosophes, les professeurs auxquels je fais allusion ne font que côtoyer la vie active ; ils en ignorent les besoins réels, il ne faut point s'étonner qu'ils en tiennent si peu compte dans leurs spéculations pédagogiques.

Les universitaires positivistes eux-mêmes ne sont pas sans dédain pour les sciences d'observation. L'un des plus libres d'esprit de tous les disciples d'Auguste Comte glorifie le chef de l'école positiviste d'avoir rêvé, non pas « un enseignement utilitaire, mais un enseignement philosophique » et il dit de lui avec une approbation manifeste : « Il estima les plus utiles des cours ceux qui « selon l'excellente expression de M. Gréard, ne mènent à rien, mais fortifient et élèvent les esprits[2] ». Après avoir rappelé que Comte ouvrait son enseignement populaire par un cours d'Astronomie, le disciple ajoute : « Pourquoi ce choix d'un cours d'astronomie,

1. Jules Lemaitre, *Disc. à la Sorbonne*, dans *La France de demain*, 15 juin 1898.

2. Alexis Bertrand, *L'Enseignement intégral*, p. 147.

dans une ville (Paris) qui n'est pas encore un port de mer, dans un milieu d'ouvriers où ne se rencontrent ni marins ni navigateurs? C'est surtout parce que, selon le jeu de mots de Platon, l'astronomie force à « regarder en haut » et devient par le fait même de son inutilité apparente, le plus utile des enseignements ». N'est-ce pas cependant quand elle s'adresse à celui qui travaille et qui souffre que la science doit être « utilitaire » et se montrer comme une directrice qui bien loin de « ne mener à rien » est susceptible de mener à tout?

Une troisième cause contribue à donner à notre enseignement secondaire le caractère d'une chose privilégiée, aristocratique et peu utile, c'est l'esprit catholique, dont les cerveaux de la plupart des individus de notre race sont imprégnés.

On connaît le dédain, sinon la haine qu'a l'Église pour la science, surtout pour les sciences d'observation. On n'ignore pas que ces dernières sont de sa part l'objet d'une répulsion particulière, en raison de l'émancipation intellectuelle dont leur étude est nécessairement suivie. L'homme qui a étudié l'organisation de l'univers, l'évolution de la terre, celle des matières qui la forment et des êtres qui la peuplent, qui a, le scalpel à la main, la loupe et le microscope sous l'œil, vu de près l'agencement des tissus et des cellules; qui, avec le secours de la physique et de la chimie, analysa la composition des corps, surprit le secret de leur formation, reconnut les liens qui les unissent, ne pourra guère croire aux légendes de la genèse et aux miracles de la vie des saints. Aussi les sciences naturelles sont-elles tenues en extrême défiance par l'Église et, dans toute la mesure du possible, écartées des programmes de l'enseignement. Et n'est-ce pas l'esprit de l'Église, qui anime, parfois sans qu'ils s'en doutent, les maîtres dont je rappelais plus haut les propos dédaigneux à l'égard des sciences d'observation?

Le caractère si défectueux de notre enseignement est encore aggravé par la centralisation à laquelle il est soumis. Les mêmes vices, à cause d'elle, se retrouvent dans toutes les écoles primaires, dans tous les collèges et tous les lycées de l'État, dans tous les examens qu'il fait subir, dans tous les diplômes qu'il délivre.

N'est-il pas manifeste, en ce qui concerne l'enseignement primaire, que l'enfant destiné à faire un agriculteur a des besoins différents de celui qui est appelé à devenir forgeron, menuisier, mécanicien, mineur, etc.? Sans doute, il est un certain nombre de matières également indispensables à tous, telles que le français, l'arithmétique, les éléments de l'histoire et de la géographie, etc. Mais, en dehors de ces matières générales, il en est d'autres dont la nécessité varie avec l'avenir professionnel auquel les enfants sont destinés. La connaissance de la composition géologique et chimique du sol, de la météorologie, de la biologie des animaux et des plantes, indispensables à l'homme des champs, sont moins utiles aux ouvriers des villes. Ceux-ci, en revanche, appelés à exercer des professions où la machine joue un rôle capital, doivent connaître la mécanique, la physique, la chimie, le dessin, etc., qui leur permettront de manier d'une façon intelligente les outils et les matières premières de l'industrie. La diversité des besoins n'est pas moindre parmi les jeunes gens qui reçoivent l'instruction secondaire et auxquels cependant on n'offre, comme aux premiers, que des programmes à peu près identiques.

L'uniformité des programmes ne pourra disparaître que par la décentralisation de l'enseignement. Qu'au lieu d'être rédigés par quelques professeurs étrangers à la vie pratique, les programmes de l'enseigement primaire et ceux de l'enseignement secondaire soient préparés par des agriculteurs, des commerçants, des industriels, des hommes aux prises avec toutes les difficultés de l'existence, et ils seront beaucoup plus pratiques, ils répondront mieux aux besoins divers des citoyens. C'est le fait qui se produit dans certaines écoles libres dont les directeurs, les professeurs et les conseils d'administration sont recrutés en dehors des membres de l'Université. Malheureusement, ces écoles sont, pour la plupart, tuées par les collèges et les lycées ; elles ont, aux yeux des parents, le défaut de ne pas conduire aux diplômes qui ont le privilège de réduire la durée du service militaire.

Les diplômes universitaires et les privilèges qu'ils concèdent nous apparaissent ainsi comme un des obstacles les plus sérieux à la décentralisation qui permettrait de conformer notre instruction publique aux besoins si variés des citoyens. Tant que le baccalauréat constituera la sanction officielle de l'instruction secondaire, cette instruction gardera l'uniformité dont nous nous plaignons, et le caractère d'aristocratique inutilité qui constitue son vice capital.

La première réforme à accomplir dans notre enseignement secondaire consiste à ne lui donner pour sanction que des certificats d'études, délivrés par chaque établissement privé ou public, et ne procurant à leurs détenteurs aucun autre droit que celui de se faire inscrire, après un examen de capacité, dans les universités, pour y recevoir l'enseignement supérieur. Les universités délivreraient, dans des conditions à déterminer, et après un nombre d'années d'études fixé d'avance, les diplômes du baccalauréat, de la licence et du doctorat.

Cette première réforme accomplie, rien ne serait plus facile que de décentraliser notre instruction secondaire, laissant à chaque région, à chaque ville, à chaque établissement même, le soin de rédiger ses programmes conformément aux besoins des différents élèves, mais d'après des règles générales fixées par l'État, règles ayant pour objet de donner à notre instruction publique tout entière un caractère essentiellement scientifique.

## DU RÔLE DES SCIENCES D'OBSERVATION DANS L'ENSEIGNEMENT

La première règle que doit suivre un enseigement fondé sur cette base, est d'inculquer aux enfants, dès le plus jeune âge, l'habitude de l'observation directe — habitude que, du reste, les enfants sont tout disposés à prendre. L'enfant raisonne peu, parce que pour raisonner il faut savoir, mais il observe beaucoup, parce qu'il a naturellement besoin d'exercer ses sens. Il n'y a pas d'objet qu'il ne veuille voir, toucher, goûter même, au risque de se faire mal ; il n'y a pas de bruit ni de propos auquel il ne prête l'oreille ; il n'y a pas de question qu'il ne pose. Il veut connaître tout ce dont il est entouré, et le connaître directement, par une observation ou une expérience personnelle : s'il ouvre le ventre de ses poupées, c'est pour savoir ce qu'il y a dedans ; s'il démolit ses jouets, c'est pour savoir comment ils sont faits. Il est curieux, et, parce qu'il est curieux, il observe et il questionne. C'est cette disposition qu'il faut mettre en jeu, pour lui inculquer la méthode et l'esprit scientifiques, de sorte qu'il lui soit possible d'apprendre plus tard, même sans maître, tout ce qu'il aura besoin de connaître [1].

En habituant les enfants à observer et à comparer, on développera le sentiment de l'individualité, l'esprit de la critique personnelle, et on leur inspirera cette confiance en soi qui est indispensable dans les luttes sociales. Cette confiance ne sera d'ailleurs jamais poussée, dans les hommes élevés de la sorte, jusqu'à la témérité ou à l'aveuglement, parce qu'elle sera toujours tempérée par l'esprit scientifique dont on les aura dotés.

Comme les sciences naturelles et physiques sont les plus aptes à développer l'esprit d'observation qui existe naturel-

1. Je ne perdrai jamais le souvenir de la première et unique leçon de botanique qui me fut donnée par mon éminent maître Baillon. Le jour même où je lui manifestai mon intention d'étudier les sciences naturelles, il me conduisit dans le jardin de la faculté de médecine de Paris où il habitait, cueillit un rameau de Mercuriale femelle, puis revenant au laboratoire, s'assit, sans mot dire, à la place qu'il me réservait. Il dessina le rameau, avec la place exacte des feuilles, des fleurs et des fruits ; il dessina la fleur depuis l'état le plus rudimentaire des organes jusqu'à leur forme la plus parfaite ; il dessina le fruit et la graine aux divers âges ; puis, me cédant la place, il me fit signe de refaire les mêmes observations et les mêmes dessins, surveillant tous mes gestes, les rectifiant quand il en était besoin ; lorsque j'eus finis, ouvrant la bouche pour la première fois depuis plus de deux heures que nous étions ensemble, il me dit cette seule phrase : « Maintenant, monsieur, vous en savez autant que moi. » Ce qui voulait dire : « Je vous ai appris comment il faut observer et comment il faut noter les observations ; observez de la même manière toutes les plantes, regardez-les naître, croître, vieillir et mourir, étudiez leur organisation et leur structure, comparez-les entre elles, en un mot, observez et expérimentez, et vous serez un savant comme moi. »

lement dans le jeune âge et celui de la critique scientifique, c'est par l'enseignement de ces sciences que je voudrais voir commencer l'instruction de l'enfance, aussi bien à l'école primaire que dans les établissements d'instruction secondaire.

Cela est d'autant plus facile que les objets dont ces sciences s'occupent sont constamment sous nos yeux et jouent un rôle capital dans notre existence. C'est à eux que se rapportent la plupart des questions des enfants. Ils veulent savoir ce que sont l'eau, la neige, la glace, le feu, la vapeur, la pluie, le tonnerre, l'électricité, les plantes, les animaux, l'homme lui-même. S'ils vivent dans un pays de montagnes, ils veulent qu'on leur dise comment se sont formées ces gigantesques taupinières ; comment ont été creusées les cavernes, les lits des torrents et des rivières, d'où sortent les fleuves, d'où ont jailli les laves des volcans. S'ils sont nés dans la plaine, ils ne manquent pas de s'informer d'où viennent les rivières qui serpentent à travers les prairies et les champs. S'ils habitent les bords de la mer, ils veulent savoir pourquoi elle est salée, ce qu'il y de l'autre côté des océans, si c'est dans l'eau que le soleil et la lune se couchent, pourquoi quand un navire s'approche de la terre, ce sont d'abord les mâts ou les cheminées que l'on voit dans le ciel, au-dessus de l'horizon ; pourquoi les poissons peuvent vivre dans l'eau, tandis que les chiens, les chats, les hommes meurent quand on les y plonge ; pourquoi la mer est tantôt calme et lisse comme une nappe d'huile, tantôt ridée, agitée, soulevée en vagues mugissantes, hautes comme des montagnes, violentes comme des foules en colère ; pourquoi le vent hurle à travers les cordages des navires ; pourquoi il soulève les sables du rivage et la crête des lames ; pourquoi il tombe tout à coup pour faire place au calme qui arrête les barques ; d'où viennent les nuages et où ils vont, tantôt flocons blancs et légers courant à travers le ciel comme des chevaux en liberté, tantôt noirs, épais et lourds, précédant la tempête qui jettera les navires à la côte. Autant de questions dont l'enfant assaille sa mère, ses grands parents, et auxquelles il faudrait pouvoir répondre afin d'orner son esprit des connaissances pratiques dont il aura besoin plus tard, et aussi pour aiguiser encore sa curiosité native, et le pousser vers de nouvelles demandes, car l'enfant est ainsi fait que plus il apprend, plus il veut savoir.

Dans un autre ordre d'idées, il est impossible de ne pas remarquer avec quel empressement les enfants sollicitent des explications sur les actes dont ils sont les témoins? Pas un geste ne peut être fait, pas une parole ne peut être prononcée, sans qu'ils veuillent connaître la signification du premier, la teneur de la seconde. Et quel vaste champ ouvert à l'enseignement du maître que ces incessantes questions, auxquelles on a le grand tort de n'opposer, d'ordinaire, qu'un silence dédaigneux?

Ce n'est pas seulement en raison de la curiosité instinctive des enfants et du besoin naturel qu'ils ont d'exercer leurs sens par une incessante observation, que je donne aux sciences naturelles, physiques et chimiques, la première place dans l'instruction, c'est aussi parce que, dans certaines de ces sciences, se trouve la base scientifique de la morale individuelle, familiale, sociale et gouvernementale, et la source de l'émancipation de l'esprit.

Les sciences d'observation ont encore le grand avantage de pouvoir être distribuées aux enfants à toutes doses et en se guidant sur leurs capacités intellectuelles. Aux plus jeunes on ne donnera que des notions succinctes, élémentaires, répondant aux questions habituelles de l'enfance. Ces premières notions seront ultérieurement complétées par des détails nouveaux, par des observations plus complètes, des expériences plus minutieuses, car il faut avoir soin de montrer aux enfants les objets dont on leur parle et les faits qu'on leur décrit. Des programmes soigneusement gradués permettront ainsi aux élèves de l'enseignement primaire, puis de l'enseignement secondaire et enfin de l'enseignement supérieur, d'acquérir une connaissance de plus en plus complète de la composition de l'univers, des mouvements des corps qui le forment et de leur évolution, de l'origine, de la constitution et de la destinée de notre système solaire, et, en particulier de notre planète, des êtres qui peuplent cette dernière, des relations qui les unissent, de l'évolution qui les a fait naître les uns des autres, des phénomènes biologiques dont ils sont le siège, du développement de leurs facultés physiques, intellectuelles et morales, des sentiments qui les animent, des nécessités qui les contraignent à vivre en société, des idées de devoir, de morale qui se sont formées dans leurs cerveaux et qui inspirent leurs actes dans les relations qu'ils ont entre eux, etc.

J'ai à peine besoin de dire que les sciences mathématiques (arithmétique, géométrie, algèbre, mécanique, astronomie), forment le complément nécessaire des sciences naturelles, physiques et chimiques. A chaque instant, ces dernières y ont recours, soit pour expliquer certains faits, soit pour en prévoir certains autres. On enseignera donc les sciences mathématiques en même temps que les sciences d'observation et en graduant leurs programmes parallèlement à ceux des sciences naturelles, physiques et chimiques, de manière que tout enfant, s'arrêtant à un point déterminé de son instruction, possède une certaine partie de ces sciences.

Sur cette base solide des sciences naturelles, physiques e chimiques et des sciences mathématiques, dans ces esprits habitués à voir, à expérimenter et à comparer, avec quelle facilité ne construira-t-on pas tout l'édifice d'un enseignement aussi élevé qu'on le voudra, aussi pratique et professionnel que l'exigent les conditions de la lutte individuelle et sociale dans nos sociétés modernes !

Combien aussi l'on trouvera naturel d'éliminer de cette instruction toutes les inutilités dont notre enseignement public est aujourd'hui surchargé ! Combien paraîtront futiles la plupart des faits dont l'histoire professée dans nos écoles et nos collèges est encombrée, et les détails de la géographie, et les dissertations de pur style, latines, voire françaises, et les discours des rhétoriciens et les spéculations de la métaphysique !

### DE L'ENSEIGNEMENT DE L'HISTOIRE, DE LA GÉOGRAPHIE DES LITTÉRATURES, ETC.

L'esprit de l'enseignement étant modifié, l'observation et l'expérience ayant pris le rang qu'y occupent, depuis des siècles, les lettres pures et la métaphysique, on verra tout naturellement disparaître des livres d'histoire, les récits des batailles, les légendes des rois, la glorification des conquérants, les crimes des empereurs ou des Césars, et, à leur place se dresser les tableaux succincts mais instructifs de l'évolution générale des peuples, des idées, des mœurs, de l'art et de la science ; et, aux luttes ruineuses des gouvernements se substituer les rivalités fructueuses des peuples dans la marche de l'humanité vers la civilisation. L'histoire des plus grands peuples tiendra dans quelques pages aussi faciles à lire et à garder dans la mémoire que propres à développer les sentiments généreux des enfants. Plus tard, ceux qui auront le loisir de fréquenter les bibliothèques et de fouiller les archives, pourront, si le goût leur en prend, et si le souci de l'existence le leur permet, pénétrer dans les dédales de l'histoire, en parcourir les coins et les recoins, y chercher le souvenir des hommes, des choses et des faits. Mais de cela n'ont nul besoin ni l'agriculteur pour conduire sa charrue ou régir son domaine, ni l'architecte et le maçon pour édifier les plus superbes monuments comme les plus modestes maisons ; ni le marin pour conduire son navire à travers les mers et dans les tourbillons des tempêtes ; ni l'ingénieur pour creuser les ports, construire les vaisseaux, diriger les travaux des routes et des chemins de fer ; ni le médecin pour guérir ses malades ; ni l'avocat pour défendre les intérêts ou la liberté de ses clients.

Je prétends même que l'histoire, telle qu'on l'enseigne aujourd'hui, n'est pas moins nuisible qu'inutile. Elle est inutile parce que ses détails ne contribuent d'aucune manière à préparer les enfants aux difficultés de la vie ; elle est nuisible parce qu'elle met ceux qui l'étudient en contact avec des faits, dont les uns sont d'une révoltante immoralité, dont les autres sont de nature à fausser le jugement et à semer les préjugés les plus défavorables au progrès général de l'humanité. Sans parler des vices et des crimes des rois, que l'on étale si imprudemment sous les yeux de la jeunesse, y a-t-il rien de plus immoral que les causes de la plupart des guerres? Y a-t-il rien de plus néfaste, au point de vue du progrès humain, que les haines de races, de religions, de peuples, entretenues par l'enseignement de l'histoire? Partout je vois rendre compte des prétendus motifs qu'ont les hommes de se détester, de se quereller, de se faire la guerre, parce qu'ils habitent de ce côté d'une chaîne de montagne ou de l'autre, sur la rive droite d'un fleuve ou sur la rive gauche; nulle part je n'entends les maîtres exposer aux enfants les intérêts moraux, intellectuels, matériels même, qui unissent les peuples. Partout, j'entends parler de la guerre à des enfants qui, devenus hommes et aux prises avec les nécessités de la vie, devront échanger leurs produits et leurs pensées avec les mêmes peuples dont on leur inspira la haine.

La réforme de notre enseignement historique s'impose donc, non seulement parce qu'il faut réduire la place qu'il tient au détriment d'autres enseignements plus utiles, mais encore parce qu'il est en contradiction, dans sa forme actuelle, avec l'état de la civilisation et avec les intérêts véritables des peuples.

La réforme de l'enseignement géographique n'est pas moins nécessaire. Je vois qu'on s'efforce, très inutilement en général, d'introduire dans la mémoire des enfants le plus grand nombre possible de noms de pays, de villes, de fleuves, de rivières, de montagnes, de mers, sans se soucier ni de ce qu'ils en pourront faire, ni de l'intérêt qu'ils y trouvent au moment même où on le leur enseigne. C'est, à mon avis, une grande faute d'agir de la sorte. On surcharge la mémoire sans avantage et l'on perd un temps considérable. Je voudrais voir réduire l'enseignement de la géographie, dans les écoles primaires et dans les collèges ou lycées, à des notions succinctes sur la position relative des continents et des diverses nations ou de leurs colonies, sur les grands fleuves, les océans et les principales chaînes de montagnes, et sur les villes qui ont un intérêt réel soit au point de vue politique, soit au point de vue industriel ou commercial. Des cartes, d'abord calquées, puis faites de mémoire, contribueraient puissamment à graver dans la mémoire des enfants les images de ces traits principaux de notre planète, sans que ceux-ci risquent d'être effacés par des détails surabondants et inutiles. On y ajouterait des considérations sur le commerce, l'industrie, la production agricole des divers pays et le caractère des peuples qui les habitent, à la condition, bien entendu de se tenir, en ces matières, aux traits généraux, à ceux qui ont un caractère pratique et qui sont de nature à intéresser les élèves par les rapports qu'ils ont avec leur vie quotidienne ou avec la profession qu'ils sont appelés à exercer.

Je ne m'arrêterai pas longuement à la partie littéraire de l'instruction publique. Je considère comme fort oiseuses les discussions dont le latin et le grec sont l'objet. Il n'est pas douteux que leur connaissance constitue un très bel ornement pour les esprits qui la possèdent ; il est incontestable aussi qu'elle facilite l'étude de la littérature française et qu'elle sert dans la plupart des sciences, en raison des étymologies ; mais il n'est pas moins permis de croire que dans une instruction publique organisée en vue des besoins réels des citoyens, le latin et le grec n'ont pas lieu de tenir la même place que dans une instruction destinée à fabriquer une aristocratie purement littéraire. Je crois, en conséquence, qu'il n'y a pas lieu de les bannir des programmes de notre instruction secondaire, mais qu'il faut réduire leur enseignement à la seule partie dont les sciences et le français peuvent tirer profit, leur étude complète étant réservée pour le petit nombre de ceux qui ne cherchent dans l'instruction qu'un ornement pour l'esprit.

Les langues étrangères doivent, au contraire, être enseignées dès le plus jeune âge, car c'est pendant l'enfance que la mémoire retient plus facilement les mots, les locutions et les tournures de phrases des différentes langues. Elles devraient, en outre, être enseignées d'une manière assez pratique pour que tout élève sortant de l'enseignement secondaire, fût capable de parler soit l'allemand, soit l'anglais, c'est-à-dire l'une des deux langues qui, avec le français, sont les plus répandues dans le monde et les plus nécessaires pour la correspondance industrielle ou commerciale. Ces vérités sont aujourd'hui tellement banales qu'il me paraît inutile d'y insister.

Quand à la rhétorique et à la philosophie, telles qu'on les fait figurer dans nos programmes, j'estime qu'elles ne devraient trouver leur place que dans l'enseignement supérieur.

Avec elles, on fait des imaginatifs et non des observateurs, des contemplatifs et non des hommes d'action. Or, l'enseignement secondaire, comme l'enseignement primaire doit, avant tout et par-dessus tout, préparer des hommes pour l'action.

En résumé, dans la réforme de notre instruction publique, que je considère comme indispensable et urgente, pour la mettre en harmonie avec les besoins de la démocratie, les sciences forment la place prépondérante occupée jusqu'à ce jour par les lettres; elles deviennent la base de l'enseignement au lieu de n'en être que l'accessoire. J'estime que la littérature elle-même n'aurait point à en souffrir, car il n'est pas interdit de décrire les observations et les faits scientifiques dans une belle langue; notre pays fournit de remarquables exemples de grands savants qui étaient aussi de grands littérateurs ; et l'on ne peut pas contester que l'esprit scientifique soit très propre à donner au style une rigueur et une précision qu'il ne saurait puiser dans les conceptions purement imaginatives ou métaphysiques.

Dans tout ce qui précède, il ne s'agit que d'instruction générale. J'estime que l'on commettrait une grave erreur si l'on voulait réduire soit l'instruction primaire, soit l'instruction secondaire à un enseignement purement professionnel.

Celui-ci doit succéder à l'enseignement général, il ne doit pas lui être substitué [1].

## LA CRIMINALITÉ ET L'INSTRUCTION

Avant la création des nombreuses écoles édifiées par la troisième République, avant que l'on instituât l'enseignement gratuit, obligatoire et laïque, il était admis généralement, comme une vérité indiscutable, que la criminalité, dans tous les pays civilisés, est en proportion directe de l'ignorance. Un savant hygiéniste disait à ce propos, en 1862 : « Sur 23 966 individus accusés de crimes pendant l'espace de trois années, 13 467 ne savaient ni lire, ni écrire, 7 646 le savaient imparfaitement ; 2 116 possédaient cette mesure d'instruction assez pour en tirer parti, 637 avaient reçu une instruction supérieure. La proportion des accusés complètement illétrés était donc de 55 sur 100. D'après Guerry, on ne rencontre que 1 attentat contre les personnes sur 22 128 habitants dans les départements les plus riches et les plus instruits de France, comme ceux du centre. La statistique judiciaire donne sur 100 criminels 87 attentats contre les personnes en Corse, 61 dans l'Ariège, 57 dans les Pyrénées-Orientales, 56 dans la Lozère, 53 dans la Haute-Loire, 32 dans le Haut-Rhin et l'Hérault, 17 dans la Seine-Inférieure et 10 dans la Seine. Ces proportions n'ont guère varié depuis 1831. Quant aux crimes contre les propriétés, il y en a 1 sur 3 984 habitants dans les départements du nord et 1 sur 7 534 dans ceux du Midi ; les départements du centre n'en offrent que

1. J'estime même que l'on a commis une erreur en créant, dans l'enseignement secondaire, toutes les catégories qu'il comporte désormais, et en obligeant les enfants à faire un choix entre ces catégories à un âge où ni leurs parents ni eux-mêmes ne peuvent rien prévoir de leur avenir. Prenons garde de spécialiser trop tôt l'esprit de nos enfants.

Quant à l'enseignement professionnel proprement dit, comme il doit varier avec chaque profession, c'est dans des écoles ou, du moins, dans des classes spéciales, qu'il doit être donné. Il en est de lui comme de l'enseignement supérieur, l'élève doit être préparé à le recevoir par une instruction générale suffisante. Le devoir de la société, est, du reste de l'organiser de telle sorte et de la répandre avec une telle profusion que chaque citoyen le puisse acquérir aisément et sans frais.

1 sur 8265. Villermé avait déjà remarqué qu'avec le progrès de la civilisation, le nombre des crimes contre les personnes diminue tandis que celui des crimes contre les propriétés augmente ; mais que les pays ou les départements où il y a le plus de propriétaires dans l'aisance, avec une bonne instruction primaire, sont ceux qui fournissent le moins de crimes de toutes espèces. Sous la Restauration, il y avait un accusé lettré sur 3000 habitants et sur la fin du règne de Louis-Philippe, époque où l'instruction s'était beaucoup développée, on n'en compte plus que 1 sur 4500. Que si plusieurs départements les plus instruits donnent beaucoup de prévenus, cette coïncidence s'explique par l'agglomération de la population, par celle des richesses, par une plus âpre concurrence, par une plus grande activité des passions[1]. »

Depuis quelques années, il est devenu de mode d'affirmer que la multiplication des écoles publiques a eu pour résultat de déterminer une augmentation de la criminalité parmi les jeunes gens. Le fait de l'augmentation elle-même ne peut pas, en effet, être nié ; mais il n'est nullement démontré qu'elle porte sur la jeunesse instruite soit dans les écoles de l'État, soit dans les écoles privées ; on sait, en effet, que, surtout dans toutes les grandes villes où les délits et crimes juvéniles sont les plus fréquents, il y a un grand nombre d'enfants qui échappent à l'obligation scolaire[2].

Pour décider si l'école diminue ou augmente la criminalité il ne suffit pas de dire, comme certains statisticiens : « Il y

1. Michel Levy, II, p. 813-815.

2. A Paris, d'après M. Tarde, sur 250 000 enfants inscrits dans les écoles, 45 000 n'y vont que très irrégulièrement. On évalue, en outre, à plus de 10 000 le nombre de ceux qui ne sont même pas inscrits ; c'est un total d'environ 55 000 enfants qui ne fréquentent pas les écoles. (Voir : Lettre à M. Buisson, in *Revue pédagogique*.) La plupart de ces enfants appartiennent à des parents qui tantôt n'exercent aucune surveillance sur leurs enfants qu'ils nourrissent à peine, tantôt les contraignent à mendier ou même à voler au profit de leurs parents. A l'aide de secours, on décide parfois quelques-unes de ces familles à envoyer leurs enfants à l'école ; mais, en général, elles prennent les secours et continuent à ne pas s'occuper de leurs enfants ou à les exploiter.

avait en 1883, c'est-à-dire au moment où l'instruction primaire commence à prendre en France une grande extension, 5 640 enfants au-dessous de seize ans, prévenus de délits de droit commun ; il y en a 7 148 en 1892, c'est-à-dire un quart en plus environ, par conséquent l'école au lieu de diminuer la criminalité des enfants l'a augmentée. » Il faudrait, savoir si les enfants prévenus de délits avaient réellement passé par l'école, avec quelle assiduité ou négligence ils en avaient suivi les leçons et ce qu'ils y avaient appris ou voulu apprendre.

En second lieu, comme les écoles publiques reçoivent, en vertu de la loi d'obligation, des enfants de toute origine, il faudrait savoir ce que sont les familles de ceux qui deviennent criminels; quelles leçons ils ont reçues de leurs parents; dans quel milieu ils vivent; ce qu'ils ont fait après la sortie de l'école, en admettant qu'ils l'aient suivie et qu'ils y aient travaillé ; en un mot, il faudrait savoir si les leçons du milieu social où vivent les enfants ne sont pas en contradiction formelle avec celles de l'école.

Il faudrait savoir aussi quels traits organiques l'hérédité a imprimés à ces petits criminels, car nous savons que les enfants héritent de leurs parents l'organisation physique qui détermine les caractères intellectuels et moraux. Enfin, il n'est pas inutile de rappeler que l'instruction donnée dans nos écoles primaires est encore bien rudimentaire; que les enfants en sortent à douze ou treize ans ; que la plupart n'ont ensuite aucune relation avec leurs instituteurs et sont absorbés par la famille, par l'atelier, par des camarades que le hasard seul met sur leur route et dont beaucoup sont plus ou moins viciés. Or, par suite des conditions dans lesquelles se trouve l'industrie, en raison de la substitution graduelle du grand atelier banal au petit atelier familial, et aussi à cause de la nécessité où sont tous les membres des familles ouvrières de travailler chacun de son côté, le père ici, la mère là, les jeunes gens ou les jeunes filles ailleurs, les enfants en âge d'aller à l'école sont livrés à eux-mêmes pendant une partie de la journée, exposés à devenir la proie des vauriens qui ne manquent nulle part, mais qui abondent surtout dans les grandes villes et dans les grands centres industriels [1].

En d'autres termes, avant de déduire des statistiques grossières, dressées par les services publics, la conclusion que la criminalité des enfants et des adolescents croît avec la diffusion de l'instruction publique et découle de la nature de cette instruction, il faudrait introduire dans ces statistiques une foule d'éléments qui y font défaut et sans lesquels on n'en peut tirer aucun argument scientifique.

Ce n'est pas, d'ailleurs, sur des chiffres n'embrassant qu'une période de dix ou quinze ans qu'il serait possible d'établir des considérations ayant une réelle valeur. Pour décider, à l'aide des statistiques, si l'instruction accroît ou diminue la criminalité, il faut donner à cette dernière le moyen d'agir sur plusieurs générations, car le temps lui est nécessaire,

1. En Suède, on prévient le vagabondage des écoliers pauvres en les conservant pendant l'intervalle des classes dans de vastes préaux où ils sont exercés à divers travaux manuels. On permet même aux plus âgés d'emporter chez eux les outils et les matériaux pour fabriquer de petits objets que l'école leur achète afin de les encourager au travail, « et cela leur fait comprendre l'obligation du travail bien mieux que tous les traités de morale civique que l'on met chez nous entre leurs mains. « Morale civique » consistant surtout dans l'exaltation du courage militaire. L'enfant à l'imagination vive s'enflamme en lisant les exploits de Jean Bart, de Surcouf, du chevalier d'Assas, et autres Don Quichotte terrestres ou marins. On ne lui fait pas sentir que son rôle est celui de citoyen producteur et non de soldat destructeur. Ils veulent tous être soldats, les petits garçons. Ils aiment tant casser et briser! Les petites filles ont un autre penchant, des envies folles de belles toilettes et de bijoux — envies attisées par les fréquents spectacles de la rue. Mais le moyen de se procurer ces choses? Mystère bien vite éclairci. Le vol d'abord, la débauche ensuite le fournissent. A qui la faute? Presque uniquement au vagabondage désœuvré ». (J. Chauviré, in *Bullet. de la soc. contre la mendicité des enfants*, p. 356.) Dans un certain nombre d'écoles de France, à Lyon notamment, on s'efforce d'éviter le vagabondage des écoliers, les jours de sortie, en les recevant à l'école pendant quelques heures et en leur fournissant des jeux. C'est insuffisant. Il faudrait, soit les jours de sortie, soit entre les classes, les garder en alternant les jeux avec des travaux manuels, petits ouvrages de sparterie, de menuiserie, de tournage, etc. etc. Des sociétés pourraient se constituer pour acheter ces objets. On pourrait même faire confectionner par les élèves plus grands des objets utiles, tables, chaises, cadres de tableaux, etc., etc. Il y a là toute une réforme à accomplir dans le but d'inspirer aux enfants le goût du travail manuel dont l'instruction théorique a souvent pour résultat de les détourner.

comme à toutes les causes qui agissent sur l'organisme humain, pour qu'elle produise des effets sensibles.

Tous les métaphysiciens et statisticiens qui prétendent faire concorder l'augmentation de la criminalité parmi les enfants avec la diffusion de l'instruction appartiennent, sans doute, à l'école de Jean-Jacques Rousseau, qui croyait à l'innocence native de l'homme et à sa perversion par la civilisation. Ils supposent avec ce philosophe que l'enfant naît bon et vertueux et qu'il resterait tel pendant toute sa vie, si les mauvais exemples, la mauvaise éducation et les mauvaises leçons ne viciaient pas sa bonté native. Il faut, malheureusement, beaucoup rabattre de ces illusions. Les faits établissent la fausseté absolue de la théorie paradoxale de Jean-Jacques Rousseau; ils montrent que chez l'enfant, comme chez l'homme imparfaitement civilisé, l'égoïsme prédomine sur l'altruisme, et que celui-ci est le fruit de la vie sociale et de l'éducation morale.

Tout homme qui passe, au cours de sa vie, par les phases normales de l'évolution des membres d'une société civilisée, doit devenir meilleur à mesure qu'il avance en âge. Petit enfant, il est égoïste, volontaire, capricieux, peu affectueux, ne connaît que ses besoins et ses désirs et n'a d'autre pensée que de les satisfaire. C'est seulement par les soins que sa mère lui donne, par l'affection qu'elle lui témoigne, par la connaissance qu'il acquiert de sa propre incapacité à se suffire et du besoin qu'il a des autres que sa raison et son cœur s'ouvrent et qu'il en vient à aimer sa mère, à la respecter, à lui obéir. Lorsque celle-ci est assez intelligente pour profiter de ce premier épanouissement des idées, l'éducation morale du nouvel être est une œuvre facile et dont les résultats apparaissent rapidement. Le père, les frères, les sœurs, les amis, les instituteurs et professeurs compléteront l'éducation maternelle. Puis, la vie, avec ses cruels enseignements, confirmera les préceptes de la famille et des maîtres, et l'homme perdra d'autant plus vite son égoïsme, qu'il aura été davantage entouré d'exemples et de leçons d'altruisme.

En règle générale, si l'on tient compte du nombre incalculable d'enfants à qui ces leçons et ces exemples font défaut, et si l'on ne perd pas de vue que l'enfant est naturellement égoïste, c'est-à-dire mauvais, on ne doit pas être étonné de la criminalité qui se produit pendant l'enfance et l'adolescence, et l'on arrive fatalement à cette conclusion, toute différente de celle des métaphysiciens dont il a été question plus haut, que c'est seulement par l'éducation et l'instruction que la société peut corriger la méchanceté naturelle de ses membres.

Je conclus donc, sans hésitation, de ces faits et considérations, que l'homme ignorant et sans éducation est presque fatalement condamné, dans les conditions actuelles de notre société, à ne jamais connaître le droit chemin de la vertu, où nul ne l'a introduit pendant son enfance, tandis que plus l'homme est instruit et éduqué, plus il a de chances de se maintenir dans cette voie, quand il y a été placé par une famille vertueuse et des maîtres habiles.

J'ajoute que dans l'état de concurrence féroce où se trouve notre société tout entière, l'homme totalement dépourvu d'instruction et d'éducation est presque fatalement condamné à la misère, ce qui accroît encore, dans d'énormes proportions, les chances qu'il a de devenir mauvais et nuisible à la société.

Il en résulte le devoir pour cette dernière, non seulement de distribuer à chacun de ses membres le maximum d'instruction et d'éducation qu'il est susceptible de recevoir, mais encore de se substituer à la famille, toutes les fois que celle-ci se montre incapable de donner à ses enfants l'éducation morale qui en ferait des honnêtes gens.

## LES ENFANTS MORALEMENT ABANDONNÉS

Personne n'ignore que c'est surtout parmi les enfants pour lesquels le terme très heureux « d'enfants moralement abandonnés » a été créé que se recrutent la plupart des malfaiteurs. « Si par abandonnés, disait dans un rapport le secrétaire général de la Société contre la mendicité des enfants, M. J.-E. Keller, nous entendons les enfants qu'un père ou une mère, rongés par les soucis de la vie de chaque jour, envoient dans la rue pour chercher le pain qu'ils ne peuvent pas leur donner eux-mêmes, ce sont nos clients : de pauvres petits êtres qui, à l'origine, ne pensaient qu'à leur faim qu'il s'agissait d'apaiser et qui, peu à peu, entraînés par l'exemple de camarades plus âgés, en sont venus par une pente insensible, sans crise, sans lutte intérieure, à ne plus distinguer entre le bien et le mal. Le mensonge, le vol, l'ivrognerie, la débauche les guettent à chaque détour du chemin. Et qu'ont-ils pour résister à des séductions auxquelles nous n'échappons pas nous-mêmes sans lutte énergique et sans effort persévérant ? Ils ont la crainte du gendarme. Vous avouerez que ce n'est pas assez[1]. » « Pour sauver ces enfants, ajoute avec raison M. Keller, il faut, de toute nécessité, les arracher à leur milieu. S'ils n'ont pas eu le privilège de trouver auprès d'eux un père, une mère capables de les former peu à peu pour la lutte de la vie, il faut que nous leur trouvions une famille, il faut que nous les placions dans une atmosphère saine. Notre intime conviction est que la réalisation de ce rêve coûterait moins, infiniment moins que ne nous coûteront les ruines matérielles et morales incessamment accumulées par cette armée de 50 000 petits vagabonds où nous voyons autant de conscrits de la formidable armée du vice et du crime. »

D'autres sociétés privées s'occupent des enfants abandonnés. Il y en a plusieurs à Paris et dans la plupart des grandes villes. L'Orphelinat de la Seine, par exemple, a élevé, depuis 1870, plus de 600 enfants. La « Société de sauvetage pour les enfants abandonnés, maltraités, en danger moral, etc., » du culte protestant, place des enfants dans des familles, à la campagne principalement, et se loue beaucoup des résultats obtenus ; mais le nombre des enfants secourus par elle ne

1. *Bulletin de la société contre la mendicité des enfants*, juin-juillet 1897, p. 127.

1. *Loc. cit.*, p. 146.

dépasse pas quelques centaines jusqu'à ce jour. L'un des promoteurs les plus ardents de ces œuvres fait l'aveu loyal de leur impuissance relative en face des 50 000 enfants abandonnés que l'on compte à Paris seulement. « L'initiative privée, écrit-il, s'est mise à l'œuvre. D'une part, des œuvres catholiques se sont fondées ; d'autre part, trois sociétés laïques se sont organisées : celle de M. Bonjean, le Patronage de l'adolescence de M. Rollet, et le Sauvetage de l'enfance, présidé par M. Jules Simon jusqu'à sa mort. Chacune fait beaucoup de bien, mais qu'est-ce que cela pour tant de gens ? A chaque compte rendu, c'est le même appel qui retentit : il nous faudrait dix fois, cent fois plus de fonds pour pouvoir faire ce que nous voudrions, pour recueillir tous ces enfants que l'on nous signale ou que l'on nous signalerait si l'on savait que nous puissions les prendre. Si l'on trouvait même l'homme de bien qui s'occuperait d'eux, on risquerait fort de ne point rencontrer ceux qui délieraient les cordons de leur bourse pour payer leur entretien [1]. » La grosse difficulté, en effet, réside dans les dépenses nécessaires pour réaliser le moindre bien. Ces dépenses, la société seule, par l'intermédiaire des pouvoirs publics, est susceptible de les faire. Seule aussi, elle dispose de l'autorité qui peut arracher les enfants aux familles incapables de les éduquer.

C'est ce qu'elle a commencé de faire par la loi du 24 juillet 1889, sur la « protection des enfants maltraités ou moralement abandonnés[2] ». D'après l'article premier de cette loi, sont déchus de la totalité ou d'une partie de leurs droits légaux les père et mère ou ascendants qui sont condamnés pour divers délits énumérés dans ledit article, et, « en dehors de toute condamnation, le père et la mère qui, par leur ivrognerie habituelle, leur inconduite notoire et scandaleuse ou

1. *Loc. cit.*, 1897, p. 153.

2. Je ne parlerai pas ici des tentatives faites pour rendre meilleurs les jeunes détenus, notamment par la loi du 5 août 1850. Cette question est en dehors de mon sujet. Je rappellerai seulement que la loi de 1850 est le premier acte législatif ayant eu pour objet d'utiliser les châtiments infligés par le juge en vue de l'amélioration morale du condamné.

par de mauvais traitements, compromettent soit la santé, soit la sécurité, soit la moralité de leurs enfants[1] ».

Afin de faciliter l'action des sociétés privées qui se donnent pour mission le sauvetage des enfants moralement abandonnés, l'article 13 dispose que : « Pendant l'instance en déchéance, toute personne peut s'adresser au tribunal par voie de requête afin d'obtenir que l'enfant lui soit confié. Elle doit déclarer qu'elle se soumet aux obligations prévues par le paragraphe 2 de l'article 364 du Code civil, au titre de la tutelle officieuse. » Le même article 13 dit encore : « Lorsque l'enfant aura été placé par les administrations hospitalières ou par le directeur de l'assistance publique de Paris chez un particulier, ce dernier peut, après trois ans, s'adresser au tribunal et demander que l'enfant lui soit confié dans les conditions prévues aux dispositions qui précèdent[2]. »

1. L'action en déchéance peut être intentée, d'après l'article 3, « par un ou plusieurs parents du mineur au degré de cousin germain, où à un degré plus rapproché, ou par le ministère public ». Elle est portée devant « la Chambre du Conseil du tribunal du domicile du père ou de la mère ». A la suite d'une enquête provoquée par le procureur de la République, le tribunal peut prononcer la déchéance du père, puis celle de la mère et constituer une tutelle « dans les termes du droit commun, sans qu'il y ait, toutefois, obligation pour la personne désignée d'accepter cette charge ». D'après l'article 2, « si la tutelle n'a pas été constituée conformément à l'article précédent, elle est exercée par l'*assistance publique*, conformément aux lois du 15 pluviôse an XIII et 10 janvier 1849, ainsi qu'à l'article 24 de la présente loi ». D'après l'article 24 « les représentants de l'assistance publique pour l'exécution de la présente loi sont les inspecteurs départementaux des Enfants-Assistés et, à Paris, le directeur de l'administration générale de l'assistance publique. Les dépenses sont réglées conformément à la loi du 5 mai 1869. L'assistance publique peut, tout en gardant la tutelle, remettre les mineurs à d'autres établissements et même à des particuliers ».

2. Après avoir prescrit les règles à suivre en vue de la restitution au père des droits dont il a été déchu, la loi se préoccupe de la protection des enfants qui ont été confiés, avec ou sans le consentement des parents, à l'assistance publique, à des associations privées ou à des particuliers. D'après l'article 23, notamment : « Le préfet du département de la résidence de l'enfant confié à un particulier ou à une association de bienfaisance, dans les conditions de la présente loi, peut toujours se pourvoir devant le tribunal civil de cette résidence, afin d'obtenir, dans l'intérêt de l'enfant, que le particulier ou l'association soit dessaisi de tout droit sur ce dernier et qu'il soit confié à l'assistance publique... Les droits conférés au préfet par le présent article appartiennent également à l'assistance publique ».

La tendance très manifeste de cette loi est de remplacer les parents déchus plutôt par des particuliers ou des associations privées que par l'assistance publique ; celle-ci n'est chargée de la tutelle de l'enfant qu'à défaut d'autres tuteurs bénévoles. Le législateur s'est préoccupé, dans cette circonstance, de diminuer autant que possible les frais que l'enfance moralement abandonnée pourrait occasionner aux contribuables. Je crains qu'il n'ait commis une erreur. On a vu plus haut que les sociétés privées sont incapables de faire face à la mission très noble qu'elles se donnent : l'argent leur fait défaut parce que leurs membres sont trop peu nombreux.

Pour l'enfance moralement abandonnée, comme pour les enfants orphelins ou délaissés par leurs parents, la société se trouve en face d'un véritable devoir auquel il lui est impossible de se soustraire : elle doit se substituer, coûte que coûte, aux parents qui sont incapables d'éduquer leurs enfants; elle doit soustraire au vice le plus grand nombre possible de ses victimes ; et cela non seulement dans l'intérêt des enfants à sauver, mais aussi dans celui de la société tout entière qui est la victime fatale des vices et des crimes. Qu'après avoir arraché les enfants aux parents indignes, elle se préoccupe de leur donner des tuteurs dignes de ce rôle, rien de mieux; mais elle ne doit reculer devant aucune des charges qu'il en peut résulter. C'est ainsi seulement qu'elle pourra faire disparaître la pépinière où se forment la plupart des criminels.

## LA MORALE ET LA RELIGION

Les pouvoirs publics doivent aussi se préoccuper de répandre dans toutes les classes de la nation l'éducation morale la plus complète et la plus parfaite. Les maîtres de ses écoles, de ses collèges, de ses lycées, de ses universités ne doivent pas être seulement des instructeurs de la jeunesse, ils doivent encore et à un plus haut degré, si possible, en être les éducateurs.

Ici se pose une question fort grave et qui est l'objet de polémiques trop vives pour qu'il soit possible de les négliger. Peut-on éduquer les enfants, c'est-à-dire leur inculquer les principes moraux dont l'application fait les honnêtes gens, sans leur enseigner, en même temps, une religion? En d'autres termes, y a-t-il une morale indépendante des religions et qui puisse être enseignée aux enfants en dehors de toute religion?

A cette question, les adhérents des divers cultes religieux s'empressent de répondre par la négative, sans paraître se douter que leurs religions diffèrent considérablement tandis que leurs principes moraux sont identiques. Ils semblent ignorer aussi qu'il y a des millions d'hommes dont la morale, analogue à celle des religions européennes, ne repose sur aucune croyance religieuse. La morale des philosophes chinois n'est ni moins pure ni moins belle que celle des protestants ou des catholiques, quoique ces philosophes ne manifestent aucune croyance en aucune divinité[1]. N'y a-t-il pas eu aussi, en tout temps et dans tous les pays, des sages professant une morale tout à fait semblable à celle des plus croyants de leurs concitoyens, sans partager leur foi religieuse? Enfin, n'est-il pas facile d'établir, l'histoire la plus authentique à la main, que dans toutes les parties du globe et à toutes les époques, les principes généraux de la morale ont précédé les dogmes religieux et furent souvent plus ou moins troublés par les croyances et les passions religieuses? Dans les nations les plus civilisées, comme parmi les peuples les plus sauvages, ne voit-on pas la religion jeter les hommes les uns contre les autres, les persécuter, les massacrer, les soumettre aux plus horribles supplices, parce qu'ils ne partagent pas les croyances de la masse? Le païen supplicie le chrétien, le chrétien massacre l'hérétique, brûle le juif, assassine le protestant, tous oublient que le premier précepte moral de leurs religions respectives est de respecter la vie humaine et de condamner l'homicide.

1. Voyez DE LANESSAN, *La Morale des philosophes chinois.*

En réalité, l'étude attentive de toutes les religions et de toutes les philosophies démontre l'indépendance absolue de la morale par rapport aux croyances religieuses et aux opinions philosophiques. En poussant plus loin cette étude et surtout en la faisant porter sur l'histoire des diverses sociétés humaines et même, au delà de l'humanité, parmi les ancêtres animaux d'où notre espèce est sortie, il est aisé de se convaincre que la morale a des fondements rigoureusement scientifiques, qu'elle a évolué comme les qualités physiques et les facultés intellectuelles et qu'il n'est nullement besoin ni d'aucun dogme religieux, ni d'aucune théorie philosophique pour acquérir l'idée du devoir et pratiquer la plus pure des morales[1].

Ceux-là se trompent donc ou trompent les autres qui refusent à la société le droit d'éduquer les enfants, de leur enseigner des préceptes moraux, de mettre sous leurs yeux les exemples des devoirs accomplis, sans leur enseigner une religion. Ils commettent, en outre, cette faute grave de porter atteinte, nécessairement, à la liberté de conscience d'une partie de leurs concitoyens, car il serait impossible aux maîtres de nos écoles ou de nos collèges d'enseigner une religion quelconque sans troubler la conscience de tous ceux de leurs élèves qui ne la professent point.

C'est donc très légitimement que les lois de la troisième République ont institué la neutralité de l'instruction et de l'éducation des enfants. Elles sont d'accord avec la science quand elles prescrivent aux maîtres d'enseigner une morale dégagée de toute croyance religieuse, et elles respectent les droits les plus précieux des citoyens quand elles prescrivent aux mêmes maîtres de garder, dans l'instruction et l'éducation de leurs élèves, une absolue neutralité religieuse. Toutefois, pour que la loi soit vraiment satisfaite, il faut que la neutralité soit réelle ; il ne faut pas qu'elle soit transformée en une hostilité plus ou moins déguisée contre une religion

1. Voyez sur ce sujet : DE LANESSAN, *La Morale scientifique*, dans la Revue scientifique, n° du 19 octobre 1901.

ou une philosophie quelconques. La neutralité est la condamnation formelle du sectarisme.

La première condition de l'éducation dans une démocratie est donc d'être générale, c'est-à-dire distribuée à tous les enfants sans exception ; la seconde condition est d'être neutre, c'est-à-dire indépendante, en même temps que respectueuse de toutes les religions et de toutes les philosophies.

Quant au but que doit chercher à atteindre l'éducation démocratique, il doit être de faire non seulement des hommes honnêtes, mais encore de bons citoyens.

---

# CONCLUSIONS GÉNÉRALES

Des faits et des considérations exposés dans ce livre et dans celui qui l'a précédé [1], je suis amené à tirer un certain nombre de conclusions générales que je veux présenter sous une forme aussi succincte que possible.

En premier lieu, contrairement à la doctrine de Darwin et de ses disciples, et aux assertions de certains économistes, il est inexact que la lutte pour l'existence ait toujours pour résultat, dans les sociétés humaines, le progrès général du corps social dans lequel elle se produit.

La forme particulière de la lutte pour l'existence à laquelle j'ai donné le nom de combat pour la vie est la seule qui soit à peu près constamment suivie d'un progrès matériel et intellectuel des individus qui y sont soumis et de la société dont ils font partie; les individus qui ne succombent pas dans le combat pour la vie retirent des efforts qu'ils font en vue de la victoire, un progrès de leurs organes et leurs facultés proportionné à l'effort qu'ils ont fait.

La concurrence individuelle conduit aussi, d'ordinaire, au progrès plus ou moins notable d'une partie ou de la totalité des individus entre lesquels elle se produit; mais si elle se prolonge, elle aboutit fatalement à leur affaiblissement et à leur dégénérescence par les excès de travail ou les privations qu'ils s'imposent afin de triompher les uns des autres.

La concurrence sociale entre les familles d'une même classe,

1. De Lanessan, *La Lutte pour l'existence et l'évolution des sociétés*.

entre les classes d'une même nation et entre les différentes nations, détermine toujours au début un certain progrès des collectivités entre lesquelles elle se produit, puis la plus faible dégénère, et finalement, la plus forte elle-même, si la lutte se prolonge, subit un affaiblissement qui peut aller jusqu'à la dégénérescence et à la ruine.

La méconnaissance de ces faits, ou, pour mieux dire, leur inobservation, elle-même déterminée par l'aveuglement que crée l'égoïsme individuel ou l'égoïsme de famille, de classe et de nation, est cause que les parties en concurrence consentent rarement à limiter d'elles-mêmes leur lutte et surtout à y renoncer. Si les plus forts font quelque concession aux plus faibles, c'est seulement en raison des avantages qu'ils espèrent en retirer. Dès que ceux-ci leur paraissent être assurés, ils reviennent à leur arrogance et à leur dureté.

Les effets nuisibles exercés par la concurrence sociale dans les collectivités les plus faibles n'ont jamais conduit aucune classe prépondérante à faire des concessions à celles qui sont sous sa domination, parce que ces effets se produisent lentement, d'une manière à peu près insensible et de telle sorte qu'il est difficile de les apercevoir, surtout quand on est plus ou moins aveuglé par un intérêt matériel ou moral.

L'aristocratie romaine a été impitoyable pour la masse plébéienne, malgré la dégénérescence non douteuse qui frappait cette dernière. Ce n'est pas seulement par dureté ou rigueur systématique, qu'elle fut sans pitié, mais aussi parce qu'elle ne voyait pas dépérir sous la misère les gens qu'elle y réduisait afin de s'assurer la prépondérance politique et la supériorité économique. Si elle-même a marché vers son affaiblissement et la ruine inévitable à laquelle la condamnait toute suppression de ses efforts, c'est qu'elle ne se doutait même pas d'être sur la pente de l'abîme destiné à l'engloutir.

En France, n'est-ce pas un aveuglement de même ordre qui a causé la ruine de l'aristocratie féodale et de l'oligarchie religieuse, au profit de la partie la plus intelligente et la plus laborieuse du peuple, celle qui, à son tour devait, sous les noms de tiers État et de bourgeoisie, devenir une classe supérieure oppressive du reste de la masse sociale ?

En somme, il n'y a pas d'exemple qu'une amélioration notable du sort des classes inférieures ait été déterminée par la bonne volonté des classes supérieures.

L'égoïsme de classe est encore plus âpre, encore plus difficile à modérer que l'égoïsme individuel, parce que les relations entre gens de classes différentes sont plus rares que les relations des individus d'une même classe les uns avec les autres. Aussi, l'histoire des sociétés humaines, y compris celle des nations civilisées, montre-t-elle d'une manière irrécusable l'égoïsme individuel s'atténuant plus tôt que l'égoïsme des familles, des classes ou des nations. La morale individuelle, en d'autres termes, précède toujours la morale sociale.

Comme le développement de la morale individuelle ne va jamais sans celui de la conscience des droits qui sont corollaires des devoirs, il arrive nécessairement une heure où les membres des classes inférieures expriment le désir de voir améliorer leur sort . La concurrence sociale prend alors une acuité d'autant plus grande que les classes supérieures se montrent moins disposées à abandonner leurs privilèges.

A aucune époque de l'histoire de l'humanité, la concurrence sociale n'a été aussi ardente qu'à la nôtre, parce que jamais les classes inférieures n'ont été aussi instruites qu'aujourd'hui et n'ont atteint un aussi haut degré d'évolution morale. Jamais chaque citoyen n'a eu aussi nettement conscience de ses devoirs envers tous les autres, mais jamais non plus chacun n'a eu une connaissance aussi complète de ses droits.

Il est intéressant de noter que les efforts faits par la masse sociale, depuis la Renaissance, pour acquérir la jouissance de ses droits, ont abouti d'abord à celle des droits politiques. Il en avait été de même dans les sociétés grecque et latine. L'explication de ce fait est donné par la concurrence individuelle.

Parmi les très nombreux individus qui constituent les classes inférieures, il s'en trouve toujours d'assez audacieux pour tenter de s'élever au-dessus de leur classe, malgré les difficultés qui s'opposent à cette ascension, et assez intelligents pour y réussir. Toutefois, ils ne peuvent atteindre leur but qu'en obtenant le concours de la classe à laquelle ils appartiennent, et celui-ci ne leur est accordé qu'en échange de promesses d'une amélioration du sort général de la classe et comme encouragement des efforts faits dans cette direction. Or, si ignorantes que soient les classes inférieures, elle ne le sont jamais assez, même chez les peuples les moins civilisés, pour ne pas savoir que la source principale de la prédominance des classes supérieures réside dans le privilège qu'elles ont de faire les lois et de gouverner, c'est-à-dire dans les droits politiques qu'elles se sont attribués. Conquérir ces droits apparaît donc à la masse sociale comme le premier pas à faire pour améliorer son sort, et c'est bien volontiers qu'elle donne son appui à ceux de ses membres qui se montrent assez hardis pour les réclamer malgré les résistances souvent fort brutales qui leur sont opposées par les classes supérieures.

Lorsque celles-ci commencent à éprouver des craintes sérieuses pour l'ensemble de leurs privilèges, elles font des concessions, mais elles ont soin de ne les faire que dans le domaine où elles sont le moins dangereuses et qui est celui de la politique. En Grèce et à Rome, les plébéiens jouissent de droits politiques importants ; ils votent sur une foule de choses, ont des défenseurs ou des tribuns chargés de la protection de leurs intérêts, mais ils restent dans une ignorance et une misère dont ils se plaignent d'autant moins qu'ils sont en possession d'un pouvoir politique non contestable. Ils tiennent beaucoup à leur droit de votation, ne serait-ce que pour vendre leurs votes, et ils vivent des générosités que leur font les classes supérieures après leur avoir inspiré la haine du travail, et leur avoir ainsi enlevé la seule arme qui soit vraiment utile dans la concurrence sociale.

La Révolution française offre à l'observation des faits analogues et déterminés par les mêmes causes. L'oligarchie ploutocratique et intellectuelle qui avait émergé par son travail, son énergie, son audace et son instruction au-dessus de la masse sociale, et qui tendait, au XVIII^e siècle, à remplacer l'aristocratie féodale et l'oligarchie religieuse, obtint le concours du peuple en lui promettant la jouissance des droits politiques auxquels il aspirait depuis la Renaissance; elle lui donna, en effet, ces droits, le jour où elle fut devenue par la Révolution, supérieure à toutes les autres classes, mais elle eut soin, en même temps, d'organiser les pouvoirs publics de telle sorte qu'elle restât prédominante dans la confection des lois et dans la direction du gouvernement.

La Révolution, en somme, n'avait été, au point de vue social, que purement philosophique. Elle avait fait beaucoup de lois et de décrets en vue de l'instruction de la masse sociale et de l'amélioration de son sort; mais, pour des causes multiples et qu'il n'y a pas ici à rechercher, toute son œuvre admirable de législation resta lettre morte. Lorsque la dictature, l'empire et la monarchie lui succédèrent, rien ne leur fut plus facile que de gouverner au profit de l'oligarchie ploutocratique et intellectuelle restée seule debout sur les ruines de l'ancien régime.

Nous avons vu quels efforts ont été faits par cette oligarchie, pendant les trois premiers quarts du XIX^e siècle, pour conserver les privilèges qu'elle avait acquis avant la Révolution et qui furent consacrés, en même temps que considérablement étendus, pendant la tourmente révolutionnaire.

C'est l'instruction la plus élémentaire, qu'elle refuse au peuple, sachant fort bien que dans la science se trouve la source indispensable de la liberté politique et de l'évolution sociale; c'est la législation sur la propriété, qu'elle édifie en vue de la conservation entre ses mains des biens qu'elle a conquis sur la noblesse et le clergé ; ce sont les lois politiques, qu'elle combine avec une admirable habileté pour écarter la masse sociale de l'administration et du gouvernement du pays; c'est l'assistance publique, qu'elle remet avec l'instruction aux mains de l'Église, pour s'en assurer le concours car elle sait combien l'Église est puissamment armée pour inspirer à la masse sociale la résignation en ce monde avec l'espérance du bonheur dans l'autre. C'est la grande industrie, qu'elle laisse libre d'exploiter à sa guise le travail des malheureux, et de s'enrichir par le labeur des enfants, des femmes et des filles, qui se contentant de salaires minimes, font baisser encore ceux des hommes.

Si l'opposition parlementaire et la presse qui, peu à peu, prennent de la force et de l'influence les y poussent trop vivement, elles font quelques lois sur la sécurité des ouvriers, sur le travail des femmes et des enfants, sur la salubrité des villes etc., mais elles ont soin d'en négliger l'application.

Il était impossible qu'il en fût autrement, car, grâce au suffrage censitaire, il était difficile à la masse sociale, dépourvue du droit de vote, de se faire représenter dans les pouvoirs qui font les lois et qui en surveillent l'exécution. D'un autre côté, les électeurs étant tous industriels ou propriétaires, appartenant en majorité aux classes qui salarient et non à celles qui sont salariées, les pouvoirs publics ne pouvaient se mettre en contradiction avec le corps électoral d'où ils étaient issus sans s'exposer à se faire renverser.

On adoptait volontiers, dans les sphères gouvernementales et législatives, le principe que les réformes sociales ne sont pas le fait de l'État, que celui-ci n'a pas à intervenir dans les conditions du travail, qu'il ne doit pas se jeter en travers du jeu de l'offre et de la demande, qu'il trouble les intérêts les plus respectables et les libertés les plus sacrées lorsqu'il tente de limiter la durée du travail, d'interdire les ateliers aux enfants et aux femmes, de prescrire des mesures contre les accidents ou de sauvegarder les droits des ouvriers qui sont victimes de la machine, d'intervenir dans la prévoyance et les retraites, dans l'assistance aux vieillards ou dans les salaires des adultes, etc..

Il fallut la révolution politique et sociale, surtout sociale peut-on dire, de 1848, pour mettre fin aux interminables controverses dont les droits de l'État, en toutes ces matières, étaient l'objet parmi les économistes, les philosophes et les politiciens. Et c'est seulement en promettant au peuple la réalisation des réformes sociales par le suffrage universel que le criminel auteur du coup d'État de décembre put se hisser au pouvoir et s'y maintenir pendant dix-huit ans.

Lorsque la troisième République surgit des désastres amenés par le césarisme militariste, l'expérience était faite et ses résultats ne pouvaient plus être discutés. Aucun observateur attentif n'oserait plus, aujourd'hui, nier qu'il soit illusoire d'attendre les réformes sociales et l'amélioration du sort des salariés, de la main de ceux qui distribuent les salaires.

Dans la concurrence sociale qui existe entre les classes riches et la masse salariée, tous les avantages sont du côté des classes riches : d'abord, ce sont elles qui possèdent le nerf de la guerre, c'est-à-dire l'argent et l'instruction ; ensuite, la concurrence individuelle qui règne inévitablement entre les membres de la classe salariée les contraint à subir, pour vivre, les conditions des salariants.

Il suffit de jeter un simple coup d'œil sur l'histoire de l'industrie chez les divers peuples pour s'assurer que tous les progrès réalisés au profit de la classe salariée ne l'ont été que par des mesures gouvernementales ou législatives.

En France tant que l'ouvrier a été livré à lui-même, tant que le gouvernement et la loi lui ont laissé le soin de défendre individuellement ses intérêts auprès des classes riches, il a été à la merci de ces dernières. Dans les pays autocratiques modernes, il n'en va pas autrement. Son sort ne s'est amélioré que là où existent des gouvernements plus ou moins démocratiques. Partout où la concurrence sociale et la lutte pour l'existence ne trouvent aucun correctif dans les lois, la classe salariée est écrasée par les classes riches, au grand détriment du progrès général des nations et de l'avenir de la race. S'il est des pays monarchiques où des améliorations importantes ont été apportées au sort des travailleurs, c'est uniquement sous la pression de l'évolution qui s'est produite dans les nations à organisation démocratique et par le désir qu'ont les classes supérieures et les monarques de conserver leurs privilèges en faisant à la masse les concessions les plus indispensables. A cet égard, les travailleurs de tous les pays doivent une reconnaissance particulière à notre Révolution et surtout à notre troisième République.

Quant à moi, je n'hésite pas, en présence des faits rappelés dans cet ouvrage et dans le précédent, à me prononcer en faveur du droit pour l'État de prescrire toutes les mesures susceptibles de fortifier la classe salariée en vue de la concurrence sociale que la nature lui impose, et propres à atténuer les effets fâcheux de la concurrence individuelle qui existe nécessairement entre ses membres.

Si, après avoir assuré à la classe ouvrière la liberté politique, l'égalité devant les lois, l'instruction qui est l'arme la plus utile dans la lutte pour l'existence et dans la concurrence sociale, le droit de former des syndicats pour faire valoir ses revendications, celui de cesser en masse le travail afin de donner plus de poids à ses plaintes et à ses demandes, il paraît indispensable de limiter la durée du travail, et de faire intervenir les pouvoirs publics dans le règlement des salaires, j'estime que la République ne devra pas hésiter à recourir à la loi.

Rien, en effet, n'importe davantage à une société bien organisée que de préserver son existence, son avenir et son progrès, en mettant, autant que possible, chacun de ses membres à l'abri des influences qui seraient susceptibles de diminuer ses forces physiques ou sa valeur intellectuelle et morale.

## TABLE DES MATIÈRES

### LIVRE PREMIER : LA CONCURRENCE SOCIALE

## LIVRE II : LES DEVOIRS SOCIAUX

ÉVREUX, IMPRIMERIE DE CHARLES HÉRISSEY

# OUVRAGES DE M. J.-L. DE LANESSAN

**Le programme maritime de 1900-1906.** 2e édit. 1 vol. in-12 (F. Alcan, éditeur) . . . . . . . . . . . . . . . . . . . . . . . . 3 fr. 50

**L'expansion coloniale de la France.** *Etude économique, politique et géographique sur les établissements français d'outre-mer.* 1 vol. in-8 avec cartes (F. Alcan, éditeur) . . . . . . . . . . . . . . *Epuisé.*

**Introduction à la Botanique.** *Le sapin.* 2e édit., 1890. 1 vol. in-8, avec figures, de la *Bibliothèque scientifique internationale*, cartonné à l'anglaise (F. Alcan, éditeur). . . . . . . . . . . . . . . 6 fr. »

**L'Indo-Chine française.** *Etude économique, politique et administrative.* 1889. 1 vol. in-8, avec 5 cartes en couleurs, de la *Bibliothèque d'histoire contemporaine* (F. Alcan, éditeur). . . . . . . . . . 15 fr. »

**La colonisation française en Indo-Chine.** 1895. 1 vol. in-12. de la *Bibliothèque d'histoire contemporaine* (F. Alcan, éditeur) . *Epuisé.*

**La Tunisie.** 1887. 1 vol. in-8 (F. Alcan, éditeur) . . . . . . . *Épuisé.*

**La morale des philosophes chinois.** 1896. 1 vol. in-12, de la *Bibliothèque de philosophie contemporaine* (F. Alcan, éditeur) . . . . . 2 fr. 50

**Principes de colonisation.** 1897. 1 vol. in-8, de la *Bibliothèque scientifique internationale*, cartonné à l'anglaise (F. Alcan, éditeur) . . . 6 fr. »

**La marine française au printemps de 1890.** 1 vol. in-18 (Berger-Levrault, éditeur). . . . . . . . . . . . . . . . . . . . 3 fr. 50

**La République démocratique,** 1 vol. in-18 (A. Colin, éditeur). 4 fr. »

**Le Transformisme.** exposé des théories de Buffon, Lamarck, Darwin, Hæckel, etc., et de l'auteur, relatives à l'évolution de la matière et des êtres vivants et à la transformation des espèces. 1 vol. in-18 (Doin, éditeur) . . . . . . . . . . . . . . . . . . . . . . . . 6 fr. »

**La lutte pour l'existence et l'Association pour la lutte.** 1 vol. in-18, de la *Bibliothèque biologique* (Doin, éditeur).. . . . . . . . 1 fr. 50

**La Botanique.** 1 vol. in-18, avec 182 figures, de la *Bibliothèque des sciences contemporaines* (Reinwald, éditeur) . . . . . . . 5 fr. »

**Du Protoplasma végétal.** 1 vol. in-8 (Doin, éditeur). . . . . 4 fr. »

**Manuel d'histoire naturelle médicale** (*Botanique et Zoologie*). 2e édit., 2 vol. in-18, avec plus de 2000 figures (Doin, éditeur) . . . 20 fr. »

**Traité de Zoologie** (*Protozoaires*). 1 vol. grand in-8, avec 300 figures (Doin, éditeur). . . . . . . . . . . . . . . . . . . . . 10 fr. »

**Flore de Paris** (*Phanérogames et Cryptogames*). 1 vol. in-18, avec 700 figures (Doin, éditeur) . . . . . . . . . . . . . . . 9 fr. »

**Flore générale des Champignons,** par Wunsche; traduction française. 1 vol. in-18 (Doin, éditeur). . . . . . . . . . . . . . . 8 fr. »

**Histoire des drogues d'origine végétale,** par MM. Fluckiger et Hanbury; traduction française. 2 vol. in-8 (Doin, éditeur). . . 25 fr. »

**Manuel de Zootomie,** par Mousisovics Elden von Mojsvar; traduction française. 1 vol. in-8, avec 128 figures (Doin, éditeur).. . . 9 fr. »

**Œuvres complètes de Buffon.** Nouvelle édition comprenant la correspondance annotée et augmentée d'une notice biographique et d'une introduction de 450 pages, par J.-L. de Lanessan. 14 vol. grand in-8, avec 160 planches gravées et coloriées et 10 portraits (Le Vasseur, éditeur). . . . . . . . . . . . . . . . . . . . . . . 200 fr. »

**La Lutte pour l'existence et l'évolution des sociétés.** 1 vol. in-8 de la *Bibliothèque générale des Sciences sociales*, cartonné à l'anglaise (F. Alcan, éditeur).. . . . . . . . . . . . . . . . . . . . . 6 fr.

**La concurrence sociale et les devoirs sociaux.** 1 vol. in-8, de la *Bibliothèque générale des sciences sociales*, cartonné à l'anglaise (F. Alcan, éditeur) . . . . . . . . . . . . . . . . . . . . . . . 6 fr. »

www.ingramcontent.com/pod-product-compliance
Ingram Content Group UK Ltd.
Pitfield, Milton Keynes, MK11 3LW, UK
UKHW021940200726
13856UKWH00005B/386